岩　波　現　代　文　庫

ロールズ 政治哲学史講義 I

ジョン・ロールズ
John Rawls

サミュエル・フリーマン［編］

齋藤純一・佐藤正志・山岡龍一・
谷澤正嗣・髙山裕二・小田川大典［訳］

学術 420

岩波書店

First published 2007
by The Belknap Press of Harvard University Press.

First Japanese edition published 2011,
this paperback edition published 2020
by Iwanami Shoten, Publishers, Tokyo
by arrangement with Harvard University Press,
a division of the President and Fellows of Harvard College, Massachusetts
through The English Agency, (Japan) Ltd., Tokyo.

わが学生諸君に——ジョン・ロールズ

編者の緒言

本書に収録した講義は、ジョン・ロールズが、一九六〇年代の半ばから一九九五年に退職するまで担当した近代政治哲学(哲学一七二)という科目のために執筆した講義およびノートから採られている。一九六〇年代後半から一九七〇年代にかけて、ロールズは、彼自身の正義論、つまり公正としての正義を、他の現代の著作や歴史的な著作と関連づけて講義することが多かった。たとえば一九七一年の講義で彼が教えたのは、『正義論』に加え、ロック、ルソー、ヒューム、バーリン、そしてハートの著作だった。一九七〇年代後半から一九八〇年代の初めには、この科目は完全に、本書に登場する歴史上の主な政治哲学者のほとんどについての講義から構成されるようになった。一九八三年、つまり、ロールズが『正義論』を含めずに歴史的な人物だけについて教えた最後の年には、彼は、ホッブズ、ロック、ヒューム、ミル、そしてマルクスについて講義を行った。それ以前の講義では、ルソーと同様、シジウィックについてもしばしば論じられたが(一九七六、一九七九、一九八一年)、その際にはホッブズとマルクスの双方、あるいは一方は論じられなかった。一九八四年には、ロールズは再び『正義論』の一部を、ロック、ヒューム、ミル、カント、マルクスに関連づけながら教えた。その後すぐ彼は、カントとヒュームを政治哲学の科目から外し、ルソーについての講義を加えた。この時期を通じてロールズは、ロック、ルソー、ミル、そしてマルクスについての本書に収録された講義の最終版を執筆し、それと並行して二〇〇一年に『公正としての正義 再説』として出版される講義を書き進めた(本書の講義のところどころで、公正としての正義と比較が行われているのはこの事情によって説明される)。これらの〔思想家についての〕講義は、ロールズの教員経歴最後の一〇年から一二年の間毎年行われたので、本書の講義のうちでロック、ルソー、ミル、そしてマルクスについての講義は最も完成度が高い。ロールズは一九九四年まで、これらを電子ファイルにして、時間をかけて手を加え洗練させていった。したがって、これらの講義についてはほとんど編集する必要がなかった。

それに比べて完成度が幾分劣るのは、一九八三年のホッブズとヒュームについての講義である。この二つの講義は、一続きの完結した講義として執筆されたようには見えない(最初のヒューム講義の大部分を例外として)。本書に収めたホッブズとヒュームの講義は主に、この学期の講義のテープ録音を起こしたものであり、ロールズの手書きの講義ノートと受講生に配付された資料を用いてそれを補完した[1]。ロールズはたいてい、講義の主要な論点を概略的に示した要約を受講生に配付した。一九八〇年代初め(ロールズがワープロを使って講義をタイプしはじめた頃)よりも前の時期には、そうした配付資料は細かな字で書かれたものであり、それをタイプしたものに換算するとシングル・スペースで二枚以上になる。本書ではそうした配付資料を、ホッブズとヒュームについての講義を補完するために用いた。それはまた、補遺に収めたシジウィックの最初の二つの講義の内容のほとんどを示すものとなっている。

本書の講義から引きだしうる大きな利点の一つは、ロールズが社会契約論の伝統がもつ歴史をどのように考えていたかが明らかになり、彼が自分自身の仕事を、ロック、ルソー、カントの仕事、また、ある程度はホッブズのそれとの関係においてどのように見ていたかについて示唆が得られることである。ロールズはまた、社会契約は浅薄であり、「不必要なごまかし」(ロールズ)であるという、今日にいたるまで続いてきた批判のパタンを最初に打ち立てたその議論も含めて、ロックの社会契約論に対するヒュームの功利主義的な反応について論じ、それに応答している。本書のもう一つの重要な利点は、J・S・ミルのリベラリズムをロールズが論じていることである。ロールズ自身の見解とミルの見解の間には多くの類似性があることが示唆される。そのなかには、ミルの自由原理とロールズの第一原理の明白な類似性だけではなく、ミルの政治経済学とロールズによる分配的正義や財産所有のデモクラシーとの間にある、さほど見えやすくはない類似性も含まれている。

マルクス講義は、おそらく他の講義よりも長い年月をかけて徐々に書き進められたものである。マルクスは正義の〔概念について自分の〕構想をもたず、むしろ、正義を労働者階級の搾取を維持するのに必要なイデオロギー概念であると考えていた見方（なかでもアレン・ウッドのとる見方）を、一九八〇年代初めまでロールズは認めていた。彼は本書のマルクス講義ではこの立場を修正しているが、それにはG・A・コーエンや他の人の影響が与っている。ロールズによるマルクスの労働価値説の解釈は、彼自身がこの説の主要な目的とみなしているものをその時代遅れの経済学から切り離そうとしている。彼はそれを、正義に適った分配に関する限界生産性理論や、純粋な所有（ownership）こそ生産に対して具体的な貢献を行うものであると見る、他の古典的なリベラリズムや右翼の自由至上主義的な考え方に対する強力な応答として解釈している（マルクス講義Ⅱを参照）。

ジョゼフ・バトラー主教とヘンリー・シジウィックについての講義は、本書の他の講義のように完成された形では残されていない。とはいえロールズは、二〇〇二年一一月に逝去する直前にこれらの講義を公刊することに同意し、それは、補遺として本書に収められることになった。ロールズは、政治哲学の授業で何年間かにわたって（一九七六、一九七九、一九八一年を含む）シジウィックを取り上げた。彼は、三人の主要な功利主義の哲学者（と彼がみなす人物）の著作について受講生の理解をはかるために、ヒューム、J・S・ミルとともにシジウィックを教えた。彼はシジウィックを、ベンサムにはじまる古典的な功利主義の伝統の頂点に位置すると考えていた。彼はまた、シジウィックが『倫理学の方法』で示した比較の方法を、道徳哲学が見習うべき一つの典型を提供するものとみなした。本書におけるシジウィックの最初の二つの講義は、ロールズがコピーして受講生に配付した手書きのノートのほとんどの部分を採録したものである。彼は、こうした配付資料を講義ノートとして用い、実際に講義を行う際には口頭で詳しい説明を加えた。この理由から、シジウィックの最初の二つの講義は、完成した講義とみなすことはできない。シジウィックについての第三講(一九七五年)は、第二講における功利主義についての簡潔な議論と内容的には重なっているが、古典的な功利主義の立場の前提や含意についてははるかに詳しい議論を行っている。この講義と短い第四講(一九七六年)は、ロールズの公刊した他の功利主義についての議論——『正義論』、「社会統合と基本財」[(2)]やそれ以外のものにおける議論——には見ることのできない、多様な内容を含むものとなっている。

バトラーについての五つの講義は、ロールズの手書きのペーパーに含まれている。これらの講義は、一九八二年春の道徳哲学史の授業で行われたものであり、ロールズは、この学期にはカントとヒュームについても教えている。彼の考えでは、バトラーは、イギリスの哲学者のうちで、ホッブズに対する非功利主義的な応答を行った主要な人物である。彼はまたバトラーを、近代の道徳哲学における主要な人物の一人とみなしている。

ローールズが自分自身のために書いた(講義そのものには用いなかった)ノートには、次の文章が含まれている。「バトラーにおける主要な論点(ホッブズとバトラー、近代道徳哲学の二つの偉大な源泉。問題を提起する者としてのホッブズ、それを論駁する者としてのバトラー。バトラーはホッブズが提起した問いに対して浅薄でない答えを与えた)」。これに加えてロールズは、カントとバトラー両者の良心についての教説にはある結びつきがあることを看取しており、おそらくこのことが、カントの非自然主義的、非直観主義的な道徳の説明はドイツの観念論哲学に固有のものではないと、ロールズに確信させる根拠となった。(3) 最後に、バトラー講義は、「理に適った道徳心理学」の観念が、ロールズの道徳的・政治的哲学の構想において中心的な役割を果たしていることを示唆している(ミル講義、ルソー講義にも類似の点が認められる)。ロールズの仕事を支えている主要な考えの一つは、正義と道徳は人間の本性に反するものではなく、むしろ逆に、私たちの本性の一部であり、実際、人間の善にとって本質的なものである、少なくとも本質的なものでありうる、ということである(『正義論』第八章「正義感覚」および第九章「正義の善」を参照)。バトラーが道徳的徳性と「自己愛」を和解させたことをめぐるロールズの議論が、正と善の合致を支持する彼自身の議論と対応関係にあるということは注目に値する。

ロールズは、自分の政治哲学講義について論じた「私の授業についての若干の見解」

(一九九三年)と題する、短い手稿を彼の文書の一つとして遺している。この講義に関連する部分は次のとおりである。[4]

私は、長年にわたって、だいたいのところ、道徳哲学と政治哲学を、それぞれ隔年の講義で教えてきた。……私は、しだいに、政治的・社会的な哲学により焦点を当てるようになり、公正としての正義を構成する諸部分を、これまでこの主題について著作を著した人々と、いわば手を携えながら論じるようになった。それは、ホッブズにはじまり、ロック、ルソーとつづき、カントに及ぶこともあった。カントをその授業に組み入れるのはたいへん難しかったけれども。ときには、ヒューム、ベンサム、J・S・ミル、シジウィックをそれに含めることもあった。しかし、カントの道徳哲学は、たいていは他の著作家とともに別の授業〔道徳哲学史講義〕で取り上げた。カントとともに取り上げた著作家は一定しなかったが、ヒュームとライプニッツはカントが確実にそれを知っていた、彼とは著しく異なった教説の例としてしばしば取り上げた。折にふれて考察した他の著作家には、クラークやバトラー主教やシャフツベリ、ハチスンといった一八世紀英国の他の人たちが含まれる。ムーアやロス、ブロードやスティーヴンスンを現代の例として扱うこともあった。

これらの人々について語るとき、私は、いつも二つのことを行おうと努めてきた。

一つは、彼らの哲学的問題を――当時の道徳的・政治的な哲学の状況についての彼らの理解を所与として――彼ら自身がそれを理解していたように設定することだった。そうやって、私は、彼らが何を自分にとって主要な問題であると考えていたかを見分けようと努めた。私は、たびたび、コリングウッドの『自伝』における見解を引いたものである。政治哲学の歴史は、同一の問いに対する一連の答えの歴史ではなく、異なった問いに対する一連の答えの歴史であること、彼が実際に用いている言葉で言えば、それは「大なり小なり絶えず変化するある問題の歴史であり、それに応じてその解決も変化する歴史[5]」であることを、受講生に伝えようとした。コリングウッドの見解は完全に正しいわけではないとしても、それは、政治哲学が時代を越えてどのように、そしてなぜ展開してきたのかを理解するために、同時代の政治的世界についての著作家たちの視点を探究することの大切さを私たちに伝えている。私は、それぞれの著作家は、民主的な思想を支持する教説の展開に寄与していると見ている。そのなかにはマルクスも含まれ、彼についてはいつも政治哲学の授業で論じた。

私が心がけたもう一つのことは、それぞれの著作家の思想を、その最も力強いと私が考える形で示すことだった。私は、シジウィックを評した際のミルの言葉、「教説というものは、その最良の形で判断されるまではけっして判断されたとは言えない」(CW: X. p. 52)を深く心に刻んでいる。そういうわけで、講義ではまさにそのように試みた。私は、彼らが言ってしかるべきだったと私が考えたことを少なくとも意図しては語らず、まさに彼らが語ったことを、彼らのテクストの最も理に適った解釈と私がみなすものに依拠しながら語った。テクストはまず熟知され、尊重されねばならず、教説は最良の形で示されたものとして理解され、尊重されねばならない。テクストを脇においやることは無礼であり、ある種の虚勢であると考えた。そのテクストから離れる――そのことに害はない――ときは、私は必ずそう述べた。こういう仕方で講義することによって、著作家の見解はより力強く、より説得力のあるものとなり、また受講生にとってもよりいっそう研究に値する対象になる、と私は信じている。

そうする際、いくつかの指針が私を導いた。たとえば、私は、いつも、私たちが研究している著作家はつねに私よりもはるかに賢明であると想定した。もしそうでないとしたら、彼らを研究することによって私自身と受講生の時間を無駄に費やしてしまっていることにならないだろうか。彼らの議論に何か誤りを見出した場合には、私は、彼ら〔哲学者〕にもまたそのことが見えており、したがってそれをどこか別のところで論じているはずだ、と考えた。そこで私は、彼らの解決の仕方を探究した。私の解決の仕方ではない。ときには、その解決の仕方は、歴史的なものであった。その当時は、〔私が問題と思っている〕当の問題は提起される必要がなかったか、あるいはまた、提起され、実りある仕方で論じられる慣行がなかった。また、私が見落としていたり、あるいはきちんと読んでいなかったテクストの一部にその答えがあることもあった。

そうするにあたって、私は、カントが『純粋理性批判』(B866)で述べたことに従っている。彼は、哲学とは可能な学というたんなる理念であり、具体的にはどこにも存在しない、と述べている。では、私たちは、それをいかにして認識し、学ぶことができるのだろうか。「……私たちはいかなる哲学をも学ぶことはできない。実際、哲学はどこにあるのか、誰が哲学を所有しているのか、また何を手がかりとして哲学は哲学として認められるのか。私たちが学びうるのは哲学することだけである。言い換えれば、理性の能力をその普遍的原理に従いつつ、現存するある種の試みに即して行使することだけであるが、そうは言っても、そうした試みそのものをその源泉において探求し、確証し、あるいは拒否する理性の権利は、つねに留保されているのである」。したがって、私たちは、道徳的・政治的哲学についても、哲学の他のどの部分についても、諸々の範例——大切に扱われてきた試みを行った著名な人物たち——を研究することによって、それらから学ぼうとするのであり、それらを乗り越えていく途が幸運にもあるかどうかを尋ねるのである。私の務めは、ホッブズ、ロック、ルソーやヒューム、ライプニッツ、カントを——つねに、彼らが実際に述べたことに注意深く耳を傾けながら——私がなしうるかぎり明晰にかつ力強くそれを説明することだった。

そういうわけで、私は、そうした範例に対して異論を唱える気持ちにはなれなかった。そうすることはあまりに安易で、本質的な事柄を逸することになるからである。もっとも、同じ伝統のなかで後に登場する者が修正しようとした難点を指摘したり、別の伝統に属する者が誤りであると考える見解を指摘することは重要であるが(私がここで念頭においているのは、社会契約論と功利主義という二つの伝統である)。もしそうでなければ、哲学的思考は進展しえないし、後代の著作家たちが実際なぜ批判を提起したのかは神秘の闇に包まれてしまうことになるだろう。

たとえば、ロックについて言えば、彼の見方は、私たちなら受け入れないだろうある種の政治的不平等――投票する基本的な権利における不平等――を許したが、ルソーがそれを克服しようとした事実について私は述べたし、彼がそれをどのように行ったかを論じた。けれども、私は、ロックは、そのリベラリズムにおいて、彼の時代の先を行き、君主の絶対主義に立ち向かったことを強調した。彼は危険にたじろぐことはなかったし、一六八三年の、チャールズ二世の暗殺を企てたライハウス陰謀にも関与しさえする――そう思える――など、彼の友人シャフツベリ伯に忠実であった。彼はオランダに亡命し、かろうじて処刑を逃れた。ロックは、危険に身をさらすことをいとわない勇気をもっていたのであり、おそらく、そうした途方もないリスクをあえて引き受ける数少ない偉大な人物の一人であったことは間違いない。

これらの講義のどれ一つとして、出版を意図して書かれたものではない。実際、ロールズは、右に引用したロックについての言及の直後につづく段落において、カントを論じながらこう述べている。「[カント]講義の最近の版(一九九一年)は、前のものよりも明らかに改善されているが、いまのままの形で出版することには耐えられない(そういう催促もあるが)。それはまだ、これらの問題についてまだカントを正しくとらえてはいないし、いま他の論者がなしうるところまで追いつけていない」。この文章に示されるように、ロールズは、長い間、講義を出版することに抵抗してきた。しかし、ロールズは、『道徳哲学史講義』(バーバラ・ハーマンの編集により二〇〇〇年にハーバード大学出版局から公刊)を出版することについて説得に応じ、この本が実質的に完成してようやく、政治哲学史講義についても、出版に同意してくれた。

最後に、「私の授業についての若干の見解」を締めくくりながら、ロールズはこう述べている(彼は、ここでカントについてまったく謙虚な態度で語っていることを、本書の他の哲学者についても同じように語るはずである)。

とはいえ、すでに述べたように、私は、カントの全体にわたる構想から自分が得ることのできた理解にけっして満足したことはない。このことは、ある不幸な気持ちをいだかせるし、ホーマーやサージェントと並ぶ偉大なアメリカの水彩画家、ジョン・

マリンをめぐる話を私に思い起こさせる。マリンの絵は、あなた方の多くも見たことがあるはずだが、ある種の具象的な表現主義の特徴をそなえている。一九四〇年代後半には、彼は、おそらく指導的な芸術家、少なくともその数少ない一人として高く評価されるようになった。彼の水彩画を見れば、それが何について描かれたものかを言い当てることができる。たとえば、ニューヨーク市の摩天楼、ニューメキシコ州の夕オスの山並み、メイン州のスクーナー船や港など。一九二〇年代の八年間、マリンは、絵を描くためにメイン州の〔港町〕ストニングトンに出かけた。マリンについて素晴らしい本を書いたルース・ファインは、当時の彼のことを知っている誰かに出会えないかと当地を訪ねたときのことを語っている。彼女は、ようやく、次のように語るロブスター漁師に出会った。「もちろん、もちろん。みんな彼のことは知ってるよ。彼は、毎日、毎週、毎夏、小舟に乗って絵を描きに出かけたよ。まあ、懸命に頑張ったけど、ついぞものにできなかったね」。

これはいつも言われることだが、まさしく私にも当てはまる。とりわけいまとなっては。「ついぞものにできなかった(6)」。

これらの講義を編集する仕事において、私は〔ロールズの伴侶〕マディ・ロールズに多くを負っている。もし彼女の助力と助言がなかったら、私はそれを完成させることはできなかっただろう。とりわけ、（ジャック〔ロールズの愛称〕の最初の心臓発作後の）一九九五年以降、マディは、多くのプロジェクトを結実させるうえで非常に貴重な役割を引き受けてくれた。彼女は、講義の一つひとつを注意深く読み、誤って解されるかもしれない文章を明確にしたり、指摘することに労を惜しまなかった。二〇〇〇年に、ジャックが本書の編集を私に依頼する前に、すでにマディは、ロック、ルソー、ミル、マルクスの講義の編集をほぼ完成させていた。ジャックは、これらの講義を注意深く再読し、それを自分のものとして認めた。アン・ロールズは、（二〇〇一年に）ホッブズとヒュームの講義の録音テープを起こしてくれた。その後、マディは、それらを読むことのできる形に直し、さらに私が、ロールズのタイプないしは手書きのノートや配付資料にもとづいて、修正や追加を行った。シジウィックとバトラーの講義については、ロールズの手書きの講義ノートをタイプした。私は、ロールズの講義ファイルにあるシジウィックについての他のノートを用いて、最初のシジウィック講義に加筆した。全体として、これらの講義における編者による校訂は、ロールズ自身が書いた文章や段落を配置し直すことを含んでいる。

シジウィックとバトラーについての手書きの講義ノートを判読し、タイプしてくれたことについて、また、ロック、ルソー、ミル、マルクスの講義について編集上必要な修正を行ってくれたことについて、マーク・ネイヴィンに感謝している。また、ホッブズとヒュームについての手書きの講義ノートをタイプし、全哲学者からの引用を注意深くチェックし、最終版の原稿を用意してくれたことについて、とくにケイト・モランに感謝している。マット・リスター、トマス・リケッツ、コク・チョー・タンもさまざまな仕方で本書の編集を助けてくれた。ロールズのシラバスに関して有益な助言をくれたウォレン・ゴルトファルブとアンディ・リースにも感謝している。T・M・スキャンロン、とくにジョシュア・コーエンは、本書の編集について非常に有益な助言を与えてくれた。それは、本書に何を収録し、何を公けにしないかに関わるものであり、このお二人には最も感謝している。

最後に、私の妻である、アネッテ・ラロー＝フリーマンにもここで感謝したい。彼女は、これらの重要な文書を公刊するところまで仕事を進める際、賢明な助言と不断の助力を与えてくれた。

サミュエル・フリーマン

注

(1)　編者は、一九八三年春学期に、ロールズの大学院生ティーチング・アシスタントの一人を(アンドリューズ・リースとともに)務め、本書に収録したホッブズとヒュームの講義を録音した。ロック、ミル、マルクスについての講義も、一九八三年に録音した。これらのテープは、ロールズの一九八四年の講義のテープとともに、電子フォーマットの形で、ハーバード大学ワイドナー図書館のロールズ・アーカイブズに保管されている。

(2) John Rawls, *Collected Papers*, ed. Samuel Freeman (Cambridge, Mass.: Harvard University Press, 1999), chap. 17〔「社会統合と基本財」、アマルティア・セン、バーナード・ウィリアムズ編著、後藤玲子監訳『功利主義をのりこえて』ミネルヴァ書房、二〇一九年、第八章〕を参照。

(3) この示唆を与えてくれたことについて、ジョシュア・コーエンに感謝する。それは、ロールズが自分自身のためにつくったノートによって確かめられる。カントへの参照を書き記したロールズのノートには、次の二つの箇所で、バトラーの名が挙げられている。

(4) ホッブズに反対するエゴイズム――バトラーは、道徳的なプロジェクトを自己の他の部分(私たちの自然的欲望など)と同じくらい自己の一部をなしていると考える。カントはML〔道徳法則〕をR+R〔合理的なものと理に適ったもの Rational and Reasonable〕に結びつけることによって、この論点を深めている……。

(9) これをカントに結びつける――彼〔バトラー〕の理に適った信仰の観念を含めて。

(4) 自分の授業についてのロールズの説明の幾分類似した版は、本書の姉妹書である、*Lectures on the History of Moral Philosophy*, ed. Barbara Herman (Cambridge, Mass.: Harvard University Press, 2000)〔『ロールズ 哲学史講義』〕に抜粋されている(pp. xvi-xviii〔一八―二一頁〕)。この説明は、ロールズが自分の授業について公表した見解から引かれている。

John Rawls, "Burton Dreben: A Reminiscence," in *Future Pasts: Perspectives on the Place of the Analytic Tradition in Twentieth-Century Philosophy*, ed. Juliet Floyd and Sanford Shieh(New York: Oxford University Press, 2000).

（5） R. G. Collingwood, *An Autobiography*(Oxford: Clarendon Press, 1939), p. 62. 〔玉井治訳『思索への旅――自伝』未来社、一九八一年〕

（6） 〔マディ・ロールズによる注。ジャックがこの話を受講生に何度も語ったことが思い出される。私たちは、マリンの絵「鹿島、小島」("Deer Isle, Islets," 1922)を *Justice as Fairness: A Restatemant*〔『公正としての正義 再説』〕の表紙に選んだ。〕

序　言

政治・社会哲学を長年教えるなかでしだいに発展してきた本書の講義を準備する際、私は六人の著作家、ホッブズ、ロック、ルソー、ヒューム、ミル、そしてマルクスが、政治哲学についての私自身の著作で論じられている一定の主題をどのように扱っているかを考察してきた。初めは授業の半分を、『正義論』[1]と関連する主題に当てていた。後に、『公正としての正義　再説』[2]のテクストを書き進めるようになり、それにともなって、この講義も『正義論』の代わりに近年の私の仕事を扱うようになった。受講者には、その原稿のコピーを入手できるようにした。

いまでは『再説』が公刊されたので、それに関わる講義は本書には収めていない。六人の著作やそれについて論じた諸観念と私自身の仕事との結びつきについて、明確な仕方で指摘した箇所は少ない。しかし、公正としての正義に言及したところでは、『再説』の節への参照を注に示してあるし、それが有益と思われるところでは、重要な観念や概念をその注で定義したり説明している。序論の講義は、政治哲学についての一般的な見解やリベラリズムの主要な観念についての私の考えを含んでおり、六人の著作家を論じるための土台として役に立つかもしれない。

私は、民主的な立憲主義の伝統からリベラリズムを眺めたときの正義の政治的構想を表現するものとして、リベラリズムのより中心的な特徴を特定するよう努めている。この伝統の一つの構成要素である社会契約論は、ホッブズ、ロック、ルソーによって代表されている。別の構成要素である功利主義は、ヒュームとJ・S・ミルによって代表されている。これに対して、社会主義ないしは社会民主主義の構成要素は、マルクスによって代表されている。マルクスについてはおおむね、リベラリズムに対する批判者とみなすことになるだろう。

本書の講義は、歴史的な観点から見ても、体系的な観点からも見ても、それが当てている焦点の幅は狭い。それは、政治・社会哲学の諸問題へのバランスのとれた導入を提起しているわけではない。議論の対象となる哲学者について、私と異なった解釈を評価する試みはしていない。私が示した解釈は、私たちの研究するテクストに照らして理に適った正確さをもち、私の解釈を示すという限定的な目的にとって有益であると思われるものにとどまっている。さらに言えば、政治・社会哲学の多くの重要な問題はまったく論じられていない。この講義が、私たちの考察する問題にアプローチする教育的な取組みを促し、他の仕方で得られるよりももっと深い理解に達することを私たちに可能とするなら、狭い焦点の当て方も許してもらえるだろう。それが私の希望である。

ジョン・ロールズ

注

(1) John Rawls, *A Theory of Justice* (Cambridge, Mass.: Harvard University Press, 1971, revised edition, 1999).〔川本隆史・福間聡・神島裕子訳『正義論 改訂版』紀伊國屋書店、二〇一〇年〕

(2) John Rawls, *Justice as Fairness: A Restatement* (Cambridge, Mass.: Harvard University Press, 2001).〔田中成明・亀本洋・平井亮輔訳『公正としての正義 再説』岩波現代文庫、二〇二〇年〕

目次

ホッブズ

ロック

ヒューム

ルソー

Ⅱ 目次

凡例

一、本書は、John Rawls, *Lectures on the History of Political Philosophy*, edited by Samuel Freeman (The Belknap Press of Harvard University Press, 2007) の全訳である。日本語版では、Ⅰ・Ⅱに分け、Ⅱ巻末に「事項・人名索引」を付した。

二、文中の[ ]は編者による注記、〔 〕は訳者による補足ないしは注記である。

三、原文におけるイタリック体の表記は、日本語訳では傍点を付した。

四、著者により引用されているテクストについて、日本語訳のあるものはその書誌データを〔 〕に記した。引用文については、日本語訳を参照したものが多いが、文脈に応じ適宜変更を加えた。

五、原著における明らかな誤記は、訳者の責任において訂正した。

六、索引は、原著の索引を基礎とし、人名と事項に分けてあらたに作成した。

七、頻出する、著者による他の著作の書誌については、そのつど表記せず左記にまとめる。

A Theory of Justice (Cambridge, Mass.: Harvard University Press, 1971, revised ed., 1999).〔川本隆史・福間聡・神島裕子訳『正義論 改訂版』紀伊國屋書店、二〇一〇年〕

Lectures on the History of Moral Philosophy, edited by Barbara Herman (Cambridge,

Mass.: Harvard University Press, 2000).〔坂部恵監訳、久保田顕二・下野正俊・山根雄一郎訳『ロールズ 哲学史講義』上・下、みすず書房、二〇〇五年〕

Justice as Fairness: A Restatement, edited by Erin Kelly (Cambridge, Mass.: Harvard University Press, 2001).〔田中成明・亀本洋・平井亮輔訳『公正としての正義 再説』岩波現代文庫、二〇二〇年〕

引用文献

Joseph Butler, *The Works of Joseph Butler*, ed. W. E. Gladstone (Bristol, England: Thoemmes Press, 1995).

Thomas Hobbes, *De Cive*, ed. Sterling P. Lamprecht (New York: Appleton-Century-Crofts, 1949).〔本田裕志訳『市民論』京都大学学術出版会、二〇〇八年〕

Thomas Hobbes, *Leviathan*, ed. C. B. MacPherson (Baltimore: Penguin Books, 1968).〔水田洋訳『リヴァイアサン』全四巻、岩波文庫、一九八二―九二年〕

David Hume, *Enquiries Concerning the Human Understanding and Concerning the Principles of Morals*, 2nd ed., ed. L. A. Selby-Bigge (Oxford: Oxford University Press, 1902).〔斎藤繁雄・一ノ瀬正樹訳『人間知性研究――付・人間本性論摘要』法政大学出版局、二〇〇四年、および渡部峻明訳『道徳原理の研究』晢書房、一九九三年〕

David Hume, *Treatise of Human Nature*, 2nd ed., ed. L. A. Selby-Bigge (Oxford: Oxford University Press, 1978).〔大槻春彦訳『人性論』全四巻、岩波文庫、一九四八―五二年、木曾好能・石川徹・中釜浩一・伊勢俊彦訳『人間本性論』全三巻、法政大学出版局、二〇一一・一二

年〕

Immanuel Kant, *Groundwork of the Metaphysics of Morals*, trans. and ed. H. J. Paton (London: Hutchinson, 1948).〔平田俊博訳『人倫の形而上学の基礎づけ』(『カント全集 7』岩波書店、二〇〇〇年に所収)、宇都宮芳明訳『道徳形而上学の基礎づけ』以文社、二〇〇四年〕

John Locke, *A Letter Concerning Toleration*, ed. James H. Tully (Indianapolis: Hackett, 1983).〔加藤節・李静和訳『寛容についての手紙』岩波文庫、二〇一八年、生松敬三訳『寛容についての書簡』(『世界の名著32 ロック/ヒューム』中央公論社、一九八〇年に所収)〕

John Locke, *Two Treatises of Government*, ed. Peter Laslett (Cambridge: Cambridge University Press, 1960).〔加藤節訳『完訳 統治二論』岩波文庫、二〇一〇年〕

Karl Marx, *Capital: A Critique of Political Economy* (New York: International Publishers, 1967).〔向坂逸郎訳『資本論』全九巻、岩波文庫、一九六九—七〇年〕

John Stuart Mill, *Collected Works* (cited as *CW*) (Toronto: University of Toronto Press, 1963-1991).〔関口正司訳『自由論』岩波文庫、二〇二〇年、早坂忠訳『自由論』、伊原吉之助訳『功利主義論』(『世界の名著38 ベンサム/J・S・ミル』中央公論社、一九六七年に所収)、「功利主義」、川名雄一郎・山本圭一郎訳『J・S・ミル功利主義論集』京都大学学術出版会、二〇一〇年、大内兵衛・大内節子訳『女性の解放』岩波文庫、一九五七年、など〕

Jean-Jacques Rousseau, *The First and Second Discourses*, ed. Roger D. Masters, trans. Roger D. and Judith R. Masters (New York: St. Martin's Press, 1964).〔本田喜代治・平岡昇訳『人間不平等起原論』岩波文庫、一九七二年、中山元訳『人間不平等起源論』光文社古典新訳文庫、二〇〇八年〕

Jean-Jacques Rousseau, *On the Social Contract, with Geneva Manuscript and Political Economy*, ed. Roger D. Masters, trans. Judith R. Masters (New York: St. Martin's Press, 1978).〔作田啓一訳『社会契約論』白水Uブックス、二〇一〇年、中山元訳『社会契約論／ジュネーヴ草稿』光文社古典新訳文庫、二〇〇八年〕

Henry Sidgwick, *The Methods of Ethics* (London: Macmillan, 1907).

Robert C. Tucker, ed., *The Marx-Engels Reader*, 2nd ed. (New York: W. W. Norton, 1978).

序論――政治哲学についての見解

第一節　政治哲学をめぐる四つの問い

1　まず、政治哲学をめぐるいくつかの一般的な問いを挙げることから講義をはじめたいと思います。私たちはそもそも、なぜ政治哲学に関心をもつのでしょうか。私たちが政治哲学について考える理由とは何でしょうか。そうすることで私たちは何を得られる――得られるものがあるとして――と期待しているのでしょうか。このような気構えをもって、私たちの考察にとって有益かもしれないより限定されたいくつかの問いを検討したいと思います。

次の問いからはじめましょう。政治哲学の聴衆とは誰でしょうか。政治哲学は誰に呼びかけているのでしょうか。その聴衆は、社会構造や直面している問題に応じて社会ごとに異なっています。ですから、ここでは立憲デモクラシーの社会における聴衆とは誰かと尋ねましょう。まずはじめに、私たちの社会で誰がその聴衆なのかを見てみましょう。

デモクラシーにおいては明らかに、この問いに対する答えはこうなります。すべての市民一般がその聴衆です。言い換えれば、投票によって――必要とあらば憲法を修正することによって――すべての政治的問題に対して制度上の最終的な権威を行使するすべての人々からなる一団としての市民です。民主的な社会における政治哲学の聴衆とは市民団(the body of citizens)であるということは、重要な帰結をもちます。

このことは、一つには、もとより立憲デモクラシーという観念を受け入れ擁護するリベラルな政治哲学は、いわば一個の〔専門的な〕理論とはみなされないということを意味します。そうした教説を著す者を、特殊な主題に関する専門家とみなすことはできません。科学についてはそうみなすことも可能でしょうが。政治哲学は、正義や共通善についての根本的な真理や理に適った観念への、あるいは他の基本的な考えへの特別な通路をもっているわけではありません。政治哲学が何らかのメリットをもちうるとしたら、それは、民主的な体制(レジーム)の制度や政策についての私たちの判断を明確にするのに役立つような、基本的な政治的観念をめぐる諸構想を――研究や省察を通じて――より深く、より有益なものに洗練していくことができるということにあります。

2 第二の問いはこうです。こうした聴衆に呼びかける際、政治哲学の信憑性を証すものは何でしょうか。それは何によって権威を主張しうるのでしょうか。私がここで「権威」という言葉を用いるのは、道徳的・政治的哲学の著作家のなかには、少なくとも暗黙のうちに一定の権威を主張する者もいるからです。政治哲学は認識への要求を担うものであり、この認識への要求は支配への要求にほかならないと語られてきました[1]。このような主張は、完全に誤っていると私は思います。少なくとも、民主的な社会においては、政治哲学はいかなる権威ももちません。権威という言葉が、ある種の政治的問題に対する一定の法的な地位や権威的な重みの保有を意味し、あるいは、また別の意味で、長きにわたる習慣や慣行によって是認され、有無を言わせぬ明証的な力をもつものとして扱われる権威を指すとすれば、政治哲学にはいかなる権威もありません。

政治哲学が意味しうるのは政治哲学の伝統にほかなりません。そしてデモクラシーにおいては、この伝統はつねに著作家と読者の共同の仕事（ジョイント・ワーク）です。この仕事は共同のものです。というのも、世代を越えて政治哲学の作品を生みだし、それを大切に育てるのはその著作家と読者がともに行うことですし、それらが提起する諸観念を基本的な制度に具体化するかどうかはつねに有権者に委ねられているからです。

このようにデモクラシーにあっては、政治哲学の著作家は、他のあらゆる市民がもつ以上の権威をもちませんし、それを主張してはならないのです。私は、これをまったく明白であると考えていますし、ときにそれとは反対のことが主張されるとしても、いかなるコメントも必要ないと考えています。このことについての懸念は脇におきさえすればよいと言っておきましょう。

もちろん、次のように言う人がいるかもしれません。政治哲学は、人間理性の信憑性を望むのであり、暗黙のうちにその権威を引き合いにだしているのだ、と。端的に言って、そうした人間理性は、理性を身につける年齢に達したすべての十分に正常な個人、言い換えれば、すべての正常な大人の市民が行使する、熟慮された思想、判断、推論の共有された力にほかなりません。このことに同意して、政治哲学はこの意味での権威を引き合いにだすのだと想定してみましょう。しかしまったく同様に、政治的問題についてのみならず、他のいかなる問題についても、他者に呼びかける際に理性的にかつ誠実に語るあらゆる市民も、この権威を引き合いにだすと想定しましょう。私たちが人間理性の権威と呼んだものを求めることは、私たちが自分の見解を、他者がそれをきちんと理解して判断できるように、それを支持する理由を理に適った、適切な仕方で挙げながら提起しようとすることを意味します。人間理性の信憑性を得ようとすることは、どのような主題についても、政治哲学を他のあらゆる理性的な議論から区別するものではありません。あらゆる理性的で誠実な思考は、人間理性という権威を求めます。

民主的な社会において世代を越えて読み継がれ、引き続き研究されているテクストに見られるような政治哲学は、実際、根本的な民主的な教説や観念についての並外れて体系的で完成度の高い言明として表現されていることもあります。そのようなテクストは、読み継がれることのないテクストに比べて、議論がよりしっかりとし、より明晰に表現されたものであるかもしれません。その意味で、そうしたテクストは、人間理性の権威をより成功裡に引き合いにだすことができるでしょう。とはいえ、人間理性の権威はとても特殊な種類の権威です。というのも、政治哲学のテクストがそうしたアピールを成功裡になしうるか否かは、私たちの集合的な判断にかかっているからです。それは、世代を越えて、社会の一般的な文化のうちで、市民の一人ひとりがそのテクストが研究や省察に値するか否かについて下す判断に依存しているのです。この場合には、最終的な決定権、さらには暫定的な決定権をもつことが正統であると認められた公職者や法廷や立法団体は存在しません。理性の作用を評価するのは、公式の団体の仕事ではなく、習慣と長く存続してきた慣行によって正統なものと認められてきた団体〔市民団〕の仕事なのです。

この事情は政治哲学に特有のものではありません。同じことは、あらゆる科学者、もっと限定して言えば、あらゆる物理学者の共同体にも当てはまります。たとえば、一般相対性理論が正しいか否かを宣言する権威をもった制度的な団体はそこには存在しません。デモクラシーにおける政治的正義について言えば、市民団が、この場合のあらゆる科学者の団体に類似した位置にあります。このことは、近代の民主的な世界に特有の事柄であり、政治的な自由と平等についてのその観念に根ざしています。

3　第三の問いはこうです。政治哲学は、どの地点でどのような仕方で民主的な政治に参入し、その行方に影響を及ぼすのでしょうか。この点に関して、政治哲学は自らをどのように理解すべきなのでしょうか。

それについては少なくとも二つの見解があります。たとえば、プラトン的な見解は、政治哲学は正義と共通善についての真理を確定するものであるという見方をとります。この見解は次いで、その真理を人々が自由に受け入れるかどうか、さらには人々が理解してそれを受け入れるかどうかに関わりなく、それを制度に現実化していく政治的行為者を求めます。この見解によれば、政治哲学による真理の認識は、それが政治の行方を定めること、さらにはその行方を――説得によって、必要とあらば強制力をもって――統制することさえ正統化します。プラトンの哲人王、レーニンの革命的前衛がその証左です。この場合には、真理への主張は認識への主張だけではなく、政治的に統制し、行動することへの主張も担っていると理解されているのです。

もう一つの見解、つまり民主的な見解は、いわば政治哲学を民主的な社会の一般的な背景文化の一部とみなします。もっとも、特定の古典的なテクストが公共的な政治文化の一部となる数少ないケースもあります。しばしば引用され、参照されることによってそれらは公共的な知恵の一部となり、社会の基本的な政治的観念のファンドとなります。そのようなものとして政治哲学は、その基本的な観念とその歴史が論じられ、研究される市民社会(シヴィック・ソサイエティ)の文化に貢献することがあり、またある場合には、公共の政治的討論に参入することもあります。

今日流布している学術的な政治哲学の文体やスタイルを好まない著作家(2)もいて、彼らはそれが、日々の民主的政治 — 政治という偉大なゲーム(3) — を避け、これを不要にしていると見ています。そうした著作家によれば、学術的な政治哲学は実際にはプラトン的なのです。それは、基本的な真理を提供しよう、少なくとも主要な政治的問題に解答を与え、解決しようとしており、通常の政治を不要なものにしてしまっていると言うのです。哲学に対して批判的な著作家はまた、通常の政治は哲学の助けなしで、その論争に気を煩わせることなく、それだけで上手くやっていけると考えています。そういう仕方でやっていけば、より活発で生き生きとした公共的生活が、そして政治にもっと能動的に関与する市民団が生まれるだろうと彼らは考えるのです。

さて、リベラルな政治哲学は(先に定義した意味で)プラトン的であるというのは、明らかに正しくありません。リベラリズムは民主的統治という観念を肯定するのですから、それが日々の民主的政治の行方を覆すなどということはありません。デモクラシーが現に存在するかぎり、リベラルな哲学がデモクラシーに対して適切な仕方でそのように振る舞うことがあるとしても、それは、正統なものとして立憲的に受任された政治的行為者に影響を与え、この行為者に民主的な多数者の意志を覆すよう説得することだけに限られます。哲学のリベラルな著作家にとってこうしたことが生じうる一つの途は、私たちの体制のような立憲体制において最高裁判所の判事に影響を及ぼすことです。ブルース・アッカマン、ロナルド・ドゥオーキン、フランク・マイケルマンといったリベラルな学術的著作家は、最高裁判所を名宛人として語ることもありますが、そういうことは多くの保守主義者や他のリベラルでない著作家たちも行っていることです。彼らは憲法政治に携わっているのだ、という言い方もできるでしょう。私たちの立憲システムにおける最高裁判所の役割を考えると、民主的な政治を覆す試みのように見えるものは、実際には司法審査を受け入れる、つまり、憲法が通常の立法上の多数者の意志が及ばないところに一定の基本的な権利や自由を位置づけているという観念を受け入れるということにほかならない場合があるのです。こうして、学術的な著作家をめぐる議論はしばしば、多数決規則の範囲や限界についての、また、憲法上の基本的な自由を特定し、それを擁護する最高裁判所に固有の役割についての議論になっているのです。

したがって、司法審査を受け入れるか否か、そして、民主的な憲法は憲法政治に対比される通常政治において、立法上の多数者の意志が及ばないところに一定の根本的な権利や自由をおくべきとする観念を、私たちが受け入れるかどうかに多くは依存します。

この点について私は司法審査を受け入れたいと思いますが、いずれの立場にも十分な論拠があり、これは民主的な市民が自分で考えなければならない問題なのです。重要なのは、デモクラシーの二つの構想、すなわち立憲デモクラシーと多数決主義的デモクラシーのいずれを選ぶかを決めることです。いずれにしても、司法審査を支持する者でさえ、通常政治においては、いつもは立法上の多数者が統治することを当然のこととみなしています。

私たちの第三の問いはこうでした。政治哲学は、どの地点でどのような仕方で民主的な政治に参入し、その行方に影響を及ぼすのか。この問いにはこう答えましょう。司法審査をそなえる体制において、政治哲学は、少なくとも憲法上の事柄に関しては大きな公共的役割を果たす、と。その際、しばしば議論の的となる政治的な争点は、民主的なシティズンシップの基本的な権利や自由に関わる憲法上の争点なのです。これ以外のところでは、政治哲学は、背景文化の一部として教育的な役割を担います。この教育的役割が、私たちの第四の問いの主題です。

4　政治的見解とは、政治的正義と共通善についての見解、どのような制度や政策がそれらを最もよく促進するかについての見解です。市民は、基本的な権利や自由について判断を下すことができるべきだとすれば、何らかの仕方でこれらの観念を習得し、理解しなければなりません。そこでこう問いを立てましょう。市民は、人格や政治社会について どのような基本的な構想、どのような自由や平等、正義やシティズンシップの理想を、民主的な政治にまずもって導き入れるのでしょうか。市民はどのようにしてそうした構想や理想にしだいに愛着をいだくようになり、その愛着をどのような考え方が支えるのでしょうか。どのような仕方で市民は統治について学び、それについていかなる見解を獲得するのでしょうか。

互いに自由かつ平等な者であり、公共的理性を行使し、投票を通じて政治的正義や共通善が要請する熟慮された意見を表明しうる者であるという市民の構想をもって、市民は政治に参入するのでしょうか。それとも、市民がいだく政治についての見解は、ある人は生まれながら他の人よりも劣っていると見る社会的な位階秩序(ヒエラルキー)の理想によって支持されながら、自らを、ただ自分自身の経済的・階級的利益や宗教的・民族的な敵対関係を投票によって表す者としてしか考えないところにとどまるのでしょうか。

立憲体制を構成する市民がそもそも、その基本的な政治制度を是認し、強化する根本的な構想や理想をもって民主的な政治に加わるのではないとしたら、立憲体制は長くは持ちこたえられないように思われます。さらに言えば、こうした政治制度は、市民が自分自身でそのような構想や理想を支えるときに最も堅固なものになります。とはいえ明らかに、市民がこうした構想や理想を獲得するのは、一部には――あくまで一部にすぎないとしても――市民社会の一般的な背景文化に属する政治哲学の著作からです。市民がそれらに出会うのは、学校や大学、専門職大学院での対話や読書を通じてです。市民はまた、新聞やオピニオン誌において、そうした観念について論じる論説や討論を眼にします。

いくつかのテクストは、市民社会の一般的な文化と対比される公共的な政治文化に位置づけられるだけの地位をもちます。独立宣言や憲法前文、リンカーンのゲティスバーグ演説の一部を暗記させられた人はどれくらいの数にのぼるでしょうか。これらのテクストは権威的なものではありません――憲法前文は法としての憲法の一部ではありません――が、私たちの憲法の理解や解釈にある仕方で影響を与えているはずです。

しかも、これらのテクスト――（もしあるとして）同等の位置を占める他のテクスト――において表明されている価値は、こう言っていいでしょうが、政治的価値です。それは定義されているのではなく、指し示されているにすぎません。たとえば、憲法前文は次の言葉を挙げています――より完全な結合（ユニオン）、正義、国内の静穏、共同の防衛、一般的福祉、自由の恵沢。独立宣言はこれに平等の価値を加えており、それを平等な自然権に結びつけています。

これらを政治的価値と呼んでも差しつかえないでしょう。私は、正義の政治的構想とは、これらの価値に理に適った体系的で整合的な説明を与えようとするもの、そして、基本的な政治的・社会的制度に適用する際にそれらがどのように順序づけられるべきかについて述べようとするものだと考えようと思います。政治哲学のほとんどの著作は、しばらくは読み継がれるとしても、一般の背景文化に属します。しかしながら、最高裁判所や、根本的な問題をめぐる公共の討論において繰り返し引かれる著作は、公共的な政治文化ないしその近辺に属するものであるとみなすことができます。実際、一、二、三のもの、ロックの『統治二論』第二篇やミルの『自由論』は、少なくともアメリカ合衆国においては、政治文化の一部をなしていると見ることができるでしょう。

市民は、民主的な政治に参加する前に、その根本的な構想や理想をほかならぬ市民社会から最もよく学ぶのだと私は示唆してきました。そうでないとしたら、民主的な体制は、かりにそれが誕生したとしても長続きはしないでしょう。ワイマール憲法が破綻した多くの理由の一つは、ドイツにおける主要な知的な潮流のどれ一つとしてそれを擁護する用意がなかったという事実です。そのなかには、ハイデガーやトーマス・マンといった主導的な哲学者や作家が含まれます。

結論をまとめましょう。政治哲学は、本質的な政治的原理や理想の源泉を提供する際に、一般の背景文化の一部として少なからぬ役割を果たします。それは、民主的な思想や態度の根本を強化する役割を果たします。政治哲学はこのような役割を、日々の政治においてというよりもむしろ、人格や政治社会のある種の理想的な構想に向けて市民を

――彼らが政治に参加するに先だって、そして生涯のうちで省察に傾く時機に――教育する際に果たすのです。[4]

5　一社会の政治には、正義原理や共通善に誠実に訴えることを鼓舞するようなものが何かあるでしょうか。政治は端的に、権力と影響力をめぐる――誰もが自分の利益を貫徹しようとする――闘争に尽きるとなぜ言えないのでしょうか。ハロルド・ラズウェルはこう語りました。「政治学は、誰が何をどのように得るかについての研究である」[5]。それで政治については言い尽くされているのでしょうか。政治はもっと別のものでありうると考える私たちは、シニカルな人の言うようにナイーブなのでしょうか。もしそうだとしたら、正義と共通善をめぐるすべての話は、十分な理由を挙げることによってではなく、ただ、私たちの語ることによって何らかの仕方で人々を惹きつけ、私たちの見解を他の人々に受け入れさせるような心理学的な効果をもつシンボルの操作にすぎないということになってしまうのでしょうか。

シニカルな人が道徳的・政治的な原理や理想について語ることは正しいものではありえません[6]。というのも、もしそれが正しかったとしたら、そうした原理や理想を参照し、それに訴える道徳や政治の言語や語彙は、とっくに引き合いにだされることがなくなっていたはずだからです。特定の集団やその指導者が、純粋に操作的で、集団の利害にもとづくやり方でそうした規範に訴えているにすぎないとしたら、そのことを見抜くことができないほど人民(ピープル)は愚かではありません。もちろん、このことは、正義や公正や共通善という原理にしばしば操作的な仕方で訴えがなされているということを否定しません。そのような操作的な訴えは、しばしば同一の原理が、それを重要だと認識し、信頼を寄せるに値するものだと考える人々によって誠実に引き合いにだされていることに、いわば寄生しているにすぎないのです。

市民が政治に初めて参入する際にまずどのような観念をもつかを左右するのは、次の二つだと思います。一つは、市民がそこで成長する政治システムの性質です。もう一つは、背景文化の内実です。つまり、背景文化がどの程度まで市民に民主的な政治の観念を教え、その意味について市民が省察するよう導いているかが重要なのです。

政治システムの性質は、政治行動や政治原理の諸形態を市民に教えます。民主的なシステムではうまいことに、政党の指導者が実効的な多数派を形成する際、少なくとも彼らの明確な公共的・政治的プログラムについては正義や共通善の一定の原理によって制約される、ということを市民は知っています。ここでもまたシニカルな人が、正義や共通善という公共的原理へのそのような訴えは自己利益にもとづくものにすぎない、なぜなら、実効性を保持するためには、集団は「システム内」のものとして承認されなければならず、そのことは、集団の行動が、そうした原理と整合するさまざまな社会規範を尊重しなければならないことを意味するからだ、と口を挟むかもしれません。この主張はなるほど真実ですが、逸しているものがあります。理に適った仕方で成功している政治システムにあっては、市民はやがて、そうした正義や共通善の原理に愛着をいだくようになります。しかも、宗教的寛容の原理について言えば、それへの忠誠は純粋に――部分的にはそうだとしても――自己利益にもとづくものではありません。

6　次の重要な問いはこうです。正義や共通善、政治的協働の公正な原理への誠実な訴えを妨げがちな政治的・社会的制度の特徴があるとしたら、それは何でしょうか。ここで、私たちは、〔ある時期の〕ドイツが立憲デモクラシーの体制を達成しえなかったという事実から何かを学ぶことができると考えています。

ビスマルク時代のヴィルヘルム・ドイツにあって政党がおかれていた状況について考察してみましょう。この政治システムの注目すべき特徴として、以下の六点を挙げたいと思います。

(1)　それは、絶対的ではないとしても非常に大きな権力をもった世襲君主制でした。

(2)　この君主制は、軍隊(プロイセンの貴族が将校の地位を占める)が君主制をそれに反対する人民の意思から守るという点で、軍事的な性格をそなえていました。

(3) 宰相と内閣は君主に仕えるものであり、立憲的な体制のように、帝国議会に仕えるものではありませんでした。

(4) 政党はビスマルクによって粉砕されており、彼はそれらを圧力団体に変え、見返りとしての経済的利益に訴えることによってその支持を引きだしました。

(5) 政党は圧力団体以上のものではなく、それゆえ統治しようと望むことはけっしてありませんでした。各政党は、他集団との妥協を困難にする排他的なイデオロギーをもっていました。

(6) 特定の集団を帝国の敵として攻撃することは、宰相のみならず、官僚にとっても不適切なことだとはみなされませんでした。そうした集団としては、カトリック教徒、社会民主主義者、民族的少数者、フランス人(アルザス-ロレーヌ)、デンマーク人、ポーランド人、そしてユダヤ人が挙げられます。

第四と第五の特徴、つまり、政党は圧力団体と変わるところがなく、支配すること——政府を組織すること——を切望しないがゆえに、他の社会集団と妥協をはかったり、交渉したりする用意がなかったという特徴を考えてみましょう。自由主義者には労働者階級が望むプログラムを支持する用意がなく、他方、社会民主主義者はつねに、産業の国有化と資本制システムの解体を力説し、自由主義者を怯えさせていました。自由主義者と社会民主主義者が政府を組織するために協働できなかったことは結局、ドイツのデモクラシーに致命的な影響を及ぼしました。というのも、その影響はワイマール体制にまで存続し、悲惨な帰結をもたらすことになったからです。

この種の構造をもった政治社会は、諸々の社会階級や経済集団の間に激しい内的敵対関係をつくりだしていくでしょう。それらは、適度に民主的な体制のもとで一つの政府を組織するために協働することをけっして学ぶことがありません。それらは、いつも、政府への支持と引き換えに自分の利益をみたすよう宰相に懇願する部外者として行動します。なかには社会民主主義者のように、政府の支持者になるなどとは一度も考えたことのない集団もあります。こうした集団は、第一次世界大戦前夜のように最大多数の得票を獲得するにいたった場合でさえ、はっきりとシステムの外部にとどまりつづけました。本物の政党が存在しないのですから、政治家も存在しません。人民(ピープル)の役割は、特定の集団を喜ばせるのではなく、何らかの政治的・社会的な民主的プログラムのもと、実効的な多数者として結集することにあります。

いま指摘してきた政治システムの特徴にとどまらず、当時の背景文化や(社会構造とともに)政治思想に見られる一般的な傾向は、いかなる主要な集団も立憲体制を実現していくために必要な政治的努力を払う気がない、というものでした。多くの自由主義者のように、主要な集団が実際に立憲体制を支持する場合にも、その政治的意志は薄弱で

あり、宰相は、経済的な恩恵を与えることによってそうした集団を抱き込むことができました。(7)

第二節　政治哲学の四つの役割

1　政治哲学が社会の公共的な政治文化の一部をなすものとして果たしうる四つの役割を見ていきましょう。この点については、『公正としての正義 再説』の第一節で詳細に論じましたので、ここでは簡潔にその要点を挙げるにとどめたいと思います。

(a)　第一の役割は、実践的な役割(practical role)です。この役割は、分裂を惹き起こす政治的抗争から生じます。その際、政治哲学の課題は、深刻な論争の対象となっている問題に焦点を当て、そうした抗争の外観にもかかわらず、哲学的・道徳的合意の根底をなす何らかの基盤を顕わにすることができないかどうか、あるいは、市民の相互尊重に立脚した社会的協働がなおも維持されうるように、少なくとも意見の相異の幅を狭めていくことができるかどうかを検討することです。

(b)　私が方向づけ(orientation)と呼ぶ第二の役割は、理性と反省が果たす役割です。政治哲学は、政治的・社会的制度全体について、市民たる自分自身について、そして歴史——国民(ネイション)——をともなった一つの社会としての自らの基本的な目標や目的——これは、個人としていだく目標や目的、家族やアソシエーションの成員としていだく目標や目的から区別されるものです——について、人々がどう考えるかに貢献することができます。

(c) 第三の役割は和解(reconciliation)です。これはヘーゲルがその著『法の哲学』(一八二一年)において強調した役割です。政治哲学は、社会やその歴史に対する私たちの不満や怒りを、哲学的な観点から適切に理解するなら、社会の諸制度は合理的であり、世代を越えて発展してきた結果として現在の合理的な形態を獲得するにいたったのだと、その経緯を示すことによって鎮めることができます。政治哲学がこの役割を果たすとき、それは、正義に悖り擁護するに値しない現状をただただ擁護する、という危険性に抗するはずです。このことは、マルクスの言う意味で、現状を一つのイデオロギー(虚偽の思考枠組み)にします。[8]

(d) 第四の役割は、実行しうる政治的可能性の限界を探究する(probing the limits of practicable political possibility)役割です。この役割を果たすとき、私たちは、政治哲学を現実主義的ユートピアとみなします。社会の将来に私たちがいだく希望は、社会的世界は少なくともまともな政治秩序を可能にし、したがって完璧ではないとしても、理に適った仕方で正しい、民主的な体制が可能であるという信念にもとづいています。そこで私たちが問うのは、理に適った仕方で好都合な、だがなおも可能な歴史的条件——法や社会的世界の傾向が許す条件——のもとで正義に適った民主的社会とはどのようなものか、私たちに馴染みのある民主的な文化において正義の状況を想定するとき、そうした社会はどのような理想や原理を実現していこうとするのか、という問いです。

第三節　リベラリズムの主要な観念——その源泉と内容

1 この講義の大半は、リベラリズムの構想、およびその四人の主要な歴史的人物、そしてその最大の批判者の一人を取り上げますので、私がリベラリズムをどう理解しているかについて少し話しておいた方がいいでしょう。リベラリズムには確定した意味はありません。それには多くの形態と多くの特徴があり、それを相異なった仕方で特徴づける著作家がいます。

リベラリズムの三つの主要な歴史的源泉は次に挙げるものです。第一に宗教改革、および一六世紀、一七世紀の宗教戦争。この戦争はまず、寛容と良心の自由の原理を不承不承、受容することをもって終結しました。第二に、王室の権力を台頭する中産階級が徐々に制御し、制限君主制という立憲体制が確立されたこと。第三に、労働者階級が勝利してデモクラシーと多数者支配を獲得したこと。[9] こうした展開は、異なった時期にヨーロッパや北米の異なった国々で生じました。とはいえ、イングランドについて考えれば、良心の自由は一七世紀末にはその達成にかなり近づきましたし、立憲的な統治は一八世紀を通じて、また、デモクラシーと多数者支配は一九世紀の普通選挙権の確立によって、実現されてきたとおおむね言えるでしょう。もちろん、この進展は完了したわけではありません。リベラリズムの重要な側面は今日でもまだ達成されてはいませんし、達成にはまだまだ長い道のりが必要な側面もあります。リベラル・デモクラシーと称される既存の体制はみなかなり不完全なものですし、民主的な正義が獲得すべきと思われるものの達成にはまだほど遠い状態にあります。

たとえば、アメリカ合衆国でいま必要とされている五つの改革を、ここで挙げてみましょう。第一に、権力へのアクセスを貨幣で購うことのできる現行のシステムを克服するための選挙資金改革。第二に、教育機会の公正な平等。第三に、万人にヘルスケアを保障する何らかの形態。第四に、社会的に有益な仕事を保障する何らかの形態。最後に、女性にとっての平等な正義と男女の平等。これらの改革は、差別や人種主義の最悪の側面が廃棄されないなら、中途半端なものにとどまるでしょう。他の人も、その重要性が同様に否定できないような不可欠の改革のリストをもっているはずです。

2　リベラルで政治的な正義の構想は、その意味を広くとるなら、その内容として三つの主要な要素をそなえています。すなわち、平等な基本的諸権利と諸自由からなるリスト、これらの〔諸権利と〕諸自由の優先、そして、社会の全成員に、これらの諸権利と諸自由を活用していくうえで適切な汎用的手段を保障することです。諸自由が一つのリストによって示されることにご注意ください。これら三つの要素については後でより明確に規定することにしましょう。

一般的な観念を挙げましょう。平等な基本的諸自由は、平等な政治的諸自由――投票し、公職に立候補する権利、あらゆる種類の自由な政治的言論の権利――を含みます。それはまた、市民の（シヴィック）諸自由――自由な非政治的言論の権利、自由な結社の権利、そしてもちろん良心の自由の権利――を含みます。これらの自由に加えて、機会の平等、移動の自由、自分自身の精神および身体への権利（人格が損なわれないこと）、個人がもつ所有権、そして最後に、法の支配がカバーする自由および公正な裁判への権利が、平等な基本的諸自由に含まれます。

いま挙げた基本的諸自由のリストは、もちろん馴染み深いものです。難しい問題は、これらの諸自由をより正確に規定したり、相互に対立する場合にそれらをどう順序づけるかにあります。ここで本質的な事柄は、リベラリズムが自由そのものというより、むしろ諸自由の特定のリストに与えている大きな意義を強調することです。このことを心に留めておきましょう。リベラリズムの内容の第二の要素は、諸自由には一定の優先性、すなわち一定の力と重みが与えられるということです。このことは実際、諸自由は通常、より大きな社会福祉を達成するために、あるいは卓越主義的な価値のために犠牲にされることはありえない、ということを意味します。しかもこのような制約は、実践的に見て絶対的なものです。

リベラリズムの内容の第三の要素は、先に示したように、その原理が、社会のすべての成員に対して自分の自由――第一および第二の要素によって具体的に列挙され、優先性を与えられた――を活用していくうえで十分な汎用的な物質的手段への要求を与えるということです。この汎用的手段(all-purpose means)は、私が基本財(primary goods)と呼ぶものに含まれます。基本財は、基本的諸自由と平等な機会に加え、所得と富、そしてたとえば教育やヘルスケアなど、必要な財への要求を適切なものとして含みます。

リベラルな見解の内容はこれら三つの要素をそなえると述べることで私が言いたいのは、どのような馴染みのあるリベラルな見方も、程度の差はあれ、この広範な記述に適合するということです。相異なったリベラリズムは、それらがこれらの要素をどのように特定し、そうするためにどのような一般的な論拠を用いるかによって区別されます。それらのなかには、しばしばリベラルであると描かれますが、たとえば自由至上主義的(リバタリアン)な見解もあります。この見解は、市民が自分の自由を活用していくうえで十分な汎用的手段を市民に保障するという第三の要素を挙げていません。この要素が欠けているという事実こそとりわけ、それが自由至上主義的であって、リベラルではない所以(ゆえん)です。自由至上主義は第三の要素に適合しません。もちろんこれは、自由至上主義に反論する論拠ではなく、その内容に対する私のコメントにすぎません。

第四節　リベラリズムの中心テーゼ

1　何をリベラリズムの中心テーゼとみなすかについて、いくつかの候補がある――基本的な諸自由の保障は明らかにその候補の一つです――ことは言うまでもありません。著作家はこの点について見解を異にするでしょう。とはいえ、一つの中心的な要素は明らかに次の点にあります。

正統な体制というものは、その政治的・社会的制度がすべての市民に対して――各市民、しかもあらゆる市民に対して――正当化されうるものです。その正当化は、市民の理論的および実践的な理性に宛ててなされます。繰り返して言えば、社会的世界の制度の正当化は、原理的に、あらゆる人にとって理解可能なもの、したがって、その制度のもとに生きるすべての人にとって正当化可能なものでなければならないのです。リベラルな体制の正統性(legitimacy)は、そのような正当化(justification)に依存しているのです。[10]

政治的リベラリズム(公正としての正義[11]はその一例です)は、宗教や伝統の重要性を拒絶したり、それを疑問視することはありませんが、法によって課される政治的要求や責務は、市民の理性と判断に適合するものでなければならないと強く主張します。

各市民の理性に向けて正当化するというこの要請は、社会契約の伝統、したがって、正統な政治秩序は全員一致の同意に依拠するという観念と結びついています。契約による正当化の目標は、社会の各成員はこの秩序に同意し、他の市民もまたそれを承認するという条件のもとで、それを承認する十分な理由をもっていることを示すことにあります。これが全員一致の同意を生みだすのです。引き合いにだされる理由は、理に適ったかつ合理的な人格各々の観点から見た理由でなければなりません。

「人間はみな、すでに述べたように、自然によって、自由、平等かつ独立であるから、誰も、自分自身の同意なしにこの状態を離れて他者のもつ政治権力に服従させられることはありえない。各人が自分の自然的自由を放棄し、政治社会の拘束のもとにおかれるようになる唯一の道は、他の人と合意して一つの共同体に加入し結合することによってである。それは、自分の固有権(プロパティ)と、共同体に属さない者に対するより大きな保障とを安全に享受することを通じて、互いに快適で安全かつ平和な生活を送るためである」(ロック『統治二論』第二篇第九五段落)。

ロックから引いたこの一節を読むと、合意は、市民が実際にある時点で交わすもののようにも思われますし、いずれにしてもこの解釈は排除できません。私たちはこれとは異なった考えをカントに見出します。根源〔原初〕契約は、現に存在するすべての私人の現実の連合から生じると想定することはできない、なぜならそれは不可能だから、とカントは述べます。

［根源契約は］実際、たんなる理性の理念である。にもかかわらず、この理念は疑う余地のない実践的なリアリティをもっている。というのも、それは立法者に対して、彼が法を制定するにあたって、その法が国民全体の一つに統合された意志にもとづいて生みだされたかのような仕方で制定するよう義務づけるからである。……それは、あらゆる公法の正当性の試金石である。言い換えれば、国民全体がそれに同意するのが不可能であるような公法（たとえば、臣民のなかのある階級が世襲的に支配者の階級たる特権をもつというような公法）は、不当である。これに対して、国民がそれに同意することが少なくとも可能でありさえするなら、その法を正当なものとみなすことは義務である。たとえ国民が現時点において、賛否を問われたなら、おそらく同意するのを拒むであろうような心の状態や気分にあるとしても、それは関係がない。[12]

カント『理論と実践』（一七九三年）、Ak: VIII: 297 (Reiss, 79)

2　ここで、社会契約についての相異なった見解の意味を理解し、互いを区別することを可能にするいくつかの区別について述べましょう。

その一つは、実際の合意と非歴史的な合意の区別です。前者はロックに見出されるように思われます(そう言えるかどうかについては、ロックを取り上げるときに論じます)。後者はカントに見られるものです。彼は、合意はすべての意志の統合からのみ生じうると想定しています。しかし、歴史的条件はけっしてこのような合意を許さない以上、彼の言う根源契約は非歴史的なものです。

第二は、契約の内容がどのように規定されるかについての区別です。つまり、実際の契約の条項によって規定されるのか、それとも分析によって(すなわち、契約を行う人々の状況から、彼らが何について合意しうるのか、何について合意したいと思うのかを明らかにすることによって)規定されるのか、それとも、双方のやり方の何らかの組み合わせによってなのか、という区別です。カントは、ある面から、根源契約を理性の理念と呼びます。というのも、理論的かつ実践的な理性によってのみ、私たちは、人民が何に合意しうるのかを理解できるのですから。この場合には、契約は仮説的です。

第三の区別は、社会契約の内容が、人民が何をなしうる——あるいはなしえない——か、もしくは人民が何をなしたいのかのいずれに関わるかについての区別です。この二つはたいへん異なっています。人民がなしうる、あるいは、なしえない事柄ではなく、人民がなしたいと思う事柄を表現する仮説的な契約の内容が何であるかを理解することは、しばしばはるかに困難なことです。たとえば、ロックがチャールズ二世を攻撃するとき、彼が主として関心をもっていたのは、統治形態を確立する際、人民が王権の絶対主義に合意するなどありえないということを示すことにありました。したがって、王がそうした権力をもった主権者として振る舞う場合、王の行動は正統ではないことになります。ロックは、人民が何に合意したかったかということを示す必要はありません。彼はただ、人民がなしえない事柄から彼らがなしたいとは思わない事柄を推論するだけでいいのです(ここでロックは次の命題に依拠しています。もし私たちがXをなしえないなら、私たちはXをなしたいとは思わない[13])。

　第四の区別は、社会契約の内容を、いかなる場合に統治形態は正統であるかを特定するものとみなすのか、それとも、その内容を、市民が政府に対してもつ(政治的)責務を規定するものとみなすのか、という区別です。社会契約という観念は、二つの異なった目的に貢献しうるものです。つまり、政治的正統性という考え方を生みだすのか、それとも、市民の政治的責務に説明を与えるのかという二つの目的です。もちろん、社会契約論はどちらもなしえます。しかし、この二つの区別は重要な意味をもっています。一つには、社会契約という観念は二つの場合において異なった仕方ではたらきますし、一方の場合にはきわめて満足のいくものであるのに対して、他方の場合にはそうでないことがあります[14]。私は、社会契約論に対するヒュームの批判[15]は、政治的責務に関するロックの説明に対しては有効ですが、正統性についてのロックの説明に対しては当てはまらないと考えます。私はそう見ています。

社会契約にはさらに他の区別、他の側面があります。たとえば、契約の当事者とは誰なのでしょうか。それは、互いに契約を交わす全市民なのでしょうか、それとも主権者と契約を交わす全市民なのでしょうか。あるいは、二つかそれ以上の契約があるのでしょうか――まず市民相互の契約、次いで市民と主権者の契約という形で。ホッブズとロックにおいて、当事者は、互いに契約を交わすすべての市民です。主権者はけっして契約の当事者ではありません。つまり、第二の契約は存在しません。この違いや、その他の違いについては、講義を進めるなかで考察することができるでしょう。

第五節　初期状況

1　いかなる社会契約論も、歴史的なものであれ非歴史的なものであれ、社会契約が行われる状況についての説明を必要とします。この状況を初期状況(the initial situation)と呼びましょう。契約論をともかく明確に展開するためには、この状況の数多くの側面が詳らかにされなければなりません。そうでないと、それらの側面は合意される対象の性質からの推理に委ねられたり、あるいは、推論がしっかりしたものであるために前提とされねばならない事柄からの推理に委ねられることになってしまい、誤解を招く危険性があります。

この状況には、特定しなければならない多くの項目があります。たとえば、初期状況に参加する当事者の性質は何でしょうか、当事者はどのような知的・道徳的な力をそなえているでしょうか。当事者は何を目標とし、何を欲するのでしょうか。彼らの一般的な信念は何でしょうか。当事者はその特殊な環境についてどれだけ知っているのでしょうか。当事者にはどのような選択肢が開かれているのでしょうか。あるいは当事者が取り結びうる契約とはどのようなものでしょうか。これらの問いや他の多くの問いへの答えが、何らかの仕方で与えられなくてはなりません。そして、それぞれの問いへの答えにはさまざまな可能性があるのです。

2 まずはじめに、当事者の性質について考察しましょう。当事者は、ロックの場合のように、自然状態における人格なのでしょうか。彼らはみな、カントの場合のように、社会の成員なのでしょうか。それとも、そのいずれでもなく、公正としての正義が想定するような、社会を構成する個々の市民の代表者なのでしょうか。

原初契約とは何についての合意なのでしょうか。それは、ロックの場合のように、何が正統な統治形態であるかについての合意なのでしょうか。それとも、それは、カントの場合のように、社会の全成員が集合的に意志することが可能な事柄についての理解なのでしょうか。カントの議論においては、立法者は正義にかなった法をテストするものとしてこの理解を用いることができます(カントにおいてこれは法を制定する際に主権者が従わなければならないテストです)。それとも、原初契約は、ルソーの場合のように、おそらく彼が一般意志と呼ぶものの内容、すなわち一般意志が意志するのは何かについての合意なのでしょうか。

それとも、それは、公正としての正義が主張するように、正義の政治的構想の内容についての合意なのでしょうか。正義の政治的構想――正義と共通善の原理や理想――とは、一つに統合された社会的協働のシステムの基本構造に適用されるべきものです。それとも、原初契約は、それにとどまらず、公正としての正義がまた主張するように、根本的な政治的問題や市民としての礼節(civility)の義務に関わる公共的理性の行使という制約についての理解を指すのでしょうか。いかなる社会契約論も、これらの諸問題をどう扱うかについて決定し、それらを整合した統一に結びつけるような諸問題へのアプローチを採用しなければなりません。

3　次に、当事者はどれだけのことを知っているのかという問いを考察しましょう。最も理に適った答えは、当事者は、日常生活において彼らが知っているすべてのことについて情報をもつことだと考える人がいるかもしれません。情報が奪われるなら、誰にとってもより悪しき合意が導かれるに違いない！　そう考えることもできます。〔特定の〕

知識の欠如がいかにして、すべての人にとってより理に適った、よりよい合意を導くことができるのでしょうか。

さて、すでに受け入れられ、手元にある正義の構想を適用する際に、通常、入手可能なすべての情報を求めることは、たいていは正しいことです。そうでなければ、その原理や基準を適切に用いることはできないでしょう。[16] しかし、最初に正義の構想について合意したり、正義の構想を採用することは、これとは別の問題です。その際、私たちはコンセンサスを達成しようと望みますが、完全な知識はしばしばそれにとって障害となります。なぜなら、人々がたいていもっている種類の知識は、果てしのない論争に行き着き、ある人々を困難な交渉へと駆り立て、自分の取り分以上のものを手にしようとする手に負えない個人が活躍する舞台をつくりだしてしまうからです。

人々があまりにも多くの情報をもつ場合を見れば、こうしたことがどのように起こるかが理解しやすくなるでしょう。エルスターが挙げているテニスの試合の例を見ましょう。第一のプレーヤーが二セットを取り、一セット落とした第三セットの後で、雨のため試合が中断されます。そこで試合を終了しなければならないとしたら、プレーヤーは賞金をどのように分けるべきでしょうか。第一のプレーヤーは全賞金を主張するでしょう。第二のプレーヤーは、それを半分に分けるべきだと言うでしょう。体調は万全で、第四・第五セットで挽回するだけの余力もまだ十分に残っていると主張して。観客は、賞金は第一のプレーヤーに三分の二、第二のプレーヤーに三分の一ずつ分けるべきだと言うでしょう。現在の環境における特殊な事情については誰も知らない以上、当の問題は試合がはじまる前に決められているべきだったのは明白です(17)。

とはいえ、その場合ですら、事態はさほど容易にはならないかもしれません。というのも、いま述べたことに加え、第二のプレーヤーは、とくに第一のプレーヤーが年長で自分よりも早く体力を消耗し、しかも両者がこのことを知っていたとするなら、賞金を平等に分けることをなおも強く望むでしょうから。また、その賞金がとても大きなものであるとして、一方が富裕で他方が貧しいとしたら、このことについての知識は事態をさらに困難にするでしょう。したがって、両プレーヤーは、彼らの能力、彼らの体調、彼らの富、そして他の多くの事柄について誰も知らないような状況を想像する必要があり、特殊な環境を離れて、ルール、それもすべてのプレーヤーに一般に妥当するようなルールを決める必要があります。このような仕方で、彼らは、公正としての正義の言う無知のヴェールに近いものへと導かれます。

4　同じことを例証するために、他でもなく政治的な重要性をもつ二つの事例を挙げましょう。まず、選挙区のゲリマンダリングの例を考えてみてください。ゲリマンダリングとは、州、郡、地域の選挙区をある党派に有利になるような仕方で線引きすることを意味します。この言葉は、マサチューセッツ州知事エルブリッジ・ゲリー(アンチ・フェデラリストの一人)に連なるジェファーソン派の人々が、州の政治的な支配権を維持しようとして、一八一二年に行ったことに由来します。彼らは、支配権を維持するために、アンチ・フェデラリスト派の飛び地が含まれるように選挙区の線を引き直しました。その結果、選挙区の形は奇っ怪なものとなり、当時のある漫画家はそれをトカゲ(サラマンダー)の姿になぞらえました。これが「ゲリマンダー」の由来です。

これは、選挙区を決める厳格な規則が前もって採用されるのが最良であることを示す明らかな事例です。それはまた、規則を採用する際にどのような知識が適切であり、それを適用する際にどのような知識が適切かを区別することが決定的に重要であることを例証しています。後者と比べて前者においては、異なった、より少ない情報が求められるのです。

これと同じ論点は、選挙を改革し、(選挙に対する)公的助成を確立する法案を通すことがなぜあれほど困難なのかを説明します。この事例においては、選挙にあたって最も資金を集めることのできる政党がこの種の改革を望まないこと、そして、その政党が政権に就いているとすれば、改革の努力を阻止しうることは明らかです。二大政党制における両政党がともに腐敗し、巨額の資金を集めることができるとしたら、たとえば、第三党が台頭するなど大きな政治的変化が起こらないかぎり、選挙改革をめざすそうした営為が実を結ぶことは実質的に見てありえないでしょう。

次いで、ダニエルズによる医療ケアの扱い方とドゥオーキンの保険計画についても話しておきたいと思います(18)。誰もが自分の年齢を知らず、ただ、人生の異なった局面──若年から老年まで──を生き、ヘルスケアへの必要もそれに応じて変化するということだけを知っているような状況において、社会はどれだけのヘルスケアを提供すべきかを人々が決定するというのが、彼らの一般的なアイディアです。人々は、ヘルスケアへの必要と他の事柄への社会の必要とのバランスをはかるだけではなく、ある時点での必要と別の時点での必要とを釣り合わせなければなりません。私は、基本財の柔軟性を論じる際にこれと似たアプローチを採っています(19)。

5　こうした例はすべて、いわゆる無知のヴェールのような何かが必要であることを示唆しています。とはいっても、多くの無知のヴェールがあります。あるヴェールは他よりも厚く(より多くの情報を排除します)、あるヴェールは異なった種類の情報を排除します。エルスターの能力主義的(メリトクラティック)な無知のヴェールに注目してみましょう。これは、市民の自然的な能力と技能に関する情報を許します。また、ドゥオーキンは、市民が自らの大望や願望について知ることをも許すように、情報の制約をさらに緩めています。この二つの見解を挙げるにとどめますが、これらは異なった結論を導くと予想することができます。[20]

無知のヴェールと同一の効果は、他の諸要素を組み合わせることからも生じうるという点も言っておくべきでしょう。たとえば、情報を排除するというよりもむしろ、人々に彼らがいま知っている事柄についての情報を許しながらも、契約は永遠に彼らを拘束するものであるとし、当事者が無限に隔たった未来へといたるその子孫たちに配慮すると想定することもできます。[21]自分だけではなく自分の子孫をも守ろうとするとき、当事者は、大きな不確実性の状況に直面します。このようにして、厚みのある無知のヴェールによって得られるのと、多少の違いはあるとしても、おおまかに見て同一の議論が得られます。

最後に、ユルゲン・ハーバーマスの討議倫理の観念と、それに関連するブルース・アッカマンの観念に注目したいと思います。[22]参加者を理想的な発話状況のうちに制約する一定の討議規則を用いれば、適切な道徳的内容をもった規範だけがあらゆる人によって普遍的に是認されうるというのがその考えです。ハーバーマスによれば、妥当な規範は、そうした理想的な討議状況のうちで確立されたり、回復されうるものです。無知のヴェールは存在しませんし、理想的な討議規則以外の制約もありません。一般的に受容されえない、その意味で、普遍化可能な利益を促進しないすべての規範を取り除くのに役立つのは、この規則です。

こうしたさまざまな見解に触れたのは、初期状況という観念がいかに広範なものかを示すためです。実際、それは風変わりな観念、哲学者のとっぴな考えではなく、ごく普通の観念ですし、直観にとても訴える観念だと私は思います。それは、ルソーとカントにおいてすでに先駆的に明示されていると私は確信していますし、他の古典的な著作家においてもそうだということに疑問の余地はないと思います。

私は、公正としての正義の初期状況を「原初状態」(the original position) と呼びます。それは、市民の代表者とみなされる当事者がそこで達成する合意が、社会的協働の公正な条項を特定する正義の政治的構想の内容──原理と理想──を表すように特徴づけられています。

結論として私が強調したいのは、私がしばしば言及してきた原初状態は代表(representation)の装置だということです。社会契約の伝統がもつ歴史をよく見れば、初期状況が多くの相異なった事柄を代表するために用いられてきたということがわかるでしょう。たとえ、著作家自身には代表の装置という観念が明確ではなく、理解されることさえなかったとしてもです。そう理解されるか否かにかかわらず、初期状況はこれまでそのように代表の装置として用いられてきたのです。

注

（1）マイケル・ウォルツァーによるベンジャミン・バーバーの次の著書に対する興味深い書評(*New York Review of Books*, February 2, 1989, p. 42)を参照。Benjamin Barber, *The Conquest of Politics: Liberal Philosophy in Democratic Times*(Princeton, N. J.: Princeton University Press, 1988).

（2）たとえば、先に触れたベンジャミン・バーバーがそうである。

（3）「政治という偉大なゲーム」は一九二〇年代から三〇年代にかけてフランク・R・ケントが『ボルティモア・サン』紙に執筆したコラムの名称である。

（4）この問いに対する私の答えは、上記の注（1）で参照したマイケル・ウォルツァーの答えに従っている。

（5）Harold Lasswell, *Politics: Who Gets What, When, and How*(New York: McGraw-Hill, 1936)〔久保田きぬ子訳『政治――動態分析』岩波書店、一九五九年〕.

（6）Jon Elster, *The Cement of Society*(Cambridge: Cambridge University Press, 1989), pp. 128ff を参照。

（7）先述の(1)―(5)についてのテクストとして、以下を参照。Hajo Holborn, *History of Modern Germany: 1840–1945*(New York: Knopf, 1969), e.g. pp. 141f, 268–275, 296f, 711f, 811f; Gordon Craig, *Germany: 1866–1945*(Oxford: Oxford University Press, 1978), Chs. 2–5, およびその pp. 140–144 における彼のビスマルクについてのコメントも参照。Hans-Ulrich Wehler, *The German Empire: 1871–1918*(New York: Berg, 1985), pp. 52–137, 155–170,

232-246; A. J. P. Taylor, *The Course of German History*, 1st ed. 1946(New York: Capricorn, 1962), pp. 115-159；そして同著者による *Bismarck: The Man and the Statesman*, 1st ed. 1955(New York: Vintage Books, 1967), Chs. 6-9; D. G. Williamson, *Bismarck and Germany: 1862-1890*(London: Longman, 1986). (6)のユダヤ人に関するテクストとして以下を参照。Peter Pulzer, *Rise of Political Anti-Semitism in Germany and Austria before WW I*, 2nd ed.(Cambridge, Mass.: Harvard University Press, 1988); Werner Angress, "Prussia's Army and Jewish Reserve Officer's Controversy before WW I," in *Imperial Germany*, ed. J. T. Sheehan(New York: Watts, 1976).

(8)　マルクスにとってイデオロギーとは、社会システムがどのように作用しているかを、そのなかにいる者たちの眼に見えにくくし、彼らがその制度の表層の下にあるものを見透すことを不可能にする仕方でしばしば作用する、虚偽の思考枠組みのことである。この場合、イデオロギーは、マルクスの見るところ、古典的な政治経済学が、資本主義のシステムは搾取のシステムであるという事実を見えにくくするのを助けたように、幻想を強化する。言い換えれば、イデオロギーは、〔資本主義にとって〕必要となる欺瞞を支えるのに役立つ。まともな資本家は、そのシステムが搾取的なものであるとは信じたがらない。そこで彼らは政治経済学の古典的な教義を信じ込む。この教義は、それが自由な交換の仕組みであり、すべての生産要素——土地、資本、労働——をもって社会的生産に貢献したのに見合っただけのものを受け取る仕組みである、と彼らに確信させる。この場合、イデオロギーは欺瞞を強化する［イデオロギー意識の議論については、本書のマルクス講義Ⅲを参照。——編者］。

（9）これは、哲学者による思弁的な歴史の図式版であって、そのようなものとして認識されなければならない。

（10）この点に関する議論として、ジェレミー・ウォルドロンによる次の有益な論考を参照。Jeremy Waldron, "The Theoretical Foundations of Liberalism," *Philosophical Quarterly*, April 1987, pp. 128, 135, 146, 149.

（11）公正としての正義とは、『正義論』および『公正としての正義 再説』において展開した正義の政治的構想に私が与えた名前である〔後者は以降、注の中では *Restatement*、『再説』と略記する〕。

（12）Immanuel Kant, *Political Writings*, ed. H.S. Reiss and H.B. Nesbit (Cambridge: Cambridge University Press), p. 79.

（13）たとえば、Xをなしえないは Xをなそうとしない、を含意するが、Xをなしうるは Xをなしたい、を含意しない。

（14）この点については、Waldron, "Theoretical Foundations of Liberalism," pp. 136–140 を参照。

（15）ヒュームの「原初契約について」(Of the Original Contract, 1752)を参照。

（16）刑事裁判は例外である。刑事裁判においては、配偶者が互いについて不利な証言をなしえないように、入手可能なある種の情報が証拠規則によって排除されることがある。これは、公正な裁判とは何かを確かめるために役に立つ。

（17）Jon Elster, *Local Justice* (New York: Russell Sage Foundation, 1992), pp. 205f を参照。

(18)　Norman Daniels, *Am I My Parent's Keeper?*(New York: Oxford University Press, 1988), with summaries on pp. 63–67 and 81f; Ronald Dworkin, "Will Clinton's Plan Be Fair?" *New York Review of Books*, January 13, 1994["Justice and the High Cost of Health Care," Ch. 8, in Ronald Dworkin, *Sovereign Virtue*(Cambridge, Mass.: Harvard University Press, 2000〔小林公・大江洋・高橋秀治・高橋文彦訳『平等とは何か』木鐸社、二〇〇二年〕として再版)]を参照。

(19)　*Restatement*, pp. 168–176〔『再説』三三〇—三四六頁〕を参照。

(20)　Elster, *Local Justice*, pp. 206f を参照。

(21)　実際これは、公正としての正義について述べた私の最初の諸論考において、情報の制約がとった形である。"Justice as Fairness," in Rawls, *Collected Papers*, ed. Samuel Freeman (Cambridge, Mass.: Harvard University Press, 1999), pp. 47–72〔田中成明編訳『公正としての正義』木鐸社、一九七九年、三一—七七頁〕を参照。

(22)　Jürgen Habermas, *Moralbewußtsein und kommunikatives Handeln*(Frankfurt am Main: Suhrkamp, 1983), とくに 3, entitled "Diskursethik—Notizen zu einem Begründungsprogramm. Erläuterungen zur Diskursethik"(Suhrkamp, 1991)〔三島憲一・中野敏男・木前利秋訳『道徳意識とコミュニケーション行為』岩波書店、二〇〇〇年〕, またとくに 6: 119–222 を参照。また、Bruce Ackerman, *Social Justice and the Liberal State*(New Haven: Yale University Press, 1980); "What Is Neutral about Neutrality?" *Ethics*, January 1983; "Why Dialogue?" *Journal of Philosophy*, January 1989 も参照。

ホッブズ

LECTURES ON HOBBES

講義I　ホッブズの世俗的道徳主義と社会契約の役割

第一節　序　論

なぜ、政治哲学についての一連の講義をホッブズからはじめるのでしょうか。[1] もちろんそれは、ホッブズが社会契約論をはじめたからということではありません。その教説は古典ギリシアの人々にまでさかのぼりますし、その後一六世紀には、スアレス、ヴィットーリア、モリナといった後期スコラ学者たちによってめざましい発展をみました。ホッブズの時代までに、それはきわめて高度に発達した教説だったのです。その理由は私自身の、また多くの他の人々の見方によれば、ホッブズの『リヴァイアサン』(*Leviathan*)は英語で書かれた政治思想の最も偉大なただ一つの著作だからです。そのように言うことによって、それが真理に最も接近しているとか、それが最も理に適っていると言いたいのではありません。むしろ私は、すべてをひっくるめて考えると――その文体と言語、その視野と興味深く生き生きとした観察、その分析と原理の複雑な構造、ほとんど真実であるだろう、そしてまさに驚くべき可能性である、社会について考える仕方の、あの忌まわしいと私が思うその提示——それらすべてを合わせると、『リヴァイアサン』は私に対してまさしく圧倒的な印象を与えると言いたいのです。全体として理解すると、それは私たちの思考と感情にまさしく圧倒的で劇的な効果をもちうるのです。もっと高く評価されるかもしれない著作家たちは他にもいます。ある点では、ホッブズの著作よりJ・S・ミルの著作をもっと高く評価したいと私は思っていますが、ミルには『リヴァイアサン』と比べうるような単一の著作はありません。このすべてをひっくるめた効果を与えはじめるような何ものも、彼はなしていません。ロックの『統治二論』第二篇はいくつかの点でもっと理に適っており、もっと賢明であるかもしれませんし、正確で、真理により近づいていると考えられるかもしれません。しかし、やはりまた、それはホッブズのような政治的概念の提示の範囲と力を欠いています。また、カントやマルクスのように深い印象を与える著作家たちは他にもいますが、彼らは英語で執筆していません。英語では、『リヴァイアサン』は最も深い印象を与えるただ一つの著作であると私は思います。したがって、政治哲学の講義をもちながらそれを読解しようと試みないのは、恥ずかしいことでしょう。

ホッブズの著作の研究からはじめる第二の理由は、ホッブズとともに、またホッブズへの反響とともに近代の道徳・政治哲学ははじまるとみなすことが有用であるというこ

カドワースと正統とされた教義	ホッブズ
有神論	無神論
二元論(精神と身体)	唯物論
自由意志	決定論
国家と社会についての団体概念	国家と社会についての個人主義的概念
永遠で不変の道徳	相対主義と主観主義
道徳的感性と慈悲心をもちうる人格	合理的利己主義者であり，慈悲心をもちえない人格

図1

とです。『リヴァイアサン』をホッブズは、政治的大変動の時期に書きました。チャールズ一世を打ち倒したイギリス内乱(一六四二―四八年)と、一六六〇年のチャールズ二世の戴冠にともなう王政復古との間の時期にあたる一六五一年に出版したのです。ホッブズの著作は強い知的反響を呼び起こしました。批判者たちによって、キリスト教の信仰に対する近代の不信仰の主たる代表者であるとホッブズはみなされました。その時代はキリスト教の時代であって、キリスト教の正統とされた教義は、多くのきわめて重要な、そして明確な境界線に沿って、批判者たちのホッブズとの対立を生じさせたのです(図1を参照)。

　たとえば、正統とされた教義はもちろん有神論的見方をしたのに対して、批判者たちはホッブズを無神論的であるとみなしました。正統とされた教義は二元論的見方をして、魂と身体の区別をしたのに対して、ホッブズを唯物論者であると彼らはみなしました。正統とされた教義はまた、意志の自由、魂と精神の自由を信じましたが、彼らはホッブズを、意志を一連の欲求、ないしある種の文化的変化に還元しようとする決定論者であるとみなしました。正統とされた教義はまた、人間社会について社団的な理論(それを「有機的な」と呼ぶのは正しくないでしょう)をもっていました。彼らは、社会を本来的に人間本性の一側面とみなしましたが、それに対して、ホッブズは個人主義的な社会概念をもっているとみなしました。彼はいまなお、むしろ過激に個人主義的な社会概念をもっているとみなされています。正統とされた教義はまた、永遠で不変の道徳という見方に固執しました。つまり、私たちの理性によって私たちがとらえ理解することのできる、神の理性にもとづく確かな道徳原理が存在し、それらの原理についてのただ一つだけの解釈があるということです。理性のみによって把握されうるという点において、道徳原理は幾何学の公理のようなものでした。他方で、ホッブズは相対主義的で主観主義的であり、完全に逆の見方であるとみなされました。最後の点を説明しましょう。正統とされた教義は人間を、慈悲心をもち、他者の善に関心をもつことができ、また自分自身のために、永遠不変の道徳の原理から行動することができるものとみなしましたが、それに対してホッブズは、彼らが考えるところ、人間を心理学的に利己主義であり、自分自身の利益にのみ関心をもつものと仮定しました。

私はこのホッブズ像、彼の見方についてのこの解釈がとくに正確であるとは考えませんが、これこそホッブズの時代の人々が、多くの高い教養をもった人々でさえもが、ホッブズが言っていることとみなしたものであるがゆえにそれを取り上げるのです。それは、なぜ彼があれほど厳しく攻撃され、恐れられさえもしたのかを説明します。ある仲間社会で、誰かがあなたをホッブズ主義者とみなしたとしたら、個人的な侮辱問題になったのです。それは、一九五〇年あたりのこの国で、共産主義者と考えられることからわが身を守る必要を人々が感じたのと同じように、多くの人がそうした必要を感じた非難だったのです。ロックは、ニュートンが自分をホッブズ主義者とみなしていると考えましたが、それは彼らが友人になるならその前に解決しておかなければならないようなことでした。他人からあなたがこの情報によって評価されることは、きわめて深刻な問題だったのです。

ホッブズのすぐ後に、彼に対する反応に二つの流れがあることがわかってくるでしょう。一つは、教会に属していたか、あるいは教会に共鳴していたキリスト教道徳哲学者たちによる反応です。おそらく彼らのなかで最も重要であったのは、カドワースとクラークとバトラーでした。彼らは、たとえば次のような、ホッブズの主要な見方と自分たちが考えた見方を攻撃しました。

1　ホッブズの想定された心理学的、かつ倫理的な利己主義、

2　ホッブズの相対主義と主観主義、および自由意志の否定、

3　そして、ホッブズの教説の帰結とキリスト教道徳哲学者たちのみなしたもの、すなわち、政治的権威は優越する力によって正当化されるか、そうでなければそうした力に直面したときにつくられる合意によって正当化される。

彼らはまた、政治的権威がそもそも社会契約のようなものにもとづきうるという思想を拒否しました。

反応のもう一つの流れは、ヒューム、ベンサム、ハチスン、アダム・スミス、そしてその後の功利主義の流れでした。彼らは、正統とされた教義にもとづく理由からホッブズと意見を異にしたわけではなく、概して言えば、ハチスンを除けば、世俗的な立場をとりました。功利主義者たちはホッブズの利己主義を攻撃しようとしたのです。彼らは、効用原理は客観的な道徳原理であると主張しようとして、ホッブズの想定された主観主義、ないし相対主義をそのように攻撃しようとしたのです。そして彼らはまた、政治的権威の根拠の間の対立を解決し、それらの根拠を正当化し説明することのできる原理として効用原理を擁護しました。ホッブズの一つの解釈の仕方は、政治的義務と政治的権威を優越する力に基礎づけたというものでした。ここでも私は、これらのどれかがホッブズが実際に主張したことであると言っているのではなく、それらが、彼が主張していると広くみなされていたことであると言っているのです。

このように、ホッブズは当時あらゆる立場の側——正統派と非正統派——から攻撃されましたが、『リヴァイアサン』はとてつもない作品であるがために、ある種の反応がはじまることになりました。彼の思想体系は、それに照らして人がどこに立つかを決定しなければならないものとなったのです。こうした状況を考えると、ホッブズとホッブズに対する反応を、近代英国の政治哲学・道徳哲学のはじまりと考えることは有益なことなのです。

第二節　ホッブズの世俗的道徳主義

この作品における本質的な点のいくつかを論じる時間をもつために、私が「ホッブズの世俗的道徳体系」と呼ぶものに焦点を当てましょう。いくつかの事柄を除外することになりますが、そうする理由を説明します。私が無視するであろう第一の事柄は、ホッブズの神学的な仮定です。ホッブズはしばしば、あたかも自分はキリスト教の信者であるかのように語ります。みなさんはこの作品を読んで、なぜそれを否定した人たちがいたのかを理解するでしょうが、私は、ある意味において彼がキリスト教の信者であることを疑いませんし、否定しません。いずれにせよ、それを否定した人たちは、彼が言い、また信じさえもしたことを、はたして彼は何らかの正統とされた教義の意味において言うことができるかどうかに疑問をもったのです。そこで、これらの正統とされた神学的仮定をわきにおいて、この本には世俗的な政治的・道徳的体系が存在すると仮定します。この世俗的な政治的・道徳的体系は、これらの神学的仮定がわきにおかれても、その思想構造とその諸原理の内容に関して完全に理解可能です。言い換えると、私たちは、その世俗的体系が何であるかを理解するのにこれらの仮定を考慮に入れる必要はないのです。たしかに、まさしくこれらの仮定をわきにおくことができるからこそ、あるいはそうであることを理由の一つとして、彼の教説は彼の時代に正統とされた教義に対する攻撃であったのです。正統とされた思想においては、政治的・道徳的思想体系を理解する際に、宗教はある本質的な役割を演じなければならなかったのです。もしそれがそうでなかったなら、そのときにはそのこと自体が面倒な問題なのです。

正統とされた思想である宗教は、ホッブズの説明のなかではいかなる本質的な役割も演じてはいません。そこで私は、ホッブズの用いている諸概念、たとえば自然権、自然法、自然状態などの概念は、すべて神学的背景からは切り離して定義され、説明されることができると信じます。また、道徳体系の内容についても事情は同じです。ここで内容とは、その諸原理が実際に言っていることを意味しています。このことは、正しい理性が私たちになすように命じる自然法の内容や、正義や名誉などのような道徳的徳の内容は、神学的仮定に訴えることなくすべて説明され、世俗的体系のなかですべて理解されうることを意味します。

ホッブズは自然法を、「それによって、人が自らの生命を破壊するようなことや、その保存の手段を取り去るようなことをなすのを禁じられる、理性によって発見される教え、ないし一般規則である」(*Leviathan*, p. 64〔I, 216〕)[2]と考えています。これらの教えは、広く一般的に守られるときに平和と和合を達成する手段となり、「群衆」の「保護」と防衛に必要なものとなるのです(*Leviathan*, Ch. 15, p. 78〔I, 253〕)。自然法はすべて、神学的仮定に言及することなく理解されます。しかしながら、このことは、私たちがホッブズの世俗的な枠組み（スキーム）に神学的仮定を加えることはできないということを意味しません。そして、そのような仮定が加えられるとき、それらは、この世俗的な体系のある部分を異なった仕方で描くように私たちを導くでしょう。たとえばホッブズは、世俗的体系において(これは私の用語です)自然法は正確に言えば「理性の命令」であり、私たちの保存と社会の平和のために必要なものについての結論、ないし「定理」であると言っています。正確に言えば、それらを、私たちに対する正統な権威を権利としてもつ神の命令として考えるときにのみ、「法」です(*Leviathan*, Ch. 15, p. 80〔I, 257〕)。しかし、決定的に重要な点は次のことにあります。これらの理性の命令を神の法として考えることは、けっして、それらの内容——つまりそれらが私たちになすよう命じること——を変えるものではなく、それらは依然として、私たちがなすべきことについて、それらが前に言ったことと正確に同じことを言う、ということです。それは、徳の内容も変えませんし、また、それらを神の法と考えることは、私たちがそれらに従うよう拘束されるその仕方も変えません。私たちはすでに、正しい理性によって(少なくとも内なる法廷においては)それらに従うよう拘束されており、正義と信約することとは自然的徳なのです。[3] 神の法として、理性の命令はとりわけ強力な制裁を獲得するにすぎません(*Leviathan*, Ch. 31, pp. 187f〔II, 286f〕)。言い換えると、なぜそれらに従わなければならないのかについて、もう一つの強力で強制力のある理由、すなわち神の罰の威嚇が存在することになるのですが、その制裁は含まれる内容や概念には影響しないのです。

背景となっている神学的体系は、神学的立場から私たちの救済に必要なものが、社会の平和と和合に必要なものについての理性の命令と異なるとき、またいくつかの点で衝突するかもしれないとき、そのようなときにのみ、ホッブズの世俗的枠組みの内容と構造を変えることになるでしょう。もし神学的見方が、救われるために、自然法の教え、つまり理性の命令と衝突するようなあることをなさなければならないというのであれば、そのときにはあなたは葛藤をいだくことになるでしょう。しかし、ホッブズはこのようには信じていなかったと私は思います。彼は、集団としての人間の保存に必要なものについての定理とみなされる理性の命令と相容れない、どのような宗教的見方も迷信であり、非合理であると言うでしょう。第一二章(pp. 54–57〔I, 187–194〕)において彼は宗教を論じていますが、ここで彼は、古代人の間でのコモンウェルス〔ホッブズにおいては国家と同義〕の最初の設立者や立法者たちが、社会の平和と統一のために必要なことがまた神を喜ばせるものであるということ、法によって禁じられるその同じことが神を怒らせるものであることを、ひろく人々に信じさせるためにいかに苦労したかに言及していいます。ホッブズがこのやり方を是認し、これが彼らのなすべきであったことであると考えているのは明らかです。

後に第一五章においてホッブズは、正義は存在しないと信じている、いわゆる愚か者に対して回答を与えています（*Leviathan*, pp. 72f〔I. 237f〕）。彼は愚か者に多くのことを言わせていますが、なかでも、天国の確かで永続的な至福は、（たとえば異教徒とは）信約を守らないことによって得られるかもしれないと言わせています（その時代には、私たちは異教徒との信約を守るよう義務づけられないこと、彼らは例外であることは、普通の習慣でした）。ホッブズは、そうした考えは軽薄であると答えています。私たちの信約を尊重する以外に、救済を得る方法が存在することは想像できないと彼は言います（*Leviathan*, p. 73〔I. 241〕）。そしてつづけて彼は、異教徒や他の人々との信約は拘束力をもたないと考える人々、また理性の命令――それが自然法ですが――は宗教的目的のために破棄されうると考える人々の見方を拒否します（*Leviathan*, pp. 73-74〔I. 241-242〕）。ホッブズにとって、そのような場合に、信約の不履行が正当化されることはないでしょう。

このようにして、私たちの救済の追求は、彼の見方ではいかなる仕方でも、理性の命令とみなされる自然法の内容を変えることはないのです。神学的仮定は、理性の命令に神の制裁をつけ加えることによってこの世俗的な体系を強化するかもしれませんし、理性の命令が「法」と呼ばれるように、それをいくぶん異なった仕方で描くことを可能にするかもしれませんが、そうした仮定は、概念の基本構造やその諸原理、あるいはそれらが要求する事柄の内容を変えることはありません。要するに、そうした根拠に立ってこそ、私たちは神学的仮定をわきへおくことができると私は提唱するのです。

私がわきにおこうとしているホッブズの見方のもう一つの側面は、彼のいわゆる唯物論です。私は、これが彼の世俗的体系と私が呼んでいるものの内容に何らかの重要な影響をもつとは信じません。ホッブズの心理学は主として常識の観察と、トゥキュディデス、アリストテレス、それにプラトンの古典を読むことから得られたものです。彼の政治思想、つまり人間本性についての彼の概念は、おそらくそこで形成されたのです。それが実際に唯物論の機械論的原理、いわゆる科学の方法にもとづいて考え抜かれて得られたというかなる形跡もありません。ときおりそれに言及されることがあるとしても、実際にはそれは、人間本性や情念などといったものについての彼の説明に影響を与えなかったのです(4)。

私たちは、ホッブズの唯物論、それに因果関係を説明する機械論的原理が存在するという考えが、彼に、分析的方法としての社会契約論へのより大きな確信を与えたことは認めてもよいでしょう。彼は、それら二つが同時に存在すると感じていたかもしれません。たとえば、『リヴァイアサン』とほとんど同じ見方を提示していて、それよりも早く、それほど完全ではなく、それほど練られていない著作である『市民論』において、彼は「政治体のまさしく材料」についての議論から出発し、次いでその生成と形式と正義の最初のはじまりの議論に進み、そして「すべてのものはその構成的原因から最もよく理解される」という文句をつけ加えます。(5) そこで政治社会、つまり偉大なリヴァイアサンを理解するためには、私たちはそれを個別に取り上げ、その個々の要素、ないしその材料――それは人間です――に分けて、これらの要素をあたかも分解されたかのようにみなさなければなりません。こうすることによって、人間本性の性質は何であるかを、またいかなる仕方でそれらの性質は私たちを政治社会で暮らすのに相応しいものにするのか、あるいは相応しくないものにするのかを理解できるようになり、また、もしよく基礎づけられた国家を形成すべきならば、どのようにして人々の間で合意すべきかを理解できるようになります(同前)。政治社会をあたかも分解されたかのようにみなすならば、あるいはその要素に分けたならば、自然状態の観念に導かれるというのが彼の考えです。そこで彼は、自然状態の観念をもつと、次に、よく基礎づけられた国家の統一性を理解する一つの方法として社会契約を示唆します。因果的唯物論の機械論的概念や原理は、この一連の思考を補強したかもしれませんし、ある意味でこうした思想をもつように彼を促しさえしたかもしれません。しかし明らかに、そうした機械論的基礎は本質的ではなく、これらの思想の内容には影響していません。自然状態と社会契約の思想は、それら自体で存立可能なのです。そして、機械論と唯物論を拒否した多くの著作がこれらの概念を支持しました。

要するに、私はホッブズの世俗的な道徳体系を、神学的仮定と機械論(唯物論)の諸原理に依存せず本質的に独立したものとして論じようとしているのです。

第三節　自然状態と社会契約の解釈

どのように社会契約を解釈しうるかという問題を取り上げる前に、ホッブズの自然状態についての説明からはじめさせてください。私たちは、自然状態を実際の状態として解釈すべきではなく、社会契約を実際になされる合意として解釈すべきでもありません。たしかに、ホッブズは自然状態のようなものが実際にある時点で存在したと想定し、いま実際に世界のある部分で実在し、彼の時代の国民国家間、諸侯間、国王間にも実在していると述べています(*Leviathan*, p. 63〔I, 212–213〕)。ですから、その意味においては自然状態は存在します。しかし、政治社会とその政府がどのように生じたかについての歴史的な記述や説明などを提供することに、ホッブズは関心をもっていなかったと私は思います。彼の社会契約の教説は、リヴァイアサンの起源、つまりどのように何が生じてきたかを説明するものとしてではなく、むしろ、私たちの政治的義務をよりよく理解することができ、また実効的な主権者が存在するとき、そうした主権者を支持する理由をよりよく理解することができるように、リヴァイアサンについての「哲学的知識」を提供する試みとして見るのがいちばん適切なのです。

『リヴァイアサン』の終わり近く、ホッブズは、「哲学は……人間の生活が必要とするような結果を、材料が許すかぎりにおいて、また人間の力が許すかぎりにおいて、産出することができるための、何らかのものの生成の様態から、その特性への、あるいはその特性から、その生成のある可能な方法への推論によって獲得される知識である」(*Leviathan*. p. 367〔IV. 105〕)と述べています。ここで考えられているのは、あるものについて、それがいま現にそうであると知っているその属性を、その諸部分からどのようにして生成することができるかを理解するとき、私たちはそのあるものについての哲学的知識をもつことになるであろうということです。『リヴァイアサン』においてホッブズがめざしているのは、その意味において、政治社会についての哲学的知識を提供することであるということになるでしょう。

このことを達成するためにホッブズは、社会をあたかもバラバラにされたかのように、つまりその要素である自然状態における人間に分解されたかのように考察します。そしてそのとき、これらの人間の生来の傾向や特徴、つまり彼らの行動を動機づける生まれつきの衝動、ないし情念を仮定したとき、自然状態はどのような状態であるのか、また彼らはその状態においてどのように振る舞うのかについて詳細に吟味します。そこでのねらいは、彼が記述したような自然状態を仮定したとき、どのようにして政治社会がその政府とともに生成され、生じさせられうるであろうかを知ることです。もし、政治社会と主権者は自然状態からどのように生起しうるかを説明することができるなら、そのときそれは、ホッブズの意味において、政治社会についての哲学的知識を私たちに与えるのです。つまり、私たちが政治社会について理解するのは、その認知され観察されうる特性を説明することになる、その生成の可能な様式を理解するときなのです。この解釈にもとづくと、政治社会が生みだされることができたであろう方法、つまり、それが実際にどのように生みだされたかではなく、それがどのように生みだされることができたであろうかを、社会契約の観念は提示しているのです。そこでは、社会の特性や社会に必要なものが認知されます。たとえば、主権者の必要とする権力、つまり、もし社会がまとまっているべきであるなら、主権者は一定の権力をもたなければならないという事実がそれです。それが偉大なるリヴァイアサンの特性です。私たちは、これらの特性や説明を、合理的な人間が自然状態において、もし社会契約が平和と和合を確立するというその意図した目的を達成しようとするなら、本質的であるとみなすであろう事柄として認知するのです。このようにして社会契約は、これらの必要な権力を主権者に与えます。そのことは完全に明らかにされ、以上述べてきたことのすべてが政治社会についての哲学的知識を提供すると彼は考えるのです。

もう一度繰り返しますが、このように、意図されているのは、私たちは社会契約を、自然状態がどのように政治社会に転換されうるであろうかを考える一つの方法とみなすべきであるということです。自然状態における合理的人間はなぜ主権者がいま実際にもっているような権力をもつことに合意するのであろうかということを知ることによって、国家、すなわち偉大なリヴァイアサンの現在の特性が説明され、なぜ主権者はそのような権力をもつべきかが理解されます。これが、国家の特性をその生成の過程から私たちが理解すべき仕方であり、また、その権力がなぜ、いまあるようなものであるかを私たちが理解すべき仕方なのです。ホッブズの哲学的知識の定義にもとづくならば、それはそのとき、国家の、あるいは偉大なリヴァイアサンの本質についての哲学的知識を提供します。これは、現在存在している哲学、ないし哲学的知識の定義に比べてはるかに広い定義です。そのとき、それは科学、あるいはそれが当時呼ばれていたように呼べば「自然哲学」をカバーしていました。

では、ホッブズの社会契約についての第二の考え方を検討しましょう。『リヴァイアサン』の第一三章(p. 63〔I. 212〕)においてホッブズは、自然状態はけっして存在しなかったという反論の可能性を認めます(「そのような時代も、このような戦争の状態もけっして存在しなかった」)。これに対して、君主や主権者たちはお互いに関しては自然状態にあると彼は答えます。そのうえ、自然状態は、いまもし人々を恐れさせておく主権者の権威が存在しなければ生じるであろう状態であるということで、自分の議論にとっては十分であると彼は指摘します[6]。このように自然状態とは、もし主権の有効な行使が損なわれたならば、つねに存在することになるであろう状態です。そのようにとらえられたとき、自然状態は、「基礎のしっかりした」社会ではとてもありそうもない(起こりそうもない)とはいえ、紛争と内乱へと退行するつねに現前する可能性なのです。さて、自然状態とは実際には戦争状態ですから、自然状態の絶えざる可能性は、すべての人に、生存しつづけるために実効的な主権者を望む十分な理由を提供します。私たちはみな、現在の取り決めや制度の崩壊を恐れる強い根拠をもっていて、それらを支持する十分な理由をすべての人に与えているとホッブズは考えるのです。このようにして、この解釈にもとづくならば、自然状態は、事柄の何らかの過去の状態であるのでも、あるいはたしかに何らかの実際の状態であるのでもなく、避けられるべき、いつも現前する可能性なのです。

社会契約についての第二の解釈は次のようなものです。すべての人が完全に合理的で、ホッブズが描いているような人間の状態を理解していると想定してください。また、実効的な主権者が現在の取り決めや制度を維持するために必要な権力をもって、いま存在しているとも想定してみましょう。そのときホッブズは、すべての人は、自分自身の自己保存と根本的利害関心にもとづいて、主権者がその権力を永久に行使しつづけるように主権者に授権する〔主権者を権威づける〕信約に加わる十分な理由をもっていると考えます。そのような信約に加わることは、すべての人にとって、そうすることが合理的なことなのです。それは、各自にとって合理的で、かつすべての人にとって合理的であるのですから、（そう言ってよければ）集合的に合理的なのです。

このような仕方で考えたとき、社会契約を自然状態において結ばれるものとみなす必要はありません。したがって、社会契約が、自然状態を政治社会に転換するのに十分であるのかどうかと考える必要はありません（たとえば、どうして人々の約束は遵守されるであろうとはっきりと言えるのだろうか、といったようにです）。むしろ、私たちは社会契約を、すでに存在している安定した統治を確かにするのに役立ち、またそれを確かなものにする信約と考えることができます。ホッブズの論点は、人間生活の通常の条件を仮定したとき、また国内の紛争と自然状態への崩壊といういつも現前する危険を仮定したとき、合理的なすべての人は、実効的な主権者を支持する十分な、また根本的な利益をもっているということです。そしてこの利益を仮定したとき、合理的なすべての人は、いざというときには社会契約に加わるであろうということなのです。

ここで私たちは、ホッブズの見方にもとづくと実際の社会契約は存在する必要があるのかと問いかけてみましょう。次のような仮説的な仕方で、つまり、実効的な主権者をもつ既存の社会のすべての成員は、この主権者に授権するための信約を結ぶのに十分な理由をもつであろう、等々といったように、社会契約について考えるだけで十分ではないのか。この提案は、社会契約自体を自然状態と同じように、純粋に仮説的なものとみなしています。つまり、それはもし可能であるなら私たちはこれを結ぶ十分な理由をもつであろう信約である、といったようにです。さて、たしかに、ホッブズは彼の社会契約の教説を明確には、このような仕方では表現していません。そして、彼が言っていないことを言ったとすることには用心深くあるべきです。にもかかわらず、社会契約についてのこの仮説的な解釈は、ホッブズの見方にとって本質的なものを表現するのに十分であるかどうかという問いを考えてみることはできるでしょう。結局、社会契約は、このような仕方で理解されるとき、社会的統合の概念を実際に提供し、どのようにして政治社会は一致団結しうるのか、ひとたび実効的な主権者が存在すると、なぜ市民たちは現行の取り決めを支持することになるのか等々を説明するのです。それは、どのようにして政治社会がその諸部分から生成されうるかは説明しないかもしれないとしても、なぜそれはその諸部分に戻るように退行しないのかを説明するでしょう。社会契約は、なぜ誰もが実効的な主権者を支持することに最も重要で根本的な利害関心をもつのかを示すための観点を提供します。社会契約をこれらのような仕方で見るとき、ホッブズの目的にとってはこれで十分ではないでしょうか。

もちろん、このことはホッブズの目的が何であったかということにかかっています。私は、すべての人が自分たちの根本的利害関心に反するものとして避けることを望むに違いない、内乱という最大の悪に対しては、強力で実効的な主権者――主権者がもつべきとホッブズの考えるすべての権力をもつ〔主権者〕――が唯一の救済の方法であるという結論に、説得力のある哲学的議論を提供することを、ホッブズは意図したのではないかと考えます。ホッブズは、そうした主権者の存在が国内の平和と和合への唯一の道を提供することを、私たちに納得させようと望んでいます。そして、この結論を仮定すると、また基本的自然法は「平和を求めよ、そしてそれに従え」(*Leviathan*, p. 64〔I, 217〕)というのであり、第二の自然法は「〔私たちに〕対して他の人々がもつことを〔私たちが〕許すであろうと同じだけの自由を他の人々に対してもつことで満足せよ」というものであると仮定すると、私たちはすべて主権者の法に従う(社会契約にもとづくのではない)義務をもちます。ホッブズの考察の焦点は、彼の時代の争乱と内乱にあります。このことが直接に彼の懸念していることなのです。主権者に必要な権力についての理解と、根本的利害関心にもとづく自然法についての明確な見方は、この状況に取り組むのを助けると彼は考えています。社会契約は、純粋に仮説的に解釈されるとき、ホッブズが自らの議論をなすのを可能にします。この目的について言えば、仮説的解釈が実際に十分であるように見えるのです。

要約しますと、社会契約には三つの可能な解釈があります。第一に、それは実際に起こったこと、および国家が実際に形成された仕方についての説明であるというものです。これは、私が解釈するように、ホッブズの意図ではありません。第二の、それについての多くの証拠がテクストのなかにあるもっと妥当に思われる解釈は、どのようにして国家は生じうるかについて哲学的説明を与えることを試みているというものです。私は、「生じうるか」、つまり〔起こったとしたら〕どのようにしてそれは起こりえたであろうかと言い、どのようにしてそれは実際に起こったかとは言っていません。彼は、国家についての哲学的知識を私たちに与えることを望み、そのためにそれを諸部分に分解し、人間を心理学的に構成されているように描き、どのようにして自然状態は偉大なるリヴァイアサン、すなわち国家のもとでの人民の社会に変容させられうるのかを示したのです。最後に、私の示唆した第三の可能な解釈は次のようなものです。偉大なるリヴァイアサンがすでに存在していると想定してみましょう。そうすると、私たちは自然状態を、もし実効的な主権者が実効的であるのをやめたとするなら起こりうるであろう、つねに存在する可能性と考えることになるでしょう。その可能性を仮定すると、そしてまたすべての人のもつ自己保存への根本的利害関心、彼らの「夫婦愛」、便利な生活のための手段への欲求と彼の理解したもののことを考えると、なぜすべての人は、偉大なるリヴァイアサンが存続し、実効的でありつづけることを欲する十分で最優先の理由をもつのかについて、ホッブズは説明しています。この解釈に立つとホッブズは、現に存在する実効的な主権者を受け入れるように私たちを説得しようと試みているのです。私たちはこの意図を、その時代の状況とかイギリスの内乱に照らせば理解できます。

後ろの二つの解釈は、社会契約をどのように理解するかに関する提案です。私はこれらの解釈を、少し躊躇しながら提案しています。私はけっして、これらの著作について私が言っていることは正しいといって完全に満足しているわけではありません。これは非常に広大で複雑な考察であり、それが読まれるときにはさまざまな読まれ方がありえます。私たちは、それがどのように理解されるべきかについてのあらゆる早急な説明に対しても、疑い深くなければならないのです。

補遺A　自然状態を不安定にする人間本性の特徴

（ハンドアウト）

A　二つの序言

1　私は『リヴァイアサン』のみを論じ、ホッブズの他の著作については論じないであろう。そして、この著作で提示されるホッブズの社会契約の教説は、いかなる神学的、ないし宗教的見解からも切り離して完全に理解されうると仮定する。ホッブズの教説の形式的構造も、実質的内容も、いずれもこれらの背景的観念によって影響されない。もちろん、このことには異論があるが、この点は論じない。あなた方は第一二章と第三一章を注意深く考察すべきである。

2　私はまた、ホッブズの唯物論と彼の他の形而上学的テーゼをわきにおいておくであろう。ときに言及することによって、彼の社会契約とそれらがどのようにまとめられるかを明瞭にするのに役立つ場合を除いて。

B　ホッブズにおいて自然状態をとらえる二つの方法

1　最初に、ホッブズの見方では、実効的な主権者ならばもつ必要のあるすべての権力をもった実効的な政治的権威、すなわち主権者がもし存在しないならば、生じてくることになるであろう状況の状態として。

2　社会で人が仮定するであろう、またそこから各人が、なぜ（ホッブズがこの主権者をそのように描いている）実効的な主権者を打ち立てるよう他のすべての人と信約することが合理的であるのかを理解することができる、一つの観点として。この意味において、社会契約は集合的に合理的である。人間本性の永遠の（そしてそのように現在の）特徴を反映する状態である自然状態の観点から、社会の各メンバーはいま、実効的な主権者が存在しつづけ、そしてそれによって既存の諸制度の安定性と存続可能性を確かなものにすることを望む十分な理由をもつのである。

C 人間本性のなかの不安定化をもたらす特徴（自然状態とともに考えたときの）

1 人間は、自然の才能と（賢慮を含む）精神的力において十分に平等であり、また同じく十分に互いの敵意に傷つきやすく、〔それらが互いの間に〕恐怖と不安を生じさせる（13: 60–62〔I. 207–210〕）（（ ）内の数字は『リヴァイアサン』の章および初版ヘッド版の頁および〔 〕内は水田洋訳書（岩波文庫）の巻・頁を示す）。

2 人間の欲求と必要（ニーズ）というものは、それらをみたす手段の希少性と一緒になって、人々をして自らが他人との競争におかれているのを見出さざるをえなくする（13: 60–62〔I. 207–210〕）。

3 人間の心理はさまざまな点で自己中心的で、自己に関心を集中させる。そして、人々は注意深く考えるとき、みな、自分自身の保存と安全に優先順位を与え、便利な生活のための手段を獲得しようとする。

4 人間はいくつかの点で、社会における平和な結びつきに向いていない。

　i　彼らは、他人との結びつきが生じさせる非合理的な誇りや虚栄心に陥りやすい。つまり、この傾向はしばしば、正しい理性の原理(自然法)に反して行動するよう彼らを駆り立て、自分自身にとっても他の人々にとっても、きわめて危険な行為へと彼らをそそのかすのである。

　ii　彼らは、結びつきのための根源的、ないし自然的な欲求、あるいは自然的な形態の仲間意識をもたないように見える。他方でホッブズは、私たちに悪意があるとは考えない。つまり、他者の災難をそれ自体として楽しむとは考えていないのである。

5　人間の推論の欠陥と陥穽。

　i　適切な哲学的(科学的)方法の欠如から生じる欠陥(5: 20–21〔I, 89–91〕)。ここで、スコラ哲学者たち(スコラ学派を経由したアリストテレス)に対するホッブズの批判に言及。

　ii　おそらく適切な哲学が知られているときでさえ、誇りと虚栄心によって歪められ、定まらないままになるという人間の推論の陥穽(17: 86–87〔I, 29–31〕)。

　iii　集団における人間の行動と適切な社会制度に実践理性が関わるときの、その本質的脆弱さ。この形態の実践理性が脆弱であるのは、それには規約主義的基礎が付与されるべきであるとホッブズは考えるがゆえである。すなわち、誰もが、何が共通善であるかを誰が決定すべきかに合意し、そして誰もが、この人の判断に従わなければならない。理性の行使によって何が善であり悪であるのか、あるいは共通善のためなのかについて、まったく自由に認識し、またこの認識に従うという可能性は存在しない。共通善のための社会的協働は、実効的な主権者を必要とする。

補遺B

［ロールズの一九七八年版のこの講義には、一九八三年講義からとられた第二節「ホッブズの世俗的道徳主義」を補う次の議論が含まれていた。――編者］

単純化――ホッブズに関する私の議論において、私は二つの単純化を提起します。

1　第一に、ホッブズの（社会契約構想としての）政治哲学の本質的なフォーマルな構造と内容は、その意味と解釈を自らの自然理性の正しい使用によって把握することのできる、合理的な人間に語りかけられていると理解されうると仮定します。したがって、ホッブズの見解は、神学的ないし宗教的見解と対立する世俗的見解の内部においてその構造と内容に関して完全に理解可能であると想定します。

こうして、政治的権威と義務に関するホッブズの説明は、根底において私たちを支配する正しい権威をもつ神の法としての自然法に結びついているという、テイラー‐ウォリンダー・テーゼによって提起されたホッブズの解釈をめぐる論争的問題を、たいていの場合わきにおいておくでしょう(7)。

さて、ホッブズ政治哲学の世俗的性格について私が意味しているのは、以下のことです。

(a) 主権者などについての、また権利と自由などについての、ホッブズの説明における定義と概念のフォーマルな構造は、神学的諸前提から独立しています。この構造物はそれ自身の上に立ちうるのです。たとえば、自然権の定義として次のように言うことができます。

αはxをなす自然権をもつ＝df　αがxをなすことは、(最初に、つまり権利を制限する出来事ないし活動に先立って)正しい理性と一致する(8)。

(b) ホッブズの政治的構想とそれを支える彼の道徳哲学の実質的内容は同様に、神学的諸前提から独立しています。この内容もまたそれ自身の上に立つことができ、人間本性についてのホッブズの心理学的説明を仮定すれば、自然理性によって理解されることができます。たとえば、次のような自然権の実質的定義を考えてみましょう。

αはxをなす自然権をもつ＝(実質的df)　αがxをなすことは、αの保存にとって有益ないし必要である(とαによってまじめに信じられている)。

しかしながら、ホッブズの見解が神学的教説によって補われることができない理由は、ただちには存在しません。しかし、もしそうした仮定が導入されるとすれば、次の二つの可能性が存在します。

(i) 第一のケース…これらの教説がフォーマルな構造と実質的内容に付加されるときに引き出される結論は、世俗的体系のみから引き出される結論と完全には合致しない(もしこのケースが生じるなら、その体系の実質的条件は神学的教説から――その語に相応しい強い意味において――独立ではなくなるでしょう。右の命題(a)はともかく、(b)は修正が必要となるでしょう)。

(ii) 第二のケース…神学的教説が付加されるときに引き出される結論は、(神学的諸前提なしの)純粋に世俗的な体系と同一である。このケースが生じるなら、(a)と(b)の両方とも引き続き有効でしょう(ホッブズが次で述べていることを参照してください。*Leviathan,* Part I, Ch. 12, p. 57〔I, 194〕; Ch. 15, 最後の段落 p. 80〔I, 256–257〕)。

さて、重要な点は、ホッブズがケース(ii)を受け入れていることです。世俗的体系において引き出された結論は、社会において生きる人々の平和と和合のためにいかなる制度などが必要とされるかということに依拠しています。神学的体系においては、結論は、平和と和合のために必要とされるもののみならず、人間の救済のために必要なものにも、また依存しています。そこで、もし社会における平和と和合に必要なものが、救済のために必要なものと異なるならば、そのときにのみ第一のケース(i)が妥当性をもつこととなるでしょう。

ホッブズは、救済の必要条件を集団における人々の保存の条件と両立不可能にするような、いかなる神学的教説の真理も否定するであろうと私は信じます。それらを両立不可能であると宣言するような宗教的見解は、(ホッブズの見方では)迷信であり、そうしたものとして非合理的です。それは、事物の自然的原因についての真の知識を欠くことから生じる、理性をはたらかせることのない恐怖にもとづいているのです(第一部第一二章「宗教について」における、宗教の自然的種子に関する議論のすべてを参照)。

第一部の第一二章においてホッブズは、「人民を服従させ、平和にとどめておくことだけを目的とした、異邦人たちのコモンウェルスの最初の設立者たち、および立法者たち」が、いかに「法律によって禁じられていることは神々を怒らせると信じられるようにする」のに気を配ったかを論じています(*Leviathan*, p. 57〔I, 192–194〕)。宗教を社会の平和と和合に必要な条件を強化するのに用いる古代世界(ギリシア人とローマ人)のこのやり方を、ホッブズは是認していると想定するあらゆる理由がそろっています。この意味においてホッブズの教説は世俗的なのです(崇拝としての自然法について、次も参照。Part II, Ch. 31, pp. 192ff〔II, 192f〕)。

しかしながら、ホッブズが(人が知りうるかぎり)真摯で信仰をもつキリスト教徒であることを疑わないように注意しなければなりません。彼の道徳的・政治的構想の世俗的な構造および内容と両立不可能ではないように、彼のキリスト教を解釈すべきなのです。結論として、ホッブズの説明の全秩序は、彼の教説の世俗的な構造と内容が基礎をなすと彼によってみなされていることを示唆しているように思えます。もし神学的諸前提が基礎であるのなら、彼は、そこから出発したであろうと私には思われます。

合理的な人間に向けられているものとしてのホッブズの見解に焦点を合わせることが、なぜ正しいように思われるのかといったことについては、ここまでとしましょう。

2　第二の単純化(これについては手短にします)は、(おそらく)『リヴァイアサン』における(また、他の政治的著作における)ホッブズの方法を、自然のはたらきについての一般的な機械論的教説の道徳・政治構想への適用として解釈することができるということです。ホッブズはしばしば、(一般的な方法においてのみならず、その第一原理においても統一された)一つの統一された科学を考えだそうと試みたとみなされています。

そこで、彼は(ある機械論的な仕方で説明される)物体(ボディズ)とその運動一般の研究からはじめ、次いで特定の種類の物体――個々の人間の身体(ボディ)――を取り上げ、最後に人工的身体、つまり人間によって創造される政治体の研究までやっている、と解釈できるでしょう。それらの政治体は人間の技巧の成果です。『リヴァイアサン』は、人間の技巧をこらしたコモンウェルスなのです。

人工的身体――コモンウェルスや政治体など――を研究するとき、ホッブズの方法は、彼が人間(諸能力や欲求などをもつ個人)としてとらえるこれらの身体の諸器官(諸部分)を見ることです。『市民論』において、すべての事物はそれを構成する諸原因によって最もよく理解できると彼は述べ、その主張を例証するのに、とくに時計について、そのさまざまな部分がどのように組み立てられ、どのように機械的に動くかを把握することによって理解することに言及しています。同様に、コモンウェルスを理解するためには、それを実際に分解する必要はなく(というのも、それはほとんど可能ではなく、あるいはあまりに大きな犠牲をはらって初めてなされうるからです)、あたかもそれが解体されたかのように、つまり自然状態として考察すべきなのです。

つまり、人間の特徴が何であるのか、またこれらの特徴(資質など)がどのような仕方で、人々を政治体に相応しいものにするとともに、また相応しくないものにもするのかについて私たちは理解したいのです。また、もしよく基礎づけられた国家になるという人々の意図が実現されなければならないとすれば、どのように人々は自分たちの間で合意しなければならないかを理解したいのです(*De Cive*, *EW*〔*The English Works of Thomas Hobbes of Malmesbury*, edited by Sir William Molesworth, London, 1839〕, vol.2, p. xiv; ed. Lamprecht, pp. 10f〔17–18〕)。

ホッブズの哲学のその他の部分については、また、彼の道徳・政治哲学がどこまで彼の全体としての形而上学に適合しているかについては、私は、ほとんどわきへおいておくでしょう。

補遺C　寛大な本性の理念に関連した箇所

〔参照頁はヘッド版の頁数を指す〕

A　愛情の可能性

ホッブズは、慈悲心の可能性と、それが人間一般に対してであるように見えることを断言している。人間一般に対してであるとき、それは「善い本性」である(26〔I, 104〕)。特定の個人への愛を含む、さまざまな愛の情念を識別している(26〔I, 105〕)。自己保存に次いで、そして富や生活手段に先立って、二番目に重要なものとしての夫婦愛を認識している。―179〔II, 267〕

B　右に関連して――それは、他人の不幸を喜ばないことである(残酷さについて言われている)。―28〔I, 109〕

知識の絶え間ない生成への喜びとしての好奇心――人間を動物たちから区別する。―26〔I, 106〕, cf. 51, 52〔I, 177-178, 181〕

Ｃ　徳において示される寛大な態度

1　正義の「歓び」について——自分の生活の満足を詐欺や約束違反に負うことを、人がいさぎよしとしないとき。—74〔I, 243〕

2　偉大な人たちにとって相応しい仕事の一つは、人々を助けることであり、また人々が他人から軽蔑されないようにすることである。そのように偉大な人たちは、自分自身を最も有能な人とのみ比べる。—27〔I, 108〕

3　人々が自分たちの信約を遵守することを確かにする二つの方法——それを破ったときの結果への恐怖、あるいは、「それを破る必要がないようにみえることにもつ誇り、ないし自慢」。しかし、「この後者は、それを頼みにするには見出されうることのあまりにまれな寛大さである……」（70〔I, 232〕）。

4　高貴な人々の名誉は、彼らの慈善と、自分より身分の低い人々に彼らが与える援助とによって評価されるべきであり、そうでなければまったく評価されるべきでない。偉大さは、私たちが暴力をふるい、抑圧を行う必要をより少なくするから、それらをよりいっそう酷いものにする。—第三〇章（180〔II, 271〕）

注

（1）〔一九八三年二月一一日の講義に、一九七九年と一九八三年のジョン・ロールズの手書きの講義ノートを加えて、書き起こし。――編者〕

（2）頁の参照は、ホッブズ『リヴァイアサン』初版ライオンズヘッド（ないし「ヘッド」）版を示す〔これらの頁数は、ロールズがこの講義で使用した、C・B・マクファースン編集のペンギンブックス版テクストに挿入されている〕。ヘッド版からの頁数は、『リヴァイアサン』のすべての主要な現代版の欄外〔等〕に挿入されている。モーレスワースが彼の一八三九年版でそうしたように、「主要な現代版（一九〇四年のA・R・ウォーラー版、一九〇九年のオックスフォード大学出版部版、一九四六年のマイケル・オークショット版、そして一九六八年のC・B・マクファースン版）はすべて、的確にもヘッド版にもとづいている」（Richard Tuck, p. xviii from his edition of *Leviathan*（Cambridge: Cambridge University Press, 1991））。〔ヘッド版とは、そのタイトル頁にある印刷業者の装飾によって区別される『リヴァイアサン』の三種ある初版本の一つである。『リヴァイアサン』からの引用に関しては、本講義の記述に従って訳出したが、次の邦訳も適宜参考にした。水田洋訳『リヴァイアサン』全四巻、岩波文庫、一九八二―九二年。本文中の引用注には〔〕内に本邦訳書の巻・頁数を付記。〔I, 216〕は第一巻の二一六頁を示す。〕

（3）「自然法は内なる法廷において義務づける。すなわち、それらは、それらが行われることを欲するように拘束する。しかし、外なる法廷においては、つまり、それらを行為に移すようには、必ずしもつねには義務づけない」（*Leviathan*, p. 79〔I, 254〕）。

(4) このように、ロバートソンがずっと以前に述べたことは大かた正しいように思える。「彼の政治的教説の全体は……彼の哲学の根本原理から考え抜かれたという形跡はほとんどなく……それはその主要な方向を、彼がなお人々と風習についての観察者であって、まだ機械論哲学者ではなかったときに定めたのである」(George Croom Robertson, *Hobbes* (Philadelphia: J. B. Lippincott, 1886), p. 57)。

(5) Thomas Hobbes, *De Cive*, ed. Sterling P. Lamprecht (New York: Appleton-Century-Crofts, 1949), pp. 10–11.〔本田裕志訳『市民論』京都大学学術出版会、二〇〇八年、一七―一八頁。本文中の引用注には〔〕内に本邦訳書の頁を加える。〕ホッブズは、「政治社会のまさしく材料」から出発し、そして「その生成と形態、および正義の最初の端緒」に進む――というのも、「すべてのものは、その構成的原因によって最もよく理解される」から――と述べている。

(6)「そうした時代や、このような戦争状態はけっして存在しなかったという疑問が出されるかもしれない。私は、世界中で一般的にそうであったのではけっしてないが、人々がいまそのように生きている多くのところが存在すると信じている。……しかしながら、かつて平和的な統治のもとで生きていた人々が、内乱において陥るのがつねであるような生活の仕方によって、恐怖させる共通の権力が存在しないならば、どのような生活の仕方が存在することになるのかが理解されるであろう」(*Leviathan*, p. 63〔I, 212–213〕)。

(7) A. E. Taylor, "The Ethical Doctrine of Hobbes," *Philosophy* 53 (1938); reprinted in *Hobbes Studies*, ed. Keith Brown (Cambridge, Mass.: Harvard University Press, 1965); How-

ard Warrender, *The Political Philosophy of Hobbes* (Oxford: Clarendon Press, 1957). 私が従っている観点は、おおまかに言えば、David Gauthier, *The Logic of Leviathan* (Oxford: Clarendon Press, 1969) のそれである。

（8）［"=df"は、標準的には、定義のうえで等しいものを導入するのに用いられる。それは、「を意味すると定義される」と理解されるべきである。したがって、右のロールズの一節は、「「αはxをなす自然権をもつ」というのは、「αがxをなすことは……正しい理性と一致する」ということを意味すると定義される」。——編者］

講義Ⅱ　人間本性と自然状態

第一節　はじめに

ホッブズは、自然状態はきわめて容易に戦争状態に移行する傾向があるという、彼の見解にとっては非常に重要な一般命題をもっていました。彼はしばしば、自然状態（人々に畏敬の念をいだかせ、彼らの情念を抑制させるための実効的な主権者が存在しない状態）について、本質的に戦争状態であるかのように語っています。ここで、ホッブズにとって戦争状態は、「戦闘ないし戦いの行為にのみあるのではなく……その逆の保証が存在しない間じゅうの、それへの周知の傾向にも」（*Leviathan*, p. 62〔I, 210〕）存在していることに注目することが重要です。私が「ホッブズの命題」と呼ぼうとするのは、自然状態は本質的に、また事実上、戦争状態であるという命題です。なぜ、ホッブズはそのように考えるのでしょうか。

「自然が、人々を分裂させ、互いを侵略し、破壊しがちなようにする」というのは、奇妙に思えるかもしれないと(すなわち、自然状態がかくも容易に戦争状態になるというのは、奇妙に思えるかもしれないと)ホッブズは述べています。しかし彼は、なぜそうであるかを、彼が「情念からなされる推論」(*Leviathan*, p. 62〔I, 211〕)と呼ぶものによって理解できると言います。この情念からの推論をなすことは日常の実際の経験を見ることによって、つまり、主権者が実際に存在し、法と武装した公務員が存在するいま、政治社会で私たちが実際になしている行動の仕方に注目することによって、確認できます。私たちは旅行するとき武装し、寝床に入るときドアに鍵をかけ、自分の家のなかでさえ鍵を閉めたりすると、彼は言います(*Leviathan*, p. 62〔I, 212〕)。これらの行動によってお互いを告発し、私たちはいわば、この情念からの推論を受け入れていることを示しているのです。それは次のことを表しています、もし自然状態が存続するなら、そのときには事実上、戦争状態もまた存続する、と。

このように、ホッブズが言っていることは、もし私たちが人間本性を現にあるようなものとして理解するなら、自然状態は戦争状態になると私たちは推論することができるということなのだ、と私は思います。いま政治社会で観察しているような、人々の本質的な特徴や能力、また欲求や他のさまざまな情念によって、人間本性とは何なのかは証明されるとホッブズは言います。それをまた、彼の政治的教説の目的のために、これらの人間本性の本質的な特徴は多かれ少なかれ所与のものであり、定まったものであるというように想定しています。社会制度や教育や文化が私たちの情念を重要な部分で変えたり、少なくともある重要な種類の事例において、私たちの目的を変えることをホッブズは否定していません。しかし彼の政治的教説のため、すなわち、私が彼の世俗的道徳体系と呼ぶもののために、人間本性の重要な点や本質的な特徴は多かれ少なかれ定まっていて所与のものであると彼は想定します。社会制度や、とりわけ実効的な主権者の存在は私たちの客観的な環境を変え、それゆえ私たちがなすのが賢明なことや合理的なことを変えます。たとえば主権者を仮定するならば、私たちはいま保護されており、私たちの信約を遵守しない理由をもっていません。つまり、主権者が実際に存在すると想定すると、私たちは、私たちの信約を遵守したり、私たちの約束を守ったりする、以前にはもっていなかった理由をもっているのです。しかしながら、社会制度は、私たちの本性のもっと本質的な側面を変えるものであるようには考えられていません。それらの制度は、私たちの自己保存と夫婦愛と快適な生活の手段への、最も根本的な利害関心を変えません。したがって、それらの要素を多かれ少なかれ定まったものとすると、ホッブズがそのとき行うことは、人々が現にあるようなものとすると、あるいはそうであると彼が考えるようなものであるとすると、いったい自然状態はどのようなものであるかを推論することです。そして、彼は自然状態を「絶えざる恐怖と、不慮の死の危険」の状態であり、「人間の生活は孤独で、貧しく、ぞっとするほど不快で、獣のように粗野で、短い」(*Le-*

viathan, p. 62〔I. 211〕）が、そうした条件のもとではなおそらく長すぎると表現しています。（現実の）人間のいかなる特徴から、この情念からの推論はなされるのでしょうか。

第二節　人間本性の主要な特徴

私はこれから、彼が指摘した人間本性の四つの特徴に言及し、コメントを加え、次いですぐに、私が前に「ホッブズの命題」と呼んだものの基本的な議論を詳しく検討します。

第一の特徴は、身体の強さと精神の機敏さという、自然的資質における平等の事実です。もちろん、ホッブズはこれらの自然的資質を文字通りに、あるいは厳密に平等であるとはみなしていません。しかし、彼の主張の要点は、それらが十分に平等であるということにあります。たとえば、身体的強さにおいて最も弱い者でさえ、密かなたくらみによって、あるいは同じように最強者によって脅かされている他の人たちと一緒にたくらむことによって、その最強者を殺すことができるくらいに十分に強いのです。いまここでは、「十分に平等」が厳密な平等ではなく、この情念からの推論を支持するのに十分に平等であり、そこで人々は自分たちが脅かされていると感じており、互いを攻撃するよう導かれていることに注目してください。また、人々は精神の機敏さにおいての方が、多くの点で、身体の強さにおいてよりいっそう平等に恵まれているとホッブズが考えていることにも注目してください。ここで問題となっている特質は機知と賢慮で、ホッブズは、これらは経験から得られると考えています。そしてここでは、すべての個人は経験し、学ぶ平等な機会をもっていると彼は考えています。

加えて、ホッブズは、すべての人が等しい精神の機敏さをもっているとは考えていません。しかしホッブズの見方では、その違いが生じるのは習慣と教育と体質における違いからで、それが今度は情念における違い、つまり、富や栄光や名誉、知識といったものへの欲求における違いを引き起こします。機知における違いを引き起こすこれらすべての欲求を、ホッブズはその政治的教説においてただ一つのもの、すなわち「次から次へという権力」への欲求に還元する傾向があります。この場合の権力はそこでは、私たちの善、ないし私たちの欲求の対象を獲得する手段を表します（*Leviathan*, pp. 35, 41〔I, 130–131, 150〕）。多くの異なる種類のもの、私たちが自分を幸福にしてくれると考えるものは、それらが私たちに自分にとっての善を獲得するのを可能にするという意味において、ホッブズにとっては権力の諸形態です。権力への人々の欲求の異なる強さこそが、彼らの精神の機敏さの違いを決定するとホッブズは考えます。これらの違いは十分に平等であるので、彼らの精神の機敏さも平等なのです。ここで再び、十分に平等であるとは、自然状態を戦争状態にするのに十分に平等であるということを意味します。

もって生まれた能力の平等に関わる最後の観察は、もし実際に実質的な自然的不平等があるなら、一人の人、あるいは少数の人が残りの人々を支配することができ、その人はまさに支配するであろうとホッブズが想定していることです。彼らは自然権によって支配するであろうと彼は言っています。あるいは、これは現実的でないように思えるとしても、人々の支配的な集団は統一を保ち、一つの精神をもつことができたなら、同様に支配することができるでしょう。神が私たちを支配する権利について議論するとき、ホッブズは同じように言います。神はこの権利を、創造の権利のおかげでもつのではありません。私が後に論じるロックはそれを道徳原理と想定します。つまり、ロックが信じるように、もし神が私たちを創造したのであるなら、私たちは服従の道徳的義務をもつことになります。この義務は、もしAがBを創造するなら、BはAに対する義務をもつという原理に依拠しています。ホッブズにおいて、私たちはそのような創造の権利を見出せません。私たちは、神による創造や私たちの感謝にもとづく神への義務を見出すのではなく、もっぱらその抵抗しがたい力にもとづく神への義務を見出すのです。ホッブズは言っています。「誰であれ抵抗しがたい力をもつ者がいるなら、彼がその力による……自由裁量に従って、支配しないわけがあろうか。それゆえ、その力が抵抗しがたい人々に、彼らの力の卓越によって自然に、すべての人に対する支配権(ドミニオン)が帰属する。したがって、また、その力からこそ、人々を支配する王国は……全能の神に属する。それは、創造主であり、慈悲深き神としてのではなく、全能である神としての神に属するのである」(*Leviathan*, p. 187〔II, 288〕)。

さて、ホッブズが次に示さなければならないのは、自然状態において、とりわけ平等の状態を仮定したとき、その傾向は戦争状態に帰着するということ、また、それが起こるのを避けるために、実効的な共通の権力、すなわち主権をもつ、かの偉大なリヴァイアサンが必要であるということです。

人間本性の第二の特徴ないし要素は、資源の希少性と、競争をもたらす私たちの必要性の本質です。それを次のように言うことができるでしょう。人々の必要性と欲求の本質を仮定すると、また変化し拡大する(必ずしも限界なく拡大するのではないとしても)必要性と欲求の本質を仮定すると、これらの必要性と欲求が、自然において手に入るよりももっと多くを充足のために必要とするという、永遠の傾向が存在する、と。これが自然の希少性を生みだします。もちろん、この希少性とは、必要性と欲求の総計ないし集合が利用可能な資源の総計よりも大きいという関係のことです。この希少性は人々の間の競争に帰着するとホッブズは信じています。もし、他の人たちが彼らの望むすべてをとってしまうまで待っていたなら、私たちには何も残らないでしょう。そこで自然状態では、私たちは自分の権利を主張し、自分の権利を防衛する用意がなければいけないのです。

ホッブズの見方にもとづくと、政治社会はこの希少性の関係を除去しません。希少性は人間生活の永遠の特徴であると彼は信じているか、あるいは少なくとも仮定していま す。希少性は相対的なもので、より切迫したものかそれほど切迫してないものかのいず れかで、政治社会においてみたされないままになっている欲求と必要性は、自然状態に おいてみたされないままになっているそれらに比べればそれほど切迫したものではあり ません。したがって、実効的な主権者が存在する政治的状態〔国家〕がより好ましいので す。

ホッブズは第一三章の終わりで、「人々を平和へと向かわせる情念は、死の恐怖であ り、便利な生活に必要なさまざまなものへの欲求であり、そして自分たちの勤勉さによ ってそれらを獲得しようとする希望である」(*Leviathan*, p. 63〔I, 214〕)と言っています。実 効的な主権者の存在が暴力による死への恐怖を取り除き、勤勉さが報われ、保障される ような状態の確立を通じて、便利な生活のための手段を主権者の存在は奨励します。こ のことについて、ホッブズは、第三〇章のはじめで、そのために主権者の職務に対して 主権的権力が委ねられる目的ないしねらいは、「人民の安全であり、彼〔主権者〕は自然 法によってそれに対して義務づけられ、そのことについて説明するよう自然法の造り主 である神に対して、他の誰でもない神に対してのみ、義務づけられる。しかし、ここで 安全によって、かろうじて保存をはかることができるということが意味されているので はなく、各人が、コモンウェルスに対して危険を与えることなく、あるいは損害を与えることなく、適法な勤勉さによって、自分自身のために獲得するであろう、他のすべての生活の満足もまた意味されている」(*Leviathan*, p. 175〔II, 259〕)と述べています。

したがって、政治社会が行う一つのこと、またそれを集合的に合理的なものにする一つのことは、それが労働の成果ないし便利な生活の手段を生みだすのをはるかに容易にする状態を導くことです。このことは、自然的資源の希少性を実際に変え、それをあまり切迫してないものにします。希少性は実際にはなお存在します。主権者は、希少性を除去するのではなく、ホッブズの見方にもとづきますと、適法な勤勉さのために、また、財産を所有しそれを安全なものにするといったことのために、公平な状態を生みだすことをこそ行うのです。

情念からの推論を裏づける人間本性の第三の特徴は、ホッブズの見方では、人間の心理学的性質はおおむね、あるいは大体は、自己中心的であるということです。とくに、人々が基本的な政治的・社会的事柄について熟慮するとき、彼らは自分たち自身の保存ないし安全や、自分たちの家族のそれに対して、すなわちもう一度彼の言葉を用いますと、「便利な生活の手段」に対して、自分たちの思考や行動における優先権を与える傾向があるのです。ホッブズにおけるこの点を誤解のないようにはっきりさせることは難しいかもしれませんから、少し時間を費やす価値はあります。ホッブズは『リヴァイアサン』において、人々は心理学的に利己的であるとか、人々は自分自身の善を追求し、あるいはそれにのみ関心をもつなどとは、実際には言っていません。彼は実際、第六章において、私たちは慈悲心(マーシー)をもつことができ、他人のための善を欲すること、あるいは善意をもつことができ、慈善を行うことができると述べています(*Leviathan*, p. 26〔I, 104〕)。彼は、私たちは人々を愛することができると言い、第三〇章では夫婦愛を、私たち自身の自己保存の次にきて、便利な生活の手段の前にくる、二番目に重要なものと順位づけています(*Leviathan*, p. 179〔II, 267〕)。したがって、人々は慈悲心をもつことができ、他の人々のために本当の愛情、あるいは他の人々の善への関心をもつことができると、彼は実際に考えているのです。また、ある人々は有徳であると言い、あるいは私たちは有徳でありうると彼は言っていますが、有徳な人々とは、正しいこと、高貴なこと、あるいは名誉あることを、そのように行為する者であることを欲し、またそのように認められることを欲するがゆえに実際に行う人のことなのです。この重要な例は第一五章にありますが、そこでホッブズは正義の徳について、また正義に従って行為するという徳について書いています。彼は正義を、私たちの約束を守ること、私たちの信約を履行することと等しいものとし、「人間の行為に、正義らしいところを与えるのは、(ほとんどまれにしか見出せない)勇気ある高貴さないし雄々しさであり、それによって人は、自分の生活の満足のために、約束を欺くこと、あるいは破ることにならざるをえないのを軽蔑する」(*Leviathan*, p. 74〔I, 243〕)と言っています。

これは重要な一文です。『リヴァイアサン』には、ホッブズが明確に、私たちはそれ自体の目的のために正しく行為する能力をもっていると断言している他の箇所がいくつかあります。つまり、彼はその能力を否定してはいませんし、私たちが慈悲ぶかくあったり愛情を示したりする能力をもっていることを否定してはいません。しかしながら、彼は、しばしば否定しているように見えます。おそらく、人は、彼の見解は厳密に読むと一貫していないと言うかもしれません。しかし私は、彼は彼の目的、すなわち彼の政治的教説に適した仕方で、人間本性のあるいくつかの側面を強調しているのだと言う方がより適切なのではないかと考えます。彼は、政治社会を一つに結びつけておくものについて話し、平和と協和のためになぜ実効的な主権者が必要であるかを説明したいと考えます。つまり、主要には政治に、政治的問いに、統治の基本的な制度的構造に、彼は関心があるのです。

もちろん、政治は人間の行為のほんの一部です。そして、ホッブズには、私たちが慈悲心をもつことができ、実際にしばしばそうであること、また私たちが正義と信義の徳をもつことができるということを否定する必要はありません。彼の要点は、政治社会の説明において、また社会統合の基礎において、こうした人間の諸能力に依存すべきではないということです。すなわち、もしそれが可能であるのなら、政治社会の統合を基礎づけるために依存すべき他のいくつかの根本的利害関心があるのです。政治制度はいくつかの根本的利害関心に根ざすべきであり、それらに適したものであるべきであるというのが彼の見方です。それは第一に、私たちの生命を保存することへの私たちの関心であり、次に、私たちに身近な人の善への関心(ホッブズが「夫婦愛」と呼ぶものです)であり、最後に、便利な生活の手段を獲得することへの私たちの関心です(*Leviathan*, p. 179〔II, 267〕)。私が「根本的利害関心」と呼んでいるこれら三つの事柄を、彼は重要な順に挙げています。それら三つの根本的利害関心にこそ彼は訴えるのです。私たちが政治的事柄に関してこれらの関心を重視すると言ったからといって、また、政治社会の説明はこれらの関心に焦点を定めるべきであると言ったからといって、私たちが他のさまざまの欲求をもつことができ、しばしば他のさまざまな環境においてはそれらにもとづいて行動することを否定するということではありません。おそらく、そのような他の環境においては、それらはきわめて強力であることでしょう。

こうして私は、ホッブズの概して自己中心的な、あるいは自分本位の人間本性についての説明は、実際に、政治的構想の目的のための強調として役立っていると仮定しています。それは、彼の権力への欲求の力説に相伴う強調なのです。後者において、人の権力は、何かある将来の明らかな善を獲得するための現在のさまざまな手段と定義されます(*Leviathan*, p. 41〔I, 150〕)。これらの手段はあらゆる種類を含んでいます。それらは、身体もしくは精神のさまざまな自然的能力を含み、あるいはそれらの能力によって獲得されるさまざまのものを含みます。後者には富や評判が含まれ、「友人や、人々が幸運と呼ぶ、神の密かな仕業」(*Leviathan*, p. 41〔I, 150〕)さえも含まれるのです。この「権力」の広い定義をもってすると、私たちがそれを得ようとする欲求をもつことに不思議はありません。

ホッブズがその政治理論において私たちの自己保存に割りふった重みは、あるいくつかの権利はなぜ、彼の考える意味において譲り渡すことができないのかを説明するのに用いられます。彼は、誰も、自分自身の自己保存に反する何かを意識的に、あるいは意図的に行うとは理解されえないと言います。契約(ある他の権利ないし善を考慮した、権利の譲渡ないし放棄)は意識的で、自発的な行為であり、そうしたものとして契約は、行為主体にとってのある善をその目的としてもっているはずであるとホッブズは言うのです。そこで彼は次のようにつづけます。「それゆえ、誰も放棄したということを、あるいは譲渡したということを、いかなる言葉ないしいかなる他のしるしによっても理解されえないようないくつかの権利が存在する」。彼は一例として、私たちを現実に攻撃する者たちに抵抗する権利を挙げます。そして、次のように言います。「最後に、そのために権利のこの放棄ないし譲渡が導き入れられる動機ないし目的は、その生において、またそれに疲れ果ててしまわないように生命を保存する手段において、人身を安全にすること以外の何物でもない。またそれゆえに、もし人が言葉ないしその他のしるしによって、自分自身から、もともとそれらのしるしが意図した目的を奪い取ってしまうように見えるとするならば、彼はあたかも彼がそれを意味したかのように理解されるべきでなく、あるいはそれが彼の意志であると理解されるべきではなく、彼はそうした言葉や行動がどのように理解されることになるかについて無知であったと理解されるべきなのである」(*Leviathan*, p. 66〔I, 220–221〕)。

実際のところ、ここではホッブズは、人々は自分自身の善を意図し、自分自身の生命を保存すると想定されるべきであるということを、彼の政治的教説における法的解釈の原理とみなしています。しかしながら、少なくとも彼が別のところで言っていることからすると、彼は、人々が非合理なことをする場合もあることをとてもよく知っていますし、すべてを知ったうえで、恥辱や不名誉よりも死を選ぶ人々がいるということも信じています。彼は、おおかたの人は誹謗されるよりも、むしろ自分の生命を失うであろうと言います。また、もしそのような命令に従うならば、自らが破廉恥に見え、世間のすべての人から嫌われるであろうし、恥ないし不名誉に自分は耐えられないということを根拠に、自分の父親を殺せという命令に従うよりも、息子はむしろ死を選ぶであろうと言っています(これは『市民論』という初期の著作においてです)。

おそらくホッブズが言っていることは、自己保存の欲求はあらゆる自然的欲求のなかで最も強いということ、しかし、これはその政治理論のなかで彼が自己保存の欲求に与えている優先性を説明することになるとしても、すべてが考慮されるときに、それがあらゆる欲求のなかで最も強いことを示唆するものではないということです。言い換えると、私は、自然的欲求のなかであるものは最も強いということと、私たちのあらゆる欲求のなかであるものは最も強いということを、対比しているのです。すべてを考慮に入れるならば、というわけです。こうして、彼は初期の著作である『市民論』において、私たちは、それによって石が落下するのと同じように、自然のある衝動によって死を避けようとすると言っています。しかし、私たちみなが知っているように、石は横に動いたり、上方に投げられたりするときもあります。社会制度とか、社会的慣習や教育や文化が、いわば私たちにある仕方ではたらきかけ、文明化された人間として私たちが非-自然的に、あるいは自然に反して、言ってみれば理性の言葉によってと同様に制度や文化によって、行動するようにするのです。

ホッブズはこれを認めているように見えます。そして、彼はさまざまなところで同じように言っています。しかしながら、その政治的構想においては、彼はまさしく根本的な事柄を強調することを望みます。人々が多くのさまざまに異なる関心に――宗教的関心に、政治的関心に、結局のところ誇りと虚栄心と支配することの楽しみにもとづくと彼の考える関心に――訴える時代に自らが生きていることに彼は気づいていますが、すべての人に共通するある種類の関心を導入しようとしているのです。つまり、私たちは宗教的・政治的見地において異なっているかもしれませんが、また、きわめて重要な他のさまざまな関心をもっているかもしれませんが、にもかかわらず私たちは、自己保存と夫婦愛、それに便利な生活の手段へのあの例の根本的利害関心を分かちもっているのです。他のすべての関心をわきにおき、私たちが実効的な主権者のために手にするであろう種類の議論が、そうした関心にのみもとづいているのを見ることをホッブズは望みます。重要なのは、他の重要な関心、たとえば宗教的関心が存在しない、あるいは人々にとって重要でないとホッブズは言っているのではないということです。彼は、それらが存在し、重要であることを完璧によく知っています。彼は、それらすべてを彼の周囲に見ています。しかしすべてを超えて、他のあらゆるものを超えて、実効的な主権者がもつに望ましいものであることに人々が合意するための基礎を、彼は提供しようとしているのです。そのとき彼は社会契約を、私が前の方で議論した第三の意味で(主権者がその権力を失うならば、自然状態に戻って退行するであろうから、それを避けるためという、人々が存在する主権者を受け入れるべきである理由の議論として)考えています。

第三節　ホッブズの命題のための議論

ここで、これまで述べてきたことをすべてまとめてもっと簡潔な形で、自然状態は戦争状態をもたらすという、また実際にそれは戦争状態であるという、ホッブズが自らの命題を支持する議論を示します。しかしながら、自然状態では、人々を恐れさせ人々の情念を規律する実効的な主権者は存在しないこと、また戦争状態とは戦闘によって戦う意志が公然と認められている状態であることを最初に思い出してください。そのうえで、私が前の方でホッブズを引用したように、戦争状態は「戦闘ないし戦いの行為にのみあるのではなく……その逆の保証が存在しない間じゅうの、それへの周知の傾向にも」存し、「他のすべての時間は平和である」(*Leviathan*, p. 62〔I, 210–211〕)のです。「公然と認められている」とは、これは戦争状態であることを誰もが知っており、その他の誰もが知っているということをまた、誰もが知っていることを意味するものと私は理解します。それは常識なのです。

ホッブズの命題を支持する議論は、次のようにまとめられるでしょう。

(a) ホッブズの政治的教説で自己保存と便利な生活への欲求が占める中心的位置を仮定すると、生まれながらの能力と知力の平等は、私たちの目的を達成するという希望の平等をもたらします。生命を維持する自然的手段や生産された手段の希少性を仮定すると、希望の平等は人々をお互いの競争状態におき、潜在的な敵とすることになります。

(b) 他の人々の目的がきわめて不確かであること、また他の人々が自分たちに対して同盟や連合を形成する可能性があることを仮定すると、競争は「ディフィダンス」(diffidence)を生じます。この語は、近代の用法では全般的な相互不信の状態を意味します〔現在ではまれな用法として、「信頼・信用の欠如、不信」を意味する〕。

(c) 誇りや虚栄心から他の人々に対する支配権を獲得する気にさせられる人がいるかもしれないという可能性によって相互不信は大きくされ、いかなる信約ないし契約もそれを強制すべき主権者が不在のときには安全を提供しえないという事実とあいまって、生産のための勤勉な努力をそれほど価値のないものに変え、このことが、安全は〔予測にもとづく〕先制攻撃によって最もよく保障されると人々に信じこませます。

(d) 先制の予測(アンティシペイション)――状況が都合よいように思われるときに最初に攻撃する準備をしている情勢として――は一般的に、また公然と知られており、それは定義からして戦争状態なのです。

さて、このようなホッブズの議論の概略について論評してゆきたいと思います。

(i) 「ディフィダンス」の意味に注目してください。今日ではそれは内気、気後れ、あるいは自信のなさを意味します。しかしラテン語の語源は、信用しないという意味のdiffidereです。これがホッブズにおいてそれが意味していることです(第一五章の最後の段落の前でのホッブズの「情念のミディオクリティ(mediocrity〔現在の意味は「平凡」〕)」(*Leviahan*, p. 80〔I, 256〕)の用法と比べてください。これは、情念の中庸を得た状態を意味します)。

(ii) ホッブズの命題のための議論を私は示しましたが、それは、自然状態においてすべての人が完全に合理的な仕方で振る舞うと仮定されていることに十分に注意してください(このことについては、すぐ後で詳しく論じましょう)。誰も支配への愛によって実際に行動する気にさせられるとは仮定されてはいませんし、あるいは、自分たちの熟慮が実際に誇りや虚栄心によって歪められるとは仮定されていません。この議論において誰も非合理的に行動するとは仮定されていないのです。当然、好機であれば、先制攻撃は状況に対するその人の最も合理的な対応です。また、その議論は人々が便利な生活への、たえずよりいっそう大きな手段への際限のない欲求をもっていると仮定してもいません。仮定されているのは、人々が、自分たちの現在および将来の必要性(ニーズ)や要求をみたすのに十分なだけのものをもつよう欲求するということだけなのです。

(d)の段階において、誇りや虚栄心によって他人を支配しようとする気にさせられる人がいること、また、人が熟慮するときこの可能性が考慮に入れられるに違いないことが仮定されています。誰も実際にはそのような気にさせられないかもしれません。重要なのは、そのような気にさせられる人がいるということを多くの人が信じていることです。もし私たちがそのような可能性を排除できないとしたら、私たちはそれを考慮に入れ、それに対して警戒しなければいけません。その可能性が相互不信の基礎です。たとえば争っている二大国の場合、当然相互不信に向かいます。どちらの大国も支配する気にはさせられないかもしれませんし、あるいはその国を統治する人々に影響を与えるこのような種類のどの情念ももたないかもしれません。しかし、それでも他方の側は実際にそのように考えますし、そのことだけで、自然状態を悪化させそれを戦争状態に変えるのに十分なのです。これが、ホッブズは誇りと虚栄心を強調していると私が解釈しようとする理由です。彼は自らの目的のためには、自らの政治理論をそれに基礎づける必要はありません――解釈者のなかには違うように考える人もいるかもしれませんが。もし誇りと虚栄心、それに支配への意志が一つの可能性であるなら、その場合にはそれは彼の目的にとって十分であると言うことができます。このようにして、自然状態における難点は、他者の目的や意図についての大いなる不確かさにあります。こうして、支配への愛と虚栄心が心理学的に可能であるかぎり、これらの情念は自然状態における悪化要因です。他者の目的や意図に関して全般的に不確かである状態が自然状態を特徴づけており、それによって、自分自身の自己保存への関心が私たちに否応なく最悪の可能性を考えさせるのです。

(iii) ホッブズはまた、人々が一般的によりいっそう大きな「権力」を(自分自身の善のための手段、すなわち自分自身の欲求をみたすための手段として)際限なく欲求すると仮定する必要はありません。たいていの人は、おそらく(便利な生活のための)適度な手段に満足するでしょう。ある人々が支配しようと実際に努めるかぎりで、すべての人々は自分自身の安全を保障する手段として支配しようと努めなければなりません。ギボンは次のように言っています。「ローマは、自衛のために古代世界を征服した」(彼はこれに皮肉を込めています)。

(iv) ホッブズの議論の意義の一部分は、それが人間生活の通常の状態に関して、なるほどそうかもしれないような仮定にもとづいているという事実にあります。たとえば、もう一度繰り返しますと、それは誰もが支配への愛によって実際に行動する気にさせられるとは仮定していません。それは疑わしい仮定となるでしょう。それは彼の結論をもたらすことになるでしょうが、あまりにも安易にということになるでしょう。彼の議論を驚くべきものにし、それに意味と劇的な力を与えているのは、普通の、むしろとても親切で気のいい人々がこの種の状況におかれることがありえて、そしてそれは戦争状態へと悪化するであろうと彼が考えていることとです。もしあなたが権力と支配への欲求を強調すると、この見方の意味を失うのです。ホッブズの命題の説得力と、それがこれほどの意味をもつ業績である理由は(たとえホッブズ自身はそれをそれほど注意深く、厳密な仕方で構想してはいないとしても)、その諸前提が、自然状態においてそれらはなるほどそうかもしれないというように、もっぱら人間生活の普通の、多かれ少なかれ恒常的な状況にもとづいていることにあります。重要なのは、私たちは深刻な事態におかれるのに、極悪非道の人間である必要はないということなのです。

(v) ホッブズの心理学的な仮定も、その他の仮定も、必ずしも厳密にすべての人間行動に当てはまる必要はないことを思い出してください。基本的な人間の関心についての彼の仮定は、彼が関心をもっているような種類の社会的・政治的状況における人間の行動に対して主に影響を及ぼすものを表すのに十分なだけ正確であれば、足りるのです。提起された解釈にもとづくと、ホッブズの世俗的な道徳体系は政治的教説として意図されています。そして、そうしたものとして、それが人間生活のいくつかの特定の側面を強調することは適切です。意味をなすのは、政治的状況における人間行動に影響を及ぼす主要な心理学的・制度的諸力のいくつかをモデル化するのに十分なだけ、彼の仮定は真であるかという問いです。

(vi) たとえすべての人が普通には適度な欲求によって動かされたとしても、また私たちが完全に合理的な人間であるとしても、実効的であるために主権者がもつべきとホッブズの言うだけの権力をもつ実効的な主権者　が存在しなければ、私たちはなお戦争状態の危険のなかにいるということを、ホッブズは私たちに伝えようとしているのです。ある主権者たちが現にどれほど悪くても、自然状態はなおいっそう悪いのです。貪欲、支配への愛、誇り、虚栄心は、深刻な紛糾要因となることがあります。しかし、それらは自然状態が戦争状態になることを引き起こすのに実際には必要ないのです。せいぜい、ある人々はそのように行動する気にさせられる可能性で十分なのです。

(vii) 有益な練習問題は、たとえ人々の心理がそれほど自己中心的でなく、もっと徳をもっていさえしても、あるいは、もっと広い愛着や愛情によって行動する気にさせられさえしても、自然状態にいる人々は戦争状態にあるという意味において、ホッブズの命題の仮定はどこまでさらにいっそう弱められうるのかを考えることです。たとえば、限定された利他主義についてのヒュームの説明のようにすべての人が動機づけられていると仮定してみましょう。ここで、たとえば一六世紀と一七世紀の宗教戦争の場合を考えてみましょう。私たちは、すべての人が自分たちの宗教的義務の概念に対して信心深く忠実であり、にもかかわらず戦争状態に投げ込まれることもあると仮定することができます。ホッブズがこの歴史とイギリスの内乱を背景として書いていることを思い出してください。

最後に余談として言っておきたいのは、このように大部で多くの要素をもったこの種のテクストを読むときには、あなたはそれを最善の、そして最も興味深い仕方で解釈するよう試みなければならないということです。それを打ち負かそうと試みても、あるいは著者がある点では間違っているとか、著者の議論は結論を導き得ないことを示そうとしても意味がありません。重要なのは、それからあなたが読み取れるかぎりのものを読み取り、もしあなたがそれを最善の仕方で理解するなら、全体としての見方はどうなるであろうかを知ろうとすることです。そうでなければ、それを読んでも、あるいは重要な哲学者の誰〔のテクスト〕を読んでも、時間の無駄であると私は思います。

補遺A　自然状態→戦争状態というホッブズの主張のアウトライン（ハンドアウト）

1　自然状態＝df. 各人を威圧しておく主権的権力が存在しない状況。戦争状態＝df. 戦闘によって争う意志が公然と認められている状況。戦争状態は、実際の戦闘にあるのではなく、その逆の保証が存在しない一定の時間の間のそれへの周知の傾向にある。他のすべての時間は平和である。

2　自然状態→戦争状態という主張のための議論。

(a)（生まれつきの能力と知力の）平等は――ホッブズの政治的教説における、自己保存への欲求と便利な生活のための手段への欲求の中心的な位置を仮定すると――私たちの目的を達成することへの希望の平等に帰着する。

(b) 希望の平等は――生活のための自然的手段と生産された手段の希少性を仮定すると――人々を互いの間の競争におき、互いを潜在的な敵とする。

(c) 競争は――他の人々の目的に関する不確かさと、自分たちに敵対する同盟や連合を彼らが形成する可能性を仮定すると――相互不信、すなわち一般的な疑心の状態を生じさせる。

(d) 相互不信は——他の人々が、誇りや虚栄心によって支配権を獲得する気にさせられる人がいるかもしれないという可能性によって大きくされ、いかなる信約も安全を提供しえないという事実とあいまって——生産のための勤勉な努力をそれほど価値のないもののように思わせ(略奪の方がもっと利益になるかもしれない)、先制攻撃に自らの安全を見出すように人々を仕向ける。

(e) 周りの事態が都合よければ最初に攻撃をするという傾向が一般的に、そして公然と認められるような状況として、先制の予測(アンティシペイション)は、定義からして戦争状態である。

3 以下の諸点についての観察。

(i) この議論において、誰も非合理的に行為するとは仮定されていない。またこの議論は、人々が便利な生活のための手段への増大しつづける無際限の欲求をもつとは仮定していない。

(ii) (d)の段階において、他の人々が誇りと虚栄心によって支配権を求めようという気にさせられる可能性が仮定され、また、この可能性が考慮に入れられるべきであることが仮定されている。しかし、誰も実際にはそのような気にさせられないかもしれない(また、この可能性の仮定はホッブズの議論にとって必要であるかどうかという問題も考えてみるべきである)。

(iii) ホッブズが示す主張の意義の一部は、それが、人間の生活の通常の状態に関して、まったくもってなるほどと思わせる仮定に依存していることにある。たとえば、それは、すべての人が実際に誇りと虚栄心によって他の人々に対する支配権を追求するように動かされると仮定してはいない。このような疑わしい仮定は、その結論をもたらすかもしれないけれども、しかしそれをはるかに興味を引かないものにする。

(iv) ホッブズの心理学的な仮定および他の仮定が、すべての人間の行為についての厳格な真理である必要はないことを私たちは想起すべきである。たとえば、私たちは、彼が心理学的利己主義者ではないことをすでに見てきた。彼の仮定は、彼が関心をもつような種類の政治的・社会的状況における人間の行為への主要な影響の原型を形づくるのに十分なだけ正確でありさえすればよいのである。提示された解釈にもとづいて、ホッブズの世俗的道徳体系は政治的教説として意図されていること、そして、そうしたものとして、それが人間生活のあるいくつかの側面を強調するのは適切であるということを忘れるべきでない。

講義Ⅲ　実践的推論についてのホッブズの説明

第一節　理に適っていることと合理的であること

今日は、ホッブズの世俗的道徳体系と私が呼ぶものに現れる、あるいは彼の政治的教説に現れる実践的推論に関する説明について論じます。実践的推論をある種の合理性とみなし、後に私がロックに帰すことになる、理に適っていることと言ってもよいものを含むと考えられるような実践理性の見方を彼はもっています。つまり、二つの種類の実践的推論を区別できるというのが、私の見解です。私たちは、実践理性を合理的と考えることができますし、あるいは理に適ったものと考えることができます。さしあたっては、「合理的」(rational)も「理に適った」(reasonable)もたんに言葉であり、ラベルであって、私たちはそれらの間にいったいいかなる違いがあるかを知りません。普通の英語では両方とも、理性と矛盾していないこと、あるいは理性にもとづいていることを意味します。しかし、毎日の話し言葉で実際には、それらの違いを意識しているように見えます。通常それらの用語を同義語のようには使いません。誰かある人について、「彼は、非常に強硬な交渉をやって、甚だしく理に適っていなかったが、彼の観点からは、彼は完璧に合理的であったということを認めざるをえない」と言うかもしれません。ここでは、ある程度その区別を認識しています。私たちは、「理に適った」というのを、公正であり、思慮分別があり、他の見地を理解できるなどといったことを意味するのに用いる傾向があります。それに対して「合理的」は、論理的であるとか、自分自身の善のために、ないし自分自身の利益のために行動するなどの意味をよりいっそうもっています。私自身の著作で、またここでの議論において、理に適っているとは協働の公正な条項を含んでいるのに対して、合理的であるとは自分自身の、あるいは協働するそれぞれの人の善ないし利点を促進することを含んでいます。

　実践的推論とは、なすのが合理的であること(ここでは合理的≠理に適った)に関する熟慮であるという見方についてホッブズは説明しています。ホッブズの列挙している自然法の多くは、私たちが直観的に理に適っているとみなすものに該当します。自然法は、公正な協働の教えを定式化し、あるいは私たちがそうした協働にとって好ましい精神や性格の徳や習慣をもつように仕向けるのです。たとえば第一の法〔本講義の補遺B参照〕は、平和を求め、それに従え、かつ必要ならば自分自身を防衛せよというものであり、第二の法は、人は他の人々もまたそうであるなら、進んですべてのものに対する自らの権利を放棄すべきであり、他の人々が自らに対してもつことを自らが認めるであろうと同じだけの自由を、自らが他の人々に対してもつことで満足すべきであると述べています。第三の法は、私たちの信約を守ることに関わっています。第四から第一〇の法までは、感謝、他の人々への適応、赦しと容赦、他の人々に軽蔑の表情を見せないこと、他の人々を平等な者として認めること等々、すべて協働を含む何らかの徳と関係しています。第一〇の自然法には、他人が同じようにもつことに我慢できない権利を、自分自身が保有すべきではないといったことが述べられています。これらすべては社会生活と平和な社会にとって必要な協働の教えと関係しています(*Leviathan*, Chs. 14 and 15)。しかし、このような理に適った原則は、他の人々がそれらに同じように従うという条件においてのみ、私たちにとって従うのが合理的である、とホッブズは主張します。主権者の役割の一部は、それらに従うことが各人にとって合理的となるよう、(十分な数の)他の人々がそれらに従うことを保証することにあります。このようにして、ホッブズは、(理に適った内容をもつ)理に適った原則を、合理的であるという観点から正当化するのです。

しかしながら、ホッブズは、これらの理に適った原則に従うことが合理的であるのは、他の人々もまたそれらに従うという条件においてのみであると主張します。それらは、私たちが自分たち自身の善を達成するのを助けるでしょう。言い換えると、私のその用語の意味において、理に適ったものとして受け入れることができるであろうこの一群の原則は、私たちの根本的利害関心にもとづいて、他の人々もまたそれらに従うという前提で合理的な原則である、という主旨の議論を彼は行っているのです。訴えかけられているのは、私たち自身の自己保存、夫婦愛、便利な生活のための手段のそれぞれに、つまり私たち自身の本質的な善に助けとなるものです。そこで、主権者の役割の一部は、十分な数の他の人々が自然の諸法に従うことを保証し、そして私たちもまたそれらに従うことが合理的となり、かくして平和を確かなものにすることにあることになります。

後で社会契約を取り上げ、そうした保証に必要な条件を実効的に達成するための十分な権力をもつ主権者を確立する社会契約が、実際に何を行うのかを考察します。主権者の存在は、自然法に従わないことについて、もはやいかなる理に適った根拠も、あるいは合理的根拠もなくなるような仕方で環境を変えます。しかし、難点は、自然状態自体では、私たちが信約を結び、それを徹底して実行することを合理的なものにするであろう、そうしたエージェンシー〔権限をもつ機関もしくは者〕がどのようにして存在しうるかを理解するのは難しいということです。ホッブズは、その難点に気づいた最初の一人であったと私は信じています。それゆえ、本書の基本的な主張の一つは、これらの社会的協働の理に適った原則を合理的であるという観点から取り上げ、正当化するということです。

合理的な原則と理に適った原則との間の対照を、もう少し詳しく説明するよう試みましょう。これには二つの仕方があります。

(a) 実践的推論と人間生活におけるそれらの異なる*役割*によって説明する仕方と、

(b) それらの*内容*、ないしそれらが実際に私たちに行うように言い、指示していることによって説明する仕方です。私たちは普通、直観的にこれらの内容が合理的であること、もしくは理に適っていることのいずれに属するのかを判別することができます。

これらの原則が演じる役割(a)の区別は次のとおりです。私は、社会的協働の構想を、たとえばミツバチの巣のような、あるいは工場の組み立てライン上の労働者のような、たんに*社会的活動の有効で生産的な協調*でしかないような他の観念とはまったく異なるものと考えます。ミツバチや労働者たちは協調活動に従事しており、それは生産的で、たしかに社会的であると言えるでしょう。しかし、それは必ずしも協働ではありません。それは*社会的に調整されて*おり、おそらくはミツバチや労働者たちが従うと想定される、知られているある種の公的ルールが存在しますが、しかし、ミツバチや労働者たちは、通常の意味においては協働しているのではありません。では、社会的に調整され生産的でさえある活動からそれを区別する協働の観念とは、いかなるものでしょうか。

*社会的協働*のすべての構想は(たんなる*有効で生産的*で、*調整された*社会的活動とは対立するものとして)、*二つの部分*をもっています。

(a) 一つの部分は、協働に参加している人々にとっての*合理的な利益*の観念を定義します。それは、それぞれの個人の、あるいはそれぞれのアソシエーションの善、ないし福利といった考えです。ここでは、合理的選択の諸原則の列挙が、合理的利益の定義における本質的な、しかし唯一のではない要素として入ってきます。協働における合理的利益は、協働に従事しているそれぞれの個人ないしアソシエーションが、この活動に参加することから何を得ようとしているかについての考えを含んでいます。それらの個人ないしアソシエーションは合理的であり、このことについて熟考したと想定します。それは、他の人々によって押しつけられたのではなく、熟考の後で自分たち自身でいだく、自分たち自身の善についての考えなのです。そしてそれは、それらの個人ないしアソシエーションに協働の観念の第二の側面を進んで受けられるようにさせます。

(b) この第二の部分は、社会的協働の公正な条項、ないし協働の正義に適った条項を適切でありうるものとして定義します。これらの条項は相互性ないし互恵性の観念を含んでいますが、とりわけこの観念が実践においてどのように解釈されるべきかということを含んでいます。このことは、相互性ないし互恵性について単一の解釈が存在することを意味するのではありません。それには異なるさまざまの状況にとって適切な、数多くの解釈が存在しうるでしょう。これらは、効率的で生産的な協働的社会活動がまた公正な社会的協働でもあるように、公正な条項がこの活動に課す制約の観点から表されるはずです。これらの公正な社会的協働の条項を定義する諸原則を、私たちは理に適って、いることと定義します。それらの役割は、そのような理に適っていることについての観念を解釈することなのです。

社会的協働の概念はまた、人々がそれらに関わり合い、その条項を遵守することができ、自分たちの協働を可能にするものについての見解をもっていることを前提とすることにも注意してください。後に、人々が社会的協働に従事することが可能となるときの、正邪の感覚、すなわち正義感覚の役割について議論します。

さて、いかなる特定のケースにおいても、協働の公正な条項を規定する教えないし原則は、理に適っているはずです。そこで、他の誰かと交渉している人を、彼自身の観点からは完全に合理的であるのに理に適っていないと表現するとき私たちが言っているのは、彼はその交渉において、彼の側のおそらくは偶然的なある幸運な立場を利用して、理に適っていない(公正ではない、あるいは正義に適っていない)条項をともかくも押しつけたということです。もっとも、その状況を仮定して彼の立場から見ると、おそらく彼がそうすることは合理的(彼自身の善を促進しうるもの)であったことを認めなければならないとしても、です。

ホッブズが焦点を当てている人間の目的の自己関係的本質を議論したという意味で、合理的であるものとしての実践的推論についてのホッブズの説明の特徴のいくつかにすでに触れました。それらの目的は、私たち自身の自己保存、夫婦愛、便利な生活の手段というものであったことを思い出してください。私はいま、これらについて、いくらかより詳しく見てみたいと思います。

ホッブズの世俗的道徳体系において、あるいは彼の政治的構想において、人々の終極目的は、自分自身のために人々が求め、享受しようとする事柄や活動の状態です。これらの目的は、自己に焦点が定められています。この自己は、自分自身の健康や強さや福利や安寧への欲求に関心をもち、自分の家族の安寧に関心をもち、快適な生活をおくる手段を獲得することに関心をもっているのです。それは、相対的に狭い関心であり、まさしくその意味において、ホッブズは、彼の政治的見解のために、人間本性に関する利己的な説明を与えているのです。これらの終極目的ないし欲求に関して、二つの点が重要です。

第一に、(a) これらの終極目的ないし欲求はすべて自己関係的であり、私が定義したように対象依存的です。対象依存的ということによって私が意味しているのは、それらがすべて、どのような理に適った原則や合理的な原則などにも言及することなく、あるいはそういったものを引証することなく、記述されうるということです。たとえば、飲食物への欲求をとってみましょう。あるいは友情と仲間への欲求をとってみましょう。私は、これらや、他の広い意味における「対象」の観点から、私が気にかけている事柄の状態を記述することができます。そこでは私が食べたいと思っているもの、あるいは飲みたいと思っているすべてのものをもっている状態として、またそこでは私は安全であり、あるいは私の家族は安全であるといった状態としてといったように、です。そこには、正義に適った仕方で扱われるといったような観念への、あるいは権利やその種の道徳的性格をもった観念への言及はありません。(b)ホッブズの見解においては、人々がもっている最も重要な終極目的ないし欲求は、非社会的です。すなわち、それらは人々が政治社会のメンバーとしてではなく、自然状態において、もっていると仮定される欲求なのです。それらは、たとえ社会があたかも解体され、退行させられてその諸要素に戻ったかのごとくに仮に考えられたとしても、人間の性格として残るに違いありません。そのことが意味するのは、ホッブズの社会理論ないし政治的教説についての彼の説明は、概して言えば、社会制度によって生みだされてきた目的や欲求に依拠するようになってはいないということです。彼は、これらの欲求をもっと根本的なものとして、つまり、社会をつくることになる諸要素、すなわち人間の一部として考えています。これらの目的は、そこからコモンウェルスが、あたかも人工的身体のように機械的に組み立てられる諸部品――諸個人――の特徴なのです(*De Cive*, *EW*, 2, p. xiv〔17–18〕の一節を参照)。(ここで、ホッブズの枠組みの三つの部分を思い出してください。それらは、物体、人間、市民で、それぞれ先行するものから構築されるのです。)

第二に、ホッブズの見解では、人々はこれらの対象依存的欲求に加えて、一定の原則依存的欲求ももっています。これらの欲求はより高次の欲求であり、これまでに論じた対象依存的欲求のようなより低次の欲求を前提しています。ホッブズにおいては原則依存的欲求だけが、理に適った行為の原則と対立する合理的選択の原則によって定義されます。私がそれらを原則依存的と呼ぶのは、それらを記述するために、何らかの原則を引証しなければならないからです。それらが、理に適っていることと対立して、合理的であるのは、それらは、私たちが記述し言明できる合理性の原則と一致するように行為する欲求、もしくはそうした原則と一致するように熟慮する欲求だからです。たとえば、合理的な原則とは、目的に対して最も有効な手段をとるべきであるというものかもしれません。その原則に一致するように熟慮し行動する欲求は、合理的欲求であることになります。私はまた、それらを、それ自体のためにそうした原則から行動し、それと一致するように熟慮するという意味において、終極的な欲求ないし目的とも考えます。

さて、ホッブズが第一一章の最初の段落(*Leviathan*, p. 47〔I, 168〕)で言っていることを思い出しましょう。「……人間の欲求の目的は、一度だけ、また一瞬の時だけ享受することではなく、永久に、自らの将来の手段を確保することである。それゆえ、すべての人間の意志による行為と性向は、満足な生活を手に入れることだけではなく、それを将来も確かなものにすることでもある」。こうして、私たちそれぞれが、ホッブズが次のように描く一般的性向をもつことになります。「……死においてのみ止む、力からまた力を求める永続的な、休むことのない欲求」。そこには、ひとたびそれが達成されたならば、みたされた精神の落ち着きのなかで安らぐことができる最終目標が存在しないのです。

ここで注意すべきいくつかの点があります。

(1) 第一に、ホッブズはまた次のようにも言っていると私は理解します。私たちは、その理性の能力のゆえに、時を経て生きる個人としての自分自身の構想をもち、自分たち自身を未来をもつもの、おそらくははるか遠い未来をもつものとみなす、と。いま、あるいくつかの終極的欲求が私を動かすだけではなく、また同時に未来において、実に広範な終わることのない欲求が私たちを動かす可能性を予知し理解します。これらの未来の欲求は、私たちがいま実際にもっている欲求ではありません。それらはいま心理学的にアクティブであるのではなく、私たちが未来のある時点でそうした欲求をもつであろうと、あるいはきっともつに違いないと、実際にいま予見するのです。たとえば、自分が未来において食べるべき食料を欠くことになりつつあることを知るかもしれませんし、食料貯蔵庫がいっぱいになるように確実に自分で備えをすることができると言いたいかもしれません。しかし、その欲求は現在の飢餓の状態にもとづくものではありません。私たちが合理的であるかぎり、私たちがいまもっており、またつねにもつであろう高次の欲求が存在するのです。それは、これらの未来の欲求に備えをするために、前の方で記述したいくつかの合理的原則にもとづいた、現在におけるある適切な行動によって、いま自分自身を安心させたいという私たちの欲求なのです。それは、未来の欲求ではなく、むしろ、私たちをいま動かす高次の欲求です。そして、その目的、すなわちそれがなそうとすることを記述するためには、ある合理的な熟慮の原則に言及する必要があります。高次の欲求は、ちょうど他の欲求がなすように私たちを動かし、行為のなかで自らを表現するのです。

ホッブズは、人間を「死においてのみ止む、力からまた力を求める永続的な、休むことのない欲求」をもつものとして描いています。「そしてその原因は、必ずしも、人がすでに得ているものよりももっと激しい喜びを期待するからというわけでも、あるいは、人が適度な力に満足できないからというわけでもなく、もっと獲得することなしには、彼が現在もっている平穏無事に生きるための力と手段を確実なものにできないからである」(*Leviathan*, p. 47〔I, 169〕)。ここで、「人間の力は……未来の何か明白な善を獲得するための、その人の現在の手段」(*Leviathan*, p. 41〔I, 150〕)であることを思い出してください。「力からまた力」を求める欲求は、ひとたびそれが達成されたならば私たちはそれに完全に満足する、というような最終目標は存在しないことを示唆しています。

(2) 第二点目は、力からまた力への欲求として自己を表現する一般的性向は(人間の生の環境を前提すると)、この欲求の目的、すなわちそれが達成しようと努力するものを記述するためには、私たちの計画と意図の形成における合理的熟慮(あるいは合理的選択)のあるいくつかの原則に言及する必要があるという意味において、原則依存的欲求であるということです。高次の欲求とは、あるいくつかの原則によって定義されるものとしての合理的である行動計画をつくり、達成しようとする欲求です。基礎的で自己中心的な(より低次の、あるいは一次的な)欲求は、これらのより高次の欲求を説明することができません。あるいは、そのなかでそれらの欲求が表現される行動を説明することができません。

ここでいくつかの例が役に立つでしょう。次のような合理的選択の原則について考えてみてください。おそらく、私たちはこれらをリストによって定義することしかできません。

(i) 推移性などの原則…選好に適用される(あるいは選択肢に対する)(完全な順位づけ)
(ii) 有効な手段の原則
(iii) より好ましい結果のためにより大きな蓋然性を選好する原則
(iv) 最も有力な代替肢の原則

合理的な存在は、これらや他の合理的原則を理解し適用します。そして、これらの原則によって定義されるものとしての彼らのより高次の欲求は、彼らの目的依存的(で自然的)な欲求全体の追求を、これらの原則によって規制する欲求であるとみなすことができます。

かくして、これらの欲求を合理的欲求と呼ぶことが適切であるように見えます。私は、例とリストを経由して進みます。というのも、そうしたリストは、まさにいま列挙した諸原則を「合理的な」や「合理性」を定義するよう試みることはしません。かわりに、例とリストを経由して進みます。

考慮するからです。合理的な原則と他の種類の原則、たとえば理に適った原則とを対照させてみてください。ホッブズが自然法の効力を確認するための一種の指示について述べるために使用している次のような原則について考えてみてください。

「あなたがあなた自身に対してなされるのを欲しないであろうことを、他人に対してなしてはならない」(*Leviathan*, Part I, Ch. 15, p. 79〔I, 254〕)(これは、第一九番目の最後の自然法の後にきます)。

これは、理に適った原則の例として挙げられます。自分たちの目的を促進するために有効な手段をとらない人は、(他の条件が同じなら)(言うならば)非合理的です。一方で、他人に対して、自分たちがされるのは望まないであろうことを(おそらくそれをしても許されうると考えるがゆえに)する人々は、理に適っていません。このことは、彼らの目的を促進しようとしているのであれば、彼らが*非合理的*であることを意味しません。しかし、この原則に反するとき、彼らは*理に適って*いないのです。

ホッブズが「自然法」と呼ぶ原則のすべてが、*理に適った*原則と呼ばれてももっともであるように見えます。とりわけ次を見てください。

(i) 第一の自然法の最初の部分(*Leviathan*, p. 64[I, 217])…各人は、平和を獲得する希望を有するかぎり、それを求めて努力すべきである。

(ii) 第二の自然法(*Leviathan*, pp. 64–65[I, 218])…他の人々もまたそうするときには、すすんで、すべてのものに対する私たちの権利を放棄し、他の人々が私たちに対してもつのを私たちが許すであろうだけの自由を、他の人々に対してもつことに満足すべきである。これは*互恵性*の原則です。

それらと同様に、第一〇から一九番までの自然法に注目してください。

これらの原則は、ホッブズが述べているようにすっかりそのまま受け入れることはできないかもしれません。しかしそれでもなお、これまでに述べられたように、あるいは修正されたように、それらを*理に適った*原則と呼ぶこと、また、自分たち自身のためにこれらの原則から行動しようとする欲求を*理に適った*欲求と呼ぶことは、適切であるように思えます。*理に適った*欲求は、また、*合理的*な欲求がそうであると同じ意味において、*原則依存的*な欲求でもあります。両方の種類の欲求は、合理的な*原則*かあるいは理に適った原則への言及によって特定化されます。

さて、ホッブズが意志による行為について言っていることに移りましょう。

(a) 人間の意志による行為の目的は、人々が完全に合理的で、熟慮する時間をもっときには、つねに自分自身にとってのある明白な善であると彼は述べています。彼は次のように言います。「……そして各人の意志による行為については、その目的は彼自身のある善である」(*Leviathan*, p. 66〔I, 220〕)。言い換えれば、私たち自身の善に反して、意志によって行為することはないのです。そこで、その明白な善が実際には善ではないことがわかったときには、人々が自尊心と虚栄心によって動機づけられている場合を除けば、彼は、その状況に何らかの誤謬ないし不運があると想定します。行為は不幸な結果に終わるとしても、その誤謬ないし不運は行為者自身に帰せられるべきものではないのです(*Leviathan*, p. 66〔I, 221〕)。ホッブズは、あるいくつかの意志による行為は理性に反することを認めています。私たちの熟慮はある時点で終わりに達し、その時点での最後の(有効な)欲求を、ホッブズは意志と定義しています。そして私たちの熟慮と、したがって私たちの意志は、たとえば自尊心と虚栄心によって歪められるかもしれません。しかしホッブズは、いずれにせよ、意志による行為はその暗黙の目的として、ある明白な私たち自身の善をもつと考えている、と私は信じます。自尊心と虚栄心によって動かされる人たちでさえ、その人たちの推論は間違っているとしても、なお自分では自らの善のためであると考えるものを求めて努力するのです。

ホッブズは意志による行為についてのこの主張を、あるいくつかの権利はけっして放棄されたり、譲渡されたりできないのはなぜかを説明する文脈で行っています。たとえば、自己防衛の際には主権者に抵抗し、自分たち自身の生命を保存するのに必要であると考えることは何でも行う権利を私たちはつねにもっています。ホッブズは、「権利の相互的譲渡が、人々が契約と呼ぶもの」(*Leviathan*, p. 66〔I, 221〕)であり、契約において、あるいくつかの基本的権利はつねに自分自身のために留保されると述べています。

(b) それでは、どのようにして合理的人間を定義できるでしょうか。というのも、ある人の推論は間違っていることもあるから、つまり私たちは間違った結論をもつかもしれないのですから。違いは、人々の推論の間違いについて、つまりなぜ明白な善が人々にとっての真の善ではないかを説明するものにかかっています。もしそれを説明するものが、虚栄心などへの自分たちの傾向を規律し、見越しておくことについての人々の失敗にあるなら、そのときにはその人々は(完全には)合理的ではありません。しかしながら、もしそれを説明するものが(たとえば)避けられることのできない、そしてその行為主体の欠陥ではない情報の欠如に存するならば、たとえその人々が到達した結論が正しくなくても、人はなお完全に合理的に行為しているのです。

要約しましょう。ホッブズの政治的構想において、

(i) 完全に合理的な人々の意志による行為の目的は、つねにこれらの人々によって、(それぞれ個人としての)自分たち自身にとってのある明白な善とみなされます。この善は、私たち自身の目的依存的で自己関係的な(個人としての私たちに属する)さまざまな欲求と結びついた合理的熟慮の原則によって特定され、その際には、現在の欲求と同時に予見される将来の欲求も考慮されます(ここで、私たちの根本的利害関心を、優先順位に従って思い出してください。それらは、自己保存、夫婦愛、富、生活手段でした)。

(ii) 明白な善が本当の善ではないとわかったとき、それを説明するものは、合理的な個人の場合、それらの個人に固有に当然帰せられうる推論の欠陥や失敗にあるのではありません(たとえば、自尊心や虚栄心の結果ではありません)。そうではなくて、それは避けられない情報の欠如やある他の避けられない環境にあるのです。

(iii) 合理的な人間の意志による行為は、一部は、最も高次の原則依存的欲求によって動かされるのであって、対象依存的欲求によってのみ動かされるのではありません。完全に合理的な人間において、これらの高次の欲求は完全に規制的です——つまり完全に有効で統制されています。

こうして、合理的熟慮は誤った結論に行き着くことがあり、それにもとづいて行為するとき、災難をもたらすかもしれません。しかし、結論が誤っていることやそれが災難をもたらすことは不運の結果であって、その人の過ちではありません。推論において誤りは存在せず、情念などを通じた歪曲は存在しないでしょう。

第二節　市民和合の理に適った条項の合理的基礎

社会的協働の構想とは、将来の各人の(合理的な)善のために、どのようにして調整された社会的活動が各人に公正である(理に適っている)仕方でアレンジされうるかという構想です。それは、協働の公正な条項(理に適ったもの)についての考え方と、協働する各人の善ないし利点(合理的なるもの)についての考え方を含んでいます。その政治的構想において、ホッブズが人間について考える仕方が、もっと詳細に、社会的協働についての考え方がどのように理解されるべきか、合理性と理に適っていることについての考え方がどのように理解されるべきかを決定します。私たちの問題は、一方における諸個人の合理的熟慮と、他方における自然法の間の関係を、ホッブズはどのように理解しているかを発見することです。この自然法の内容は、公正な協働の教えを定式化するがゆえに、あるいはそうした協働にとって好ましい精神の習慣を得させるがゆえに、直観的に理に適っています。伝統的に、自然法は次のように考えられています。

(a) 自然法は、世界と、人間を含むすべてのその被造物に対して正しい権威をもつ者、すなわち神の(立法の)定め(規範)です。

(b) この正しい権威の定めとしてこれらの定めは命令であり、それゆえ、(原則に対して)厳密な意味における法です。というのは、定義によって「法」は正しい権威をもつ誰かの命令と理解されるからです。

(c) これらの法は(啓示された法に対して)自然法です。なぜなら、それらが命じる事柄とそれらが命令であるということが、理性の自然的な力の正しい使用によって確かめられうるからです。こうした力は、合理的存在としての人間によってもたれており、私たちが私たちの見方に開かれた自然の事実を考察し、適切な推論を行うために、私たち自身の力を用いるときに示されるのです。つまり、神が存在し人々が幸福であるように、また社会のなかで生きるように等々と神は意図したに違いないことを理解することが、自然理性によって可能なのです。それゆえ、もしあるいくつかの教えがそのような基本的目的のために必要であるならば、そのときにそれらが自然の法、ないし自然法ということになり、またそれらは法の力をもつことになるのです。

ホッブズは次のように言っていると理解されます。私たちに対して正しい権威をもつ神の命令は、これらの命令が、いわば私たちの自然理性によって、またそれを通じて、自然の事実、たとえば私たちの人間本性〔人間的自然〕の事実等々から判断して私たちに宣言されるとき、自然法である、と。

ホッブズは、第一五章の最後(*Leviathan*, p. 80〔I. 256–257〕)で次のように述べるとき、自然法についてのこの解釈(ないし類似の解釈)を念頭においています。「理性のこの命令を、人々は法の名前で呼ぶのが習わしであるが、それは不適切にそう呼んでいるのである。というのも、それらは自分たち自身の保存と防衛に資するものに関する結論、ないし定理にほかならないのに対して、法とは正しくは、権利によって他の人々に命令できる人の言葉だからである。それでも、もし私たちがその定理を権利によってすべてのことを命じる神の言葉のなかに与えられているとみなすなら、そのときにはそれらは正当にも法と呼ばれる」。

前回の講義の最初に、なぜ、ホッブズの体系の世俗的な解釈が第一次的な解釈であると私は信じるのかを説明しました。補足的な神学的解釈は、政治制度についてのホッブズの説明の形式的構造にも、その実質的内容にも影響しません。現世における各人の自己保存のために必要なものは、救済のために必要なものと矛盾しないのです。そのように理解されると、ホッブズの議論は、自らの自然理性を用いるべき合理的な人々に向けられています。別の観点からはまた神の法でもある自然法へのホッブズの言及は、次のことを意味すると理解されうるでしょう。神学的関心の導入は、これらの法へ影響しないであろうし、これらの法を変化させることもないであろう。また、コモンウェルスの生成に影響することもないであろう、と。

このように、私は自然法を、主要には、各人が自分自身を保存し、満足した生活のための手段を獲得するために従うことが合理的であるような社会的協働の原則と基準についての結論であるとみなしている、ということを示唆したいと思います。この遵守は、他の人々が同様に遵守すると仮定するなら各人にとって合理的です。したがって、自然法は各人によって一般的に遵守され、そしてその一般的な遵守が公的に各人に知られるとき、集合的に合理的です。あるいは、実践的推論についての議論に戻って次のように言うことができます。自然法は、それらの内容と役割が見わけられるかぎりにおいて、その一般的な遵守が各人にとって、また万人にとって合理的である、一群の理に適った原則を定義する、と。

自然法を記述する別の仕方は次のようなものです[1]。自然法は、カントが実然的で仮言的な命法と呼ぶものと、非常によく似ています。これらは、私たちすべてが合理的存在としてある目的、すなわち私たち自身の幸福(これはカントにとって、私たちの多くの、そしてさまざまな目的の秩序ある充足です)という目的をもつ事実によってすべての人に妥当する仮言命法です[2]。カントにとって私たち自身の幸福という目的は、合理的存在として私たちが自然必然性によってもつものです。カントがこのことによって何を意味しているか、私には確かではありません。幸福の理念は彼にとって、時間を通じて私たちのさまざまな欲求をいかに秩序づけ、それらを満足させるように立案するかについてのある構想を含んでいます。そこでこの点に関して、カントの実践理性の説明は、前の方で描いたようなホッブズのそれに類似しているのです。私たち自身の幸福が私たちにとっての目的であるということはまさしく、自然的存在として私たちは、私たちの欲求が満足させられるかどうかを気にせざるをえないことを意味します。この説明をホッブズに適合させるために、幸福という目的を、いまや私たちの自己保存と満足した生活のための手段と理解される至福というそれにおき換えます。

仮言命法と定言命法の違いは、対応する原則ないし指示がどのようにして正当化されるかにあるのであって、その表現の形式ないし様態にあるのではありません。そこで、原則ないし指示をつねに、何々をなせ、と書くと想定してみてください。「自らの信約を履行せよ」とか「健康な状態に自分自身を保て」とかの指示が、人にとって仮言命法であるのか、あるいは定言命法であるのかは、それにもとづいてそれらが断言される根拠によって決定されます。ある人は両方を仮言命法と考え、他の人は定言命法と考えるかもしれません。それが自らのよい評判を維持するなどのために必要であるという根拠に立って自らの信約を履行する人がいれば、その人はこの指示を仮言命法と考えています。なぜなら、評判は一種の力だからです。一方で、人が自らの道徳的義務を果たすべきであるならこうすることが必要であるという理由で、自分自身の健康を保つとすると、その命令を定言命法と考えることになります。

このように、カントの倫理学には、実践的推理の二つの手続きがあります。一つは、特定の仮言命法が正当化される方法によって定義され、それには合理的選択の一般的原則および私たち自身の幸福の理念が含まれます。もう一つは、特定の定言命法が正当化される方法によって定義され、それには定言命法の手続きが含まれます。[3] この手続きは、理に適っていることの必要条件を表現します。すなわち、その行為が社会的であるかぎり各人が遵守すべき原則の特定化のための制約です。仮言命法は、各人に対してその人自身の特定の目的の観点から正当化されますが、それらの目的は諸個人の間で多様です。定言命法は、それぞれの人のより特殊な目的が何であろうと、万人が従うべき必要条件です。

こうして、仮言命法としての自然法という(ホッブズの見解にもとづく)解釈は次のようになります。自然法は、直観的に理に適っている諸原則に結びつけられるような種類の内容をもっています。それらの原則を各人は(それぞれのより特殊な目的に関わりなく)遵守すべきであると考えます。このように自然法は理に適った諸原則です。しかし、ホッブズにとってこれらの原則は、各人に対してそれぞれが自己保存という目的をもっているという観点から正当化されます。そのようにして、それらは仮言命法として、たしかに実然的な仮言命法として正当化されるのです。要するに、理に適った原則は集合的に合理的なのです。

さて、ホッブズの見方を、たとえばカントと対照してまとめると、次のようになるでしょう。

(a)（本節の最初に定義されたように）伝統的に自然法とみなされていたものは、理に適っていることに結びつけられる内容と役割をもっています。それらを、市民和合（あるいは平和）の条項と呼びましょう。これらの条項は、社会で生きるものとしての人間の保存のための条項として理解されることができます。これらの条項が、ホッブズにとって、道徳科学――何が善であり悪であるかの科学――の主題です。これらの原則が善であることは、それらが平和で、社交的で、快適な生活にとっての手段であることに存在し、この平和が善であることにすべての人間が（合理的であるとき）合意するのです。

(b) しかし、市民和合の条項の内容と役割が十分に標準的であるとしても、その上に立ってホッブズがそれらを正当化する基礎はもっぱら合理的なるものに属します。これらの条項は各人に対して、これまでに描いたようなそれぞれの合理的熟慮に訴えて正当化されます。これが、ホッブズがそれらを「自分たち自身の保存と防衛に資するものに関する結論、ないし定理にほかならない」(*Leviathan*, p. 80〔I, 256〕)と呼ぶことによって意味するものであると私は理解します。それらは、神の命令という面で見られるとき、法となります。かくて、ホッブズにとって、理に適っていることの根拠は合理的であることとなります。

(c) この理由から、ホッブズには、道徳的な権利と義務の概念の占めるいかなる場所も、その概念がふつう理解されているものとしては存在しないと私は信じます(たしかにこのことを疑ってみることはできます)。権利と義務などの形式的な構造はそこにはあります。しかし、もし道徳的な権利と義務が、私がそうであると信じるように、合理的であることとは異なる根拠を含むとすれば、ホッブズは、彼の公式の見解のなかにそのための場所をもっていません。このことが部分的には、彼の伝統的な教説への攻撃を説明します(本講義の補遺Aを参照してください)。

自然法への服従という義務に関してホッブズは、自然法はそれらが効力をもつべきであると欲求するよう(内なる法廷においては)拘束するけれども、それらを行為に移すよう(外なる法廷においては)必ずしもつねには拘束しないと述べています。なぜなら、一人が自ら約束したすべてのことを実行し、他の誰もそうしないならば、その人は「自分自身を他の人々の餌食にして、あらゆる自然法の根拠に反して、自分自身の確実な破滅を招来する」(*Leviathan*, p. 79〔I, 254〕)ことになるからです。

最後に、ホッブズは次のように述べるとき、道徳哲学について一つの定義づけをしています。「平和は善であり、それゆえ、正義、感謝、謙虚、衡平、慈悲……すなわち道徳的美徳である平和の手段や方法もまたそうである。そしてその逆の悪徳は、悪である。さらに、美徳と悪徳の科学が道徳哲学であり、それゆえ、自然法の真の教説は道徳哲学である」(*Leviathan*, p. 80〔I, 256〕)。このように、彼は道徳哲学を、もし平和が達成されるべきであるなら各人が従う必要のある理性の指示、すなわち自然法の科学と定義しています。すなわち、言い換えると、彼は道徳哲学を、集団をなす人々の善を保存するために必要なことについての科学と考えているのです。彼は、道徳哲学の目的はこれらの教え、すなわち自然法の内容を計算し、説明すること——それらがなぜ合理性にもとづいているかを説明すること——であると主張しています。そこで与えることのできるであろう、なぜそれらが理に適った原則であるのかについての説明から、それらが社会生活を可能にするのに必要とされるような種類の教えであることがわかります。

ホッブズは自分自身、スコラ哲学者たちがアリストテレス(中庸、情念)を通して行っているように、宗教や啓示といったものに訴えることも、また、たとえばトゥキュディデスといった歴史に訴えることもしないで、これらの原則の基礎を説明していると考えています。理性の指示としての自然法は、帰納によっては、すなわち諸国民の歴史といったものの調査によっては達成されません。それらは、演繹的な科学によって達成されます。すなわち、物体と人間本性の最初の諸原則に戻り、社会がいわば分解されたときに見られるその諸部分を確かめながら、どのようにして政治社会(市民、あるいはリヴァイアサン)は作動すべきかを知ることによってです。彼は、社会の基本的な要素、すなわち人間を分析し、それによって各人が動かされる根本的利害関心を同定しようと試みます。次いで、すべてのものをその分析に基礎づけながら、これらの根本的利害関心を実現するためには、これらの理性の指示、すなわち自然法が各人によって守られることが必要であると結論します。それを達成するためにはもちろん、主権者が存在しなければなりません。主権者、もしくはリヴァイアサンは、ある目的をみたすべき人工的人格です。次の講義に見るように、主権者の任務は、私たちすべてにとって、これらの指示を履行することが理に適ったことであるようにすることとなるのは、実効的な主権者の存在が他の人々もまたそれらを履行することを保証するであろうと、私たちが知るからです。その保証が欠けると、それらを履行することは誰にとっても、理に適ったことでも合理的でもないことになるでしょう。主権者は、誰にとっても、これらの理に適った原則にもとづいて活動し、それらに従うことが合理的であることの必要条件です。この人工的人格が、この目的ないし役割に効果的に仕えるべきであるなら、政治社会がある仕方で、いわば構築されなければならない。そして、この仕方とは何であるかを、科学（道徳哲学）としての理性は見わけなければいけません。

補遺A（一九七九年）
ホッブズにおいて道徳的義務は存在するかどうか

この問題に関する議論を、正義は存在しないと言う愚か者に対するホッブズの応答を考察することからはじめます(*Leviathan*, Part I, Ch. 15, pp. 72f〔I, 237f〕; ed. Schneider, pp. 120–130.〔シュナイダー版については、「補遺　ホッブズ索引」の注を参照〕)。

1　ホッブズの命題は、他方の当事者がすでに実行しているような信約の場合は、あるいは他方の当事者が実行することを(もしくは償いをなすことを)強制する権力が存在する信約の場合は、そのときつねに私たちにとって、自分たちの信約を遵守することが正しい理性と一致しているというものです(信約を結ぶことは、両方の当事者にとって合理的であったと仮定しましょう)。すでに前の方で述べたように、これらの条件下では、理に適っていることは(つねに)合理的です。(有効な)信約を守ることは、つねに正しい理性の命令なのです。

2　ホッブズは、この命題を支持する三つの主張を行います。

(a)　彼は、人がその信約を破るかもしれないこと、また結局のところ、それによって莫大な利益を得るかもしれないことを否定しません。しかしホッブズは、私たちはけっして理に適って利益を得るのを期待することはできないと考えます。社会生活が現にあるあり方を仮定すると、唯一の理に適った予期は、自分たち自身の損失というそれです。不誠実が場合によっては成功をもたらすという事実は、その逆を示しません。そして不誠実から利益を得る人々はそれでもやはり、正しい理性に反しているのです。というのも、彼らは利益を得ることを理に適って期待することはできなかったはずだからです。

このことは、主権者を廃し、結局は機能する政府を設立することに成功する反乱の場合にも当てはまると、ホッブズは述べています。この種の出来事は知られていないわけではありませんが、反乱に加わる人々は、にもかかわらず、理性に反して行動しているのです。彼らは、自分たちが成功するであろうということを期待する理由をもたなかったし、あるいは、成功したとき、自分たちの例がついには自分たちを打ち倒して破滅させてしまうよう他の人々をけしかけることはないであろうと期待する理由をもたなかったからです。

(b) ホッブズの別の議論は、他の人々に対して自分を守るために、私たちは同盟者の助けに完全に依存しているというものです。そして、自らの信約を破る者は誰でも、事実上、自らがいつでも不誠実でありうることを宣言する(いわば、自らの二枚舌を公にする)か(この場合には彼らは、他の人々からの助けや援助を期待することはできません)、そうでなければ、こっそりと自らの信約を破る(他の人々はそれに気づかない)とすると、彼らは誤解から、あるいは誤って自分の同盟者に受け入れられるのであり、見破られないためにと、この誤りや誤解を理に適って当てにすることはできませんから、その結果として自らの安全における損失〔安全の低下〕がともないます。このように、有効な信約に対する違反は、公然とであろうと秘密裏にであろうと、結局は私たちにとって損失であると、理に適って推定されるに違いありません。誠実〔約束の厳守〕はつねに、私たちの自己保存の必要条件であると仮定すべきなのです。

(c) ホッブズはさらに、(私たちの救済や永遠の至福についての)神学的考察が異なる結論をだすために引き合いにだされることはありえないと主張します。私たちの死後の生についての自然的な知識は存在せず、したがって、そうした考察(たとえば、異教徒とみなされる別の信仰をもつ人々に対する不誠実)にもとづく信約の違反は理性に反します。

3　ここまで、正義は存在しないと言う愚か者に対するホッブズの議論を、このきわめて重要な一節では、私たちの主要な関心は自らの安全と自己保存(ここでは便利な生活への欲求も含んでいます)にあることがもっぱら問われているということをただ強調するためにだけ要約してきました。ホッブズは次のように主張しています。

すなわち、有効な信約の不履行から(私たちの自己保存からそのように判断されるように)利益を得ることを期待するのは、たとえ不誠実が、実際に、利益になるときがあるとしても、けっして理に適うことではない。

ホッブズは議論を事実問題、つまり、人間生活のいつも変わらない状態と人間心理の性向を前提としたとき、期待することが理に適っているのは何かという問題に向けます。

ホッブズの議論は、彼自身が他のところで力点を置いている二つの事柄を強調することによって、強化することができます。

(a) 第一に、平和と安全の状態が脅かされているとき、あるいは損なわれているときにいつもある、人間生活のまさに大きな不確かさ。この不確かさと、平和でないときに起こりうる厳しい損失を仮定したとき、合理的な人間は現在の見込みと、平和のための所与の条件である信頼に背くことから直接得る利益を割り引いて考えるでしょう。

(b) 第二に、合理的な人間はまた、誇りと虚栄心が私たちを(平和が存在し、有効な信約があるときに)不誠実へと誘っているものである可能性が最も高いことを認めるでしょう。誇りと虚栄心は私たちの認識を歪め、熟慮を歪めます。これらの歪みが正されたとき、これらが私たちの自己保存にとって間違ったものであり、破壊的なものであることを知ることができるのです。

4 私たちの多くは、おそらくなお、事実問題についてのホッブズの議論は説得的でないことを認めます。政治的出来事における囚人のジレンマの例が、彼の主張を論駁するように思われるかもしれません。しかし、ホッブズはこの種の事例に気づいていないとか、彼は私たちに比べて鋭敏でなく、より暗い可能性を見ていないといった考え方に逆らうべきであると私は思います。

私の推測はこうです。実践理性についての彼の説明によって定義されたような意味で、理に適っていることが合理的であることを示そうと試みる彼の基本的な意図が、彼にこれらの事例を無視させたか、あるいは重要でないものとして見逃させたのが本当のところである、と。この点に関する彼の誤りは、もしそれが誤りとすればですが、もちろん愚かさからではなく、彼の基本にある意図から生じているのです。それが根源的であることを誰も疑わないだろうと彼の考える最も根本的な利害関心にのみ訴えることをホッブズは望むがゆえに、私たちの自己保存への関心にのみ訴えることを望むのです。このようにホッブズは徹底的に単純化しますが、それは意図的になのです。

5　愚か者に対する議論は、ホッブズがこの議論においては、(通常理解されるような)道徳的義務の観念に実際のところ訴えていないことを示しています。しかし、私たちはそれでも、彼の実践理性の構想は彼がそうするのを許さないであろうということを示したのではないでしょうか。彼の合理性の構想が排除していると思えるものは何でしょうか。たとえば、それは、次のような意味において理に適っているものの観念です。

(a)　第一に、信約を破ることについてもちうる理由には、異なる種類の理由があります。ホッブズは、愚か者を批判して彼らは間違った種類の理由に訴えると主張してはいません。彼は、事実についての愚か者の仮定に異を唱えているのです。対照的に理に適った人は、それによってある永久的、長期的な利益を得るということが、自分たちの約束を破る十分な［理由］であるとは考えません。おそらくその変化を彼らが予見したとしたら、彼らは約束しなかったであろうというくらいに、状況が変化したのです。異なった約束の方がもっと彼らに有利となるでしょう。にもかかわらず、このことは約束を破るのに十分ではないのです。こうして、理に適った人の思考の一つの特徴は次のように考えることです。約束は、たとえいくらかの損失があっても［守られる］べきである。これが確実に全面的な損失であるときでさえ、結局は自らの利益になるのだから。

(b) 第二に、理に適った人は、漠然と言えば、何が公正について考慮されるべきことであるか、たとえば契約当事者間での利得と損失の分配に、一定の関心をもちます。ここで重要なことは、契約が結ばれたときの利益の均衡です。それは人々の交渉力と呼ばれるでしょう。理に適った交渉は、背景となっている公正の一定の条件をみたす交渉です。後に、あるいくつかの観点に立ったとき、これらの条件とは何であろうか、ということを論じましょう。しかし、愚か者に対する彼の応答において、ホッブズがこの要素について言及していないのは注目に値します。そして、たしかに、彼の政治的構想の主旨はそれに反しています。約束は、人がそれを結ぶように強制されるときでさえ(*Leviathan*, Part I, Ch. 14, p. 69〔I, 229–230〕)、あるいは、人が本当に他に代わるものをもたないときでさえ、拘束力をもつとホッブズは言います。というのも、それでもなお、それは意志による行為であり、すべてのそうした行為と同様に、自分自身の利益への期待をもってなされるからです。

こうして私は、愚か者に対する彼の応答に表現されているように、ホッブズの見方は（たとえば、約束に関して）道徳的義務の通常の観念の占めるべき場所を認めていない、と結論づけます。なぜなら、この観念は（たとえば、そのもとで約束がなされる環境に関して）公正への一定の関心を、また、私たちがもっとうまくやれそうなときでさえ、約束を遵守することへの一定の関心を含んでいるからです。そして、もし私たちが実践理性に関するホッブズの説明を厳密にとるなら、これらは両方とも除外されるように思われます。

補遺B　ホッブズの自然法

――『リヴァイアサン』第一四―一五章

自然法＝自分自身の生命などに対して破壊的なことをなすのを禁じる、理性によって発見される教えと定義される（*Leviathan*, p. 64〔I, 216〕）。

第一の自然法　第一の分枝――平和を求めよ、第二の分枝――自分自身を防衛せよ

(64〔I, 217–218〕)

第二の自然法　私たちは、他の人々もそうであるなら、平和のために、進んですべてのものを放棄すべきである(64f〔I, 218〕)

第三の自然法　結ばれた信約を履行せよ(71〔I, 236〕)

第四の自然法　感謝――誰にも人々の善意を拒絶させない(75–76〔I, 245–246〕)

第五の自然法　相互の適応(76〔I, 246〕)

第六の自然法　犯罪に対して、後悔したときには恩赦を与える(76〔I, 247〕)

第七の自然法　復讐ではなく、将来の善のためにだけ処罰せよ(76〔I, 247–248〕)

第八の自然法　他人に対して軽蔑や嫌悪を示さないこと(76〔I, 248〕)

第九の自然法　自尊心に反して、他の人々を生まれながらに平等な者として認めよ(76–77〔I, 248–249〕)

第一〇の自然法　尊大に反して、社会契約の際には誰も、他の人々が同じように留保することを自分が望まない、いかなる権利も留保しないこと(77〔I, 249〕)

第一一の自然法　裁判官は、人々の間で平等に判断を下すべきこと(77〔I, 250〕)

第一二の自然法　共有物の使用(77〔I, 251〕)

第一三の自然法　籤(くじ)の使用(78〔I, 251〕)

第一四の自然法　自然的な籤の使用、すなわち長子相続権(78〔I, 251〕)(第一一―一四は、分配的正義について)
第一五の自然法　仲裁者は安全に行動するのを許されるべきであること(78〔I, 251-252〕)
第一六の自然法　紛争は仲裁に委ねよ(78〔I, 252〕)
第一七の自然法　誰も自分自身の訴訟で判決を下さないこと(78〔I, 252〕)
第一八の自然法　自然的な原因によって偏った人は、誰も裁判官たりえないこと(78〔I, 252-253〕)
第一九の自然法　裁判官は、事実の争いにおいてどの一人の証人も、別の証人たち以上に信用すべきでないこと。そして、その別の証人たちについても同様(78〔I, 253〕)(第一五―一九は、自然的正義について)
自然法の要約　自分に対してしてほしくないであろうことを、他人に対してしてはならない(79〔I, 254〕)
自然法は、内なる法廷において拘束する(79〔I, 254〕)
Def. 道徳哲学――人間の社会において何が善であり、何が悪であるかについての科学(79f〔I, 255f〕)
平和の必要条件から自然法を支持する議論(80〔I, 256〕)

〔一九八三年の講義〕自然法に従う私たちの義務に関して、ホッブズは次のように言っています。自然法は、（内なる法廷においては）それらが行われるべしという欲求へと拘束するが、（外なる法廷においては）必ずしもそれらを実行に移すよう拘束しない。なぜなら、もしある人が自分で約束したすべてのことを履行して、他の誰も履行しないなら、彼は「すべての自然法の根拠に反して、自分自身を他の人々の餌食にして（いるのであり）、確実に自分自身の破滅を引き起こして（いる）」（*Leviathan*, p. 79〔I, 254〕）からである。

彼は、自然法のそれぞれは、各個人の合理的善のためであると考えています。そのように〔聴講者の〕あなたには、実際、社会生活の理に適った特徴が、各人の合理的利益によって正当化される議論が与えられます。ホッブズは、自然法に数えられるすべての教えをこの種の命令として正当化しようとしますが、しかし、ただ他のすべての人が同様にそれらの自然法に従うことが仮定される場合にのみ正当化しうる議論を行っているのです。

注

（1） このようなカントの読み方は、J. W. N. Watkins, *Hobbes's System of Ideas* (New York: Barnes and Noble, 1968), pp. 55-61〔田中浩・高野清弘訳『ホッブズ――その思想体系』新

装版、未来社、一九九九年、一三九―一四四頁〕によって提起されている。

(2) Immanuel Kant, *Groundwork of the Metaphysics of Morals*, trans. and ed. H. J. Paton (London: Hutchinson, 1948), II: 21, Ak. 4: 15f.〔篠田英雄訳『道徳形而上学原論』岩波文庫、一九六〇年、七二―七三頁〕

(3) カントと彼の定言命法の手続きについての詳しい説明は、次を参照。John Rawls, *Lectures on the History of Moral Philosophy*, ed. Barbara Herman (Cambridge, Mass.: Harvard University Press, 2000), pp. 162-181.〔坂部恵監訳、久保田顕二・下野正俊・山根雄一郎訳『ロールズ 哲学史講義』上、みすず書房、二〇〇五年、二四五―二七〇頁〕

講義Ⅳ　主権者の役割と権力

自然状態はやがて時間がたてば必ず戦争状態になるはずで、実質的にはそれらは同じことであるとホッブズに考えさせた根拠を吟味してきました。戦争状態は相互破壊的であるような状態ですが、それが全体としては各人にとって破壊的であると仮定してみましょう。そこで、人々が合理的であるかぎり、彼らは暮らしを破壊して自然状態に戻すのは避けたいと思うでしょう。私が試みてきたのは、人間生活の通常の永続的な特徴にのみ訴えるようなホッブズの議論の側面に力点をおくことによって、ホッブズの議論についてもっと啓発的な解釈を提供することでした。そのため、自尊心や虚栄心を強調するようなもっと劇的な要素、またそうした種類の他の要素のいくつかに依拠することは避けてきました。とはいっても、もちろん、私たちはそれらが抑制されるべき可能性であることを認めなければなりません。たとえ、それらが実際にそうであるのかどうかを知らないとしても、なお、私たちはそれらを考慮に入れなければならないのです。

そこで明らかなのは、ホッブズの見解においては、主権者の役割は、各人が通常、いつもは自然法を遵守している社会状態を安定させ、それによって維持することであるように思えます。そのような状態をホッブズは、「平和の状態」と呼んでいます。主権者は、各人を「恐れさせて」おく制裁を効果的に加えることによって、社会を安定させます。主権者が実効的であるという公共の知識こそが、各人がそこで自然法に従うことを合理的なものとするのです。彼はすべての人に、自然法は施行されるであろうという保証を提供します。そこで大かたの人は、他の人々もそれらを遵守するであろうということを知って、遵守するのです。

　さて、自然状態における状況の形式的構造に関していくつかのことを述べたいと思いますが、そのために、それと囚人のジレンマのゲームを較べたいと思います。これは一九五〇年に、プリンストンの数学者であったA・W・タッカーによって考案されたと言われる考え方です。囚人のジレンマは二者の、非協力の、非ゼロサムゲームのケースです。それが非協力であるのは合意が拘束的(強制可能)ではないからであり、非ゼロサムであるのは、一人の人が獲得するものを他方の人が失うというケースではないからです。それは、しばしば政治制度の文脈で議論されますが、道徳的概念のケースにおいても議論されます。あなた方の多くは、おそらくすでに聞いたことがあるでしょう。

　囚人のジレンマの標準的な例は、次のようなペイオフ・マトリックスです(図2を参照)。二人の囚人が、罪を犯して逮捕され、取り調べのために勾留されて、別々に地区

	囚人２：自白しない	囚人２：自白する
囚人１：自白しない	2,　2	10,　0
囚人１：自白する	0,　10	5,　5

図２　囚人のジレンマ１

検事の前に連れてこられたと想像してみてください。この検事の目的は、二人ともに自白させることです。この目的を達成するため、検事はそれぞれ個別に、次のようなオプションと帰結を認識させます。もし両方とも自白しなければ、二人はそれぞれ、より軽微なある罪で告発され、二年間刑務所に入れられることになるであろう。もし両方が自白するなら、二人はそれぞれ五年間刑務所に入れられることになるであろう。もし一方が自白し、他方が自白しなかったならば、自白した者は釈放され、他方の者は一〇年間刑務所に入ることになるであろう。以上のすべてが図２に示されています。それぞれのマス目に二つの数字があります。最初の数字は、第一の囚人が刑務所に入る年数です。二番目の数字は、第二の囚人が刑務所に入る年数です。

囚人のジレンマは、この状況において二人それぞれにとって不幸な結果をどのように秤にかけ、バランスをとるかというものです。「自白する」という行為は、両方の囚人にとって「自白しない」という行為を「支配する」と言われます。このことが意味するのは、それぞれにとってなすのが最も合理的であるのは、他方が何をなそうと、自白することであるということです。そこで、それは第一の囚人がそれぞれのケースで二行目を演じること、つまり自白することに利益を与えます。というのも、もし第二の囚人が自白しないならば、そのときには第一の囚人は、二行目の「0、10」の組み合わせが示すように完全に罪を免れます。それに対して、もし第一の囚人が自白せず、第二の囚人もまた自白しないならば、そのときには第一の囚人は二年の刑を受けるでしょう(一行目の「2、2」の組み合わせによって示されるように)。そのうえ、自白し五年の刑を受けることは、他方に密告させ、あなたが一〇年の刑を受けるよりは、ましでしょう。そして、それぞれにとって、それは対称的です。したがって、彼らはそれぞれ、そこでは二行目が一行目を支配し、二列目が一列目を支配するということにもとづいて、自白するという動機をもつことになります。連帯したときの彼らにとって最も理に適った行動方針――どちらも自白しないということ――は、彼らのどちらも、他方が同じようにすると信頼できないために不確かです。そして、他方が自白しているのに無罪を主張すると、その結果は一〇年間刑務所に入ることになります。自白することによって、一方は、右下の組み合わせの「5、5」の数字が示すように釈放か、長くても五年の刑期を確実にすることができます。自白しないことによって一方は、二年間だけの刑になることを期待して、一〇年の判決を運にまかせることになります。したがって、自白する行為は彼らの両方にとって同じように、自白しない行為を支配すると言われます。

両方の囚人にとって帰結するのは、もし彼らが支配的な選択肢を選ぶならば、安定した均衡であるということです。つまり、いずれの囚人も、もし自分が自白せず、他方が自白するなら、損をしそうです。したがって、彼らのどちらにも、そこから離脱する利益を与えないという意味で、右下の組み合わせが安定した点なのです。他方で、彼らが両方ともこのように合理的に行為し、自白しても、にもかかわらず、彼らが何とかして最も理に適った行動方針を安定化させることができたとすると——彼らが、自白しないという約束を先に結び、それを強制することができたとすると——彼らはともに、そうした場合よりも悪い状況にあることが明らかになるでしょう。しかし、二人の囚人は孤立させられていて、たとえ彼らが入る前に一緒になることができて「自分は自白しないと約束する」と言えたとしても、なお、彼らのどちらも約束を守るであろうと他方を信頼することはできません。したがって、彼らの間に先立って確立された友情とか愛情の絆、あるいは信頼の絆が存在するのでなければ、約束しても何の役にも立ちません。あるいは、もし彼らがある集団ないしギャングの一味に属しているとすると、その首領は、密告する者は誰でも「魚の餌にされる」であろうことを確実にできるかもしれません。そうでなければ、彼らは自白する気にさせられるであろうということ、それが重要な点なのです。

これがホッブズにとってもつ意味は、自然状態において約束を結ぼうと思う人々は、

（まったく同じであるというのではけっしてありませんが）ある程度同じ状況を見ているということです。一つの違いは、自然状態は繰り返しゲームになるであろうというところにあります。言い換えると、人はこうした状況にふつう、共犯者たちとともに、たんに一回かぎり巻き込まれるのではなくて、何回も繰り返して巻き込まれることになり、そうした種類のケースは、ただ一回の遭遇がある場合とは異なったものとなるでしょう。それでも私は、人類の一般的状態はたった二つの安定した状態しかなく、その一つは自然状態であり、それは戦争状態であるというのがホッブズの見方であると考えています。もう一つを「リヴァイアサンの状態」と呼べるかもしれません。そこには、ホッブズがときとして述べているように、自然法を強制し、各人がそれにもとづいて行為するのを確実にする、絶対的主権者が存在します。

自然状態が戦争状態となる理由、また、そこから逃げ出すのが困難であるという意味でそれが安定した状態である理由は、実効的な主権者が存在しないということです。信約は何の役にも立ちません。というのも、ホッブズが言ったように、その種の言葉は、それを守ることについて自分以外の人を誰も信頼することができないがゆえに、効果をもたないからです。その理由は、主権者が不在であるとき、最初に実行する人は、他の当事者も確実に実行するようにする方法をもたないということです。信約においては、要求される実行はふつう、時間において隔てられています。一人の人がより早く実行し、それから数週間、あるいは数カ月後、他のある人が実行します。最初の人が実行したときと他の人が実行したときの間に状況が変わるかもしれませんし、その場合、その人は信約を履行しないことのある理由をもつことになるでしょう。最初の人はそのことを知っていて、最初に信約を自分の側で守る根拠をもちません。したがって、ふつう、そうした状態においては信約を結ぶことは意味がないことになるでしょう。それを示すホッブズの言い方はこうなります。「それゆえ最初に実行する者は、自分自身を敵の手に渡すことにほかならない。それは自らの生命と生きる手段を守るという(彼がけっして放棄することのできない)権利に反する」(*Leviathan*, p. 68〔I, 227〕)。

さて、なぜホッブズが、信約において最初に実行することは自分自身を敵の手に渡すことであるとしたのかを理解するために、まさにもう一度囚人のジレンマについて考えてみましょう。ホッブズの命題は、戦争状態である自然状態は、囚人のジレンマの下側の右の角が同様に安定しているのとほとんど同じ仕方で、安定した状態であるというものです。それは、誰にもその選択から離脱することによる利得を与えません。それゆえ、背景的な条件のある変化がなければ、それは安定した状態となるでしょう。つまり、もし囚人たちがそのなかにおかれている状況全体の外側にあるものとして議論されるような、ある外的な制裁が存在しないならば、そのときには、たとえ彼ら両方が自白しなければもっとよくなるとしても、ともに自白することになるでしょう。

自然状態がなお存在している実際の状況の例として、ホッブズは国民国家の間の関係を挙げています(*Leviathan*, p. 63〔I, 213〕)。その状態を表すために次のマトリックス(図3)を考えてみましょう。上側の左の角に、平和(peace)を表すPを入れ、下側の左に「E、S」を入れます。「E」は帝国(empire)、「S」は従属(submission)です。そして、それを逆にして、上側の右に、従属と帝国の「S、E」を入れます。そして、下側の右に「戦争–戦争」(war-war)を意味する「W、W」を入れ、あるいはそれが想定されるかぎりの悪い状況とすると、あなたは「破壊–破壊」(destruction-destruction)である「D、D」を入れることができるでしょう。

	国家2：履行	国家2：不履行
国家1：履行	P，P	S，E
国家1：不履行	E，S	W，W［D，D］

図3　囚人のジレンマ2

いまかりに「D、D」が、〔核〕抑止のケースがそうであるように、想定されるかぎりの悪い状況であるとしましょう。その場合には、人はけっして協定を破ることを望まないでしょう。しかしそうではなくて、軍備協定のケースでは、人は囚人のジレンマと同じ状況をもつことになるでしょう。つまり、武装解除の協定、あるいは軍縮の協定は非常に不安定です。もし両方の当事者がそれを履行することができれば、その場合にはあなたは上側の左にいて、誰もがいい状況でしょう。しかし、あなたには相手側が彼らのなすべきことをなすと信頼することができない、という恐れがつねに存在します。したがって、それは違反者がすべてのビー玉を集める〔終わりにしてしまう〕というケースであり、そうした状況においては、あなたは最終的に下側の右で戦争の、あるいはいっそう悪いことに、相互破壊の状態にあることになるか、そうなる傾向にあるでしょう。

そこで問題は、ホッブズが見ているように、どのようにして私たち自身を自然状態から引き上げ、リヴァイアサン‐社会の状態に入らせるかです。自然状態においては諸個人の間の協定はいま議論してきたような種類の不安定にさらされるという事実を考えると、どのようにして私たちはそれをなすのでしょう。ホッブズはこの問題を、私たちを自然状態から引き上げるのに必要なものを定義する問題とみなしています。

最初にしなければならないのは、相互に有益な社会状態を定義することでしょう。その状態は安定して、安全な国内の平和と和合を含んでいます。そのような状態とは何であり、それを特徴づける教えとは何でしょうか。ホッブズの見方にもとづくと、それは第一に、理性の命令である教えによって特徴づけられるでしょう。それらの命令が自然法です(*Leviathan*, p. 63〔I. 214〕)。それは第二に、それらの法は、それをするのに必要なすべての権力をもつ主権者、ないし共通権力によって実効的に強制されるという考えによって特徴づけられます。したがって、自然法が背景的教えを提供し、次いでこれらの必要で実効的な権力をもつ主権者が来て、そしてもちろん、そのすべての頂点に主権者の個別の法律、すなわち市民法が存在することになるでしょう。

そこで、なされなければならないであろう第三のことは、この相互に有益な状態を確立するようにすることです。これをホッブズは、社会契約によってなされると考えています。社会契約によって、「設立」による、つまり授権による主権者の確立が意味されています。主権者はまた征服、つまり彼の言う「獲得」によってでも出現しうると彼が考えていることに注目してください。これは、ふれておくべき重要な点です。つまり主権者は、征服によって出現させられようと、社会契約を通じた授権、ないし設立によって出現させられようと、いずれの場合でも同じ権力をもつのです。ホッブズは、もし私たちが同じ主権者によって支配された二つの国をもちながら、それらの一方では、主権者の支配は獲得ないし征服により、他方においては授権ないし設立によって生じさせられた社会契約によるのであっても、主権者は両方の国においてまさしく同一の権力をもつと言っています(*Leviathan*, p. 102〔II, 71〕)。違いはないのです。それは実効的に同一の立憲的体制なのです(「立憲的」という用語は、ここではどちらかというと広義に使われていて、何らかの権利章典とかその種のものを意味してはいません)。

そこで次に起こることは、この相互に有益な状態は、すべての人がふつうその規則に従う十分な動機をもち、これらの規則がふつう従われることを確かにするエージェンシー〔権限をもつ機関もしくは者〕を設立することによって安定化されなければならないということです。主権者はこれを、いわば誰もの性格を変えることによって、あるいは人間本性を変えることによってなすのではありません。主権者がなすのは、むしろ、背景的条件を変えることです。人々はそれを背景として推論し、契約を結ぶことになり、それらを守り、他の理性の教え、すなわち自然法を固守することを決意するのです。実際、主権者の存在を仮定すると、自然状態では行うことが合理的ではなかったことを行うこと、すなわち、自然法を固守することが、いまや合理的となるのです。したがって、繰り返せば、主権者が行うのは人間を改善すること、あるいは人間の性格を変えることではなく、人間がそれを背景として推論する背景的条件を変えることなのです。

　たぶん、私たちになじみ深い以下の例が好例になるでしょう。人が所得税を任意で納めるケースをとってみましょう。いま、次のようないくつかのことを仮定します。私たちの税金が、私たちみなが必要としていることのために賢明に使われているということ、また、所得税は公正に決められていること、したがって、人々はそれを納めたくないというときにもつであろうさまざまな種類の理由をもたないということ。集められている所得税が共通の利益のために、人々の必要としていることに支出されていると仮定してください。また、課税表が公正であると仮定してください。かりにあなたが任意の所得税の枠組みをもっているとして、誰もが、他のすべての人も同様にすると考えれば、自分の税金を喜んで納めることになるかもしれません。しかし、大きな社会においては、次のように推論されるかもしれません。「他のすべての人もそれぞれの税金を納めるであろうことは私にはわからないし、私は他人につけ込まれたくはない。私は、約束を破って税金を納めないかもしれない人たちによって、自分の正直さを利用されたくはない」。それは、たとえ誰もが正直であったとしても、また、たとえ誰もが、もし他の人々がそうするなら、税金を納めるつもりであったとしても、それでも、すべての人がそれぞれの税金を納めることを確かにするのに必要な権力をもった主権者を設立するように合意することが、誰にとっても理に適ったことであるようなケースです。そのように合意すること、つまり主権者に合意することは、そうしなければ、私たちの誰も、他のすべての人が税金を納めるであろうということに確信をもつ手立てがないのですから、私たちすべてにとって完全に合理的なのです。

この例において、実際に誰か詐欺師がいるとは仮定していません。私が仮定しているのは、誰もが喜んで税金を納めるけれども、それはみなが他のすべての人もそうするだろうと知っているときだけであるということです。そこで、主権者が行うことは、誰もが実際に自分たち相互の利益になることを行うように、この枠組みを安定させることです。人はしばしば日常生活において、この種の例を見出します。そこで考えられることは、たとえ自分が行うと想定されたことを実際には行う気のない人は誰もいない場合でさえ、ある種の強制的制裁が科せられるよう望むのは、私たちそれぞれにとって合理的であることになるということです。ホッブズは、この種の状況についての明確な理解をもった最初の一人であると私は思います。

さて、授権の概念を見てみましょう。その後、正しい、善き法についてお話ししましょう。授権の概念は、『リヴァイアサン』第一巻の第一六章で議論されています。ここでホッブズは、いま私たちが描いてきたように、そこでは誰もの行動が自己防衛である自然状態を克服する方法として、コモンウェルスの生成について書いています。ホッブズは第一六章を、「人格」の定義からはじめます。人格とは、その言葉と行為が彼自身のものか、あるいは他の人間、もしくはそれらが、実際にであれ擬制によってであれ、帰せられる他の者の言葉と行為を代表するものか、いずれかとみなされるもののことです。それらが彼自身のものとみなされるとき、その場合には彼は自然的人格と呼ばれます。そして、それらが他の者の言葉と行為を代表するとみなされるとき、その場合は彼は、仮構の、すなわち人為的人格です。

主権者あるいは議会を、ホッブズは人為的人格と考えています。なぜなら主権者は、その人に対して社会の構成員が自分たちを代表して活動するように授権した者だからです。それらに授権すると、私たちは主権者の行為を認知し、それらを自分自身のものとして認めます。代表者や代理者は、彼らが代表する人々によって自分たちのものと認知される言葉と行為における、行為者〔演じる人という意味でもある〕であると言われます。

そこで、主権者は一種の行為者であり、主権者の行為は、主権者が私たちを代表するように、私たちによって認知されます。

権威の概念は、次のような仕方で導入されています。主権者の行為は、その行為の遂行を権利として有する認可された公的人格によってなされるとき、権威〔すなわち権限〕によってなされるとされます。言い換えると、ある人格Aが、行為XをBという権限によってなすとされるのは、BがXをなす権利をもち、BがXをなす権利をAに授権し、あるいは認めているときです。したがって、ある人をあなたの代表、あるいはあなたの代理として権威づける〔すなわち授権する〕というのは、その人にあなたの権利を与えることです。それは、あなたがその代表や代理に、あなたを代表してある資格で行為する権限を与えたことを意味します。さて、主権者は、すべての人がそれぞれを代表してある仕方で行為することを権威づけた人格ということになるでしょう。その意味で、主権者は私たちの代理であり、権威をもって行為するのです。

ここで、授権に関していくつかの点を主張したいと思います。第一に、授権はたんに、私の側での権利の放棄ではありません。むしろ授権は、誰か他の人が、私の権利をある仕方で行使するのを可能にします。このように、主権者に授権するとき、私たちの権利を放棄したり捨てたりするのではありません。むしろ、私たちは主権者に、私たちの権利をある仕方で行使する権限を与えるのです。

第二に、私の権利を行使する権利をもち、私の代理である人は、いまや、その人が以前にはもっていなかった権利をもっています。つまり、もし私が主権者に私の権利を行使する権限を与えるとするならば、そのとき主権者は以前にはもっていなかった権利をもつことになるのです。

第三に、授権は、時間のうえでより長期にわたるときもあれば、より短期に終わるときもあります。それはもちろん、授与される権限いかんであり、その目的といったことによります。主権者のケースでは、それは当然、長期にわたることになるでしょう。ホッブズが述べているように、授権の生命は永久のものとなるのです。

ここから、主権者の授権に移りたいと思います。ホッブズは次のように言っています。「コモンウェルスの本質は、……多数の群衆が、お互いの間の相互的な信約によって、自分たち自身の誰をもその人の行為の本人とする一つの人格であり、自分たちすべての力と手段を、自分たちの平和と共通の防衛のために、その人が適当と考えるように用いることができるようにするのが目的である」(*Leviathan*, p. 88〔II, 36〕)。彼はこのことに関して、さらにいくつかの主張をしています。その一つは、主権者は、これらの権利が授与される唯一の行為者でなければならないというものです。つまり、二人ないしそれ以上の主権者というのはありえないのです。原初契約におけるすべての当事者は、自分たちの権利を行使する権限をもつ行為者として、一致して、同一の人に、もしくは複数の人からなる同一の議会に授権したのです。そして、この主権的人物ないし主権的議会は、信約が結ばれる前には、彼ないし彼らがもっていなかった権利を行使する権利をもつのです。

二つ目は、主権者が享受する多数の人々の権利を行使する権利は、人々の間の信約によって主権者に授与されたという点です。つまり、ホッブズにおいては、この原初の信約、あるいは設立による主権は、社会における各人の間の信約です。各人は、主権者を除くほかのみんなと、主権者を自分たちの代理とし、主権者に自分たちの権利を行使する権利を授与するという信約を結ぶのです。主権者と社会を構成する人々との間を支配する関係は、授権の関係であって、信約のそれではありません。主権者は行為者であり、それぞれの市民が主権者の行為の本人、あるいは主権者の行為の帰属者なのです。主権者は彼らの代理であって、ホッブズが主張するように、社会を構成する人々と主権者の間には契約は存在しません。このことそれ自体は、それほど重要ではないと私は思います。なぜなら、主権が獲得もしくは征服によるところでの服従の行為のケースにおいては、服従する人々と主権者の間には実際に協定は存在しないからです。そこに授権のケースにおいて見られるものと同一の種類の合意は存在しませんが、ある合意は存在します。そのうえホッブズにとっては、授権による主権者の設立のケースにおいて、信約は主権者とではなく、社会における各人相互の間のものなのです。

これまでのところ、この説明はどちらかというとフォーマルでなく、授権の観念とは何かということだけに関わっています。それは、ホッブズが彼の初期の『市民論』(一六四七年)において与えている説明とは異なっています。そこでは、主権者は、各人が主権者に抵抗する自分たちの権利を放棄することによって主権者となります。だから主権者は『市民論』では授権されないというのではありませんが、ただ、各人が、自分たちがある条件において主権者に抵抗することを可能にするであろう、ある権利を放棄するということとなのです。『リヴァイアサン』では、各人は、自分たちの権利を、各人の間の契約によって主権者に授与し、そうして主権者は彼らの代理となります。そしてホッブズは、このケースでは、人は、『市民論』においてもつのとは異なった意味での、またそれより強い意味での社会的共同体をもつと信じています。

さて、次に、社会契約が示すと想定されることは何かに答えるよう試みるのは、有益な練習問題です。もし私たちが、AとBを、社会を構成するメンバーのなかの任意の二人と考え、仮説的な契約を書きだそうとするなら、それは次のようなものになるかもしれません。

第一条はこうなるでしょう。「私Aは、貴殿Bと、ここに、(主権者である、あるいはある主権的団体である)Fに、私の唯一の政治的代表としての権限を授与することを信約し、それゆえ私は今後、主権者のすべての行為を、これが私の譲り渡すことのできない自己保存の権利と、私の自然的で真の自由と両立しうるかぎり、認知することを信約する」(次を参照。*Leviathan,* pp. 111–112; p. 66〔II, 95–96; I, 220–221〕)。第二一章においてホッブズは、私たちが譲り渡すことのできないいくつかの自由を挙げています。そのように、私がここで行ったことは、これらの特別なケースを例外として、私は主権者のすべての行為を認知し、支持することを契約するということです。

第二条はこうなるでしょう。「私は、私の唯一の政治的代表としての主権者へのこの授権を継続的に、そして永久に維持し、この授権と両立しないことは何もしないことを信約する」。

第三条は、「私は、以下に列挙される、主権者の必要とするすべての権力を承認し、それゆえ列挙された権力が、それ自体として正当化され、承認されうるものであることを信約する」となるでしょう。そして、ここで私は『リヴァイアサン』をくまなく調べて、主権者がもつべきとホッブズの言うすべての権力のリストをつくることができます。

第四条はこうなるでしょう。「私は、貴殿Bを、私に対する貴殿の信約においてなされたFへの貴殿の同様の授権から免除しないことを信約する。また、私は貴殿Bに、私を免除することを求めないであろう」。言い換えると、私たちは、私たちをこれに拘束しようとするのです。私たちは、私たちを解放するよう相手に求めないでしょうし、また相手を解放するよう試みることもしないでしょう。このことにはいくつかの論理的な難問があるかもしれませんが、いまはそれらについては省略することにします。

最後から二つ目の条項は、「私は、コモンウェルスの共通善に関することでは、私が自由な判断を行う権利を控え、また、主権者の立法が善いか悪いかに関して私的な判断を行う権利を控え、そうすることが自己保存やそれに類する私の譲り渡すことのできない権利と両立するかぎり、これらすべての立法は正しく、善いものであると認めることを信約する」となるでしょう。

これにつづいてその最後を結ぶのは、「私の生命と私の愛情の対象と便利な生活のための手段を保存するために、主権者を設立するという究極目的のために、これらすべてを私はなす」という条項でしょう。私自身に対するこれらの制約の導入は、ホッブズの見方では、実効的な主権者が存在するために必要とされ、したがって、人はこれらの条件すべてを必要なものとみなすのです。

主権者の法律が善いかどうかを決める際に私が自由に判断するのを控えることに関する、最後から二番目の条項は、非常に強い条項です。つまり、通常人がなすことになるのは、主権者の法律を遵守することに同意することです。それは、この種の信約において、理に適ってふつうになすべきことであろうと言われるかもしれません。しかし、それに加えて、私は主権者の法律が善いかどうかを判断しないし、それについて考えることさえしないということ、それははるかに強い条件です。たとえば私は、たとえそれが必ずしもそれほど善い法律だとは思わなくても、あるいは、おそらくはそれが正しい法律だとさえ思わなくても、その法律に従う義務をもっている、と私には考えられます。もし私たちそれぞれが自分自身を、自分たちが正しくないであろうとか善くないであろうとか思う法律には服従しないことを正当化されているとみなすなら、深刻な結果がもたらされるであろうということが私にはわかります。けれども、それが、自己保存の権利といった、私の保持するあるいくつかの譲り渡すことのできない権利と両立不可能となるまでは、私は法律について判断しようと考えることさえまったくしないと信約するというのは、きわめて強い条件です。しかしながら、ホッブズがまさしくこのことを言っているくだりが、第二九章と第三〇章にあるのです。

そこでホッブズはきわめて多くのことを求めており、ホッブズの見方を全体主義的と特徴づけるのは間違っているでしょうが(それは、一九世紀あるいは二〇世紀の統治においてのみ意味をもちうる用語であるからです)、にもかかわらず、彼が非常に強い条件を求めていること、また主権者は、それが実効的であるためには、きわめて強い権力をもつべきであると言っているという意味において、絶対的な体制なのです。人がホッブズを吟味するときやってみたいと思うことは、主権者のもとにこれらすべての権力を包含するための彼の議論が、どれほどもっともらしいものであるかを考えてみること、またこれらすべての権力を求めることを彼にとってもっともらしいものにするような、いかなる仮定を彼は立てているかを考えてみることです。

さて、私は、主権者と正しい、善い法律との関係について若干のことを述べたいと思います。しばしばホッブズは、主権者の法律は必然的に正しいと言っています。しかし、主権者には善くない法律――悪い法律――を制定することが可能です。したがって、主権者の法律は必然的に正しいが、しかしときにそれは善くないかもしれないというような正義の概念を、私たちはどう理解すべきかという問題が生じます。また、同じようにそうしたことを許す善の概念を、私たちはどう理解すべきでしょうか。ある人々は、主権者はこれらすべての権力をもち、実際上その権力が権利をつくる――主権者の法律がつねに正しい理由は、主権者がすべての権力をもっているからである――とホッブズは言っていると考えてきました。私は、それはむしろホッブズの言っていることのひどい曲解であると思います。彼が考えているのは次のことです。もしあなたが、どのようにして国家は結集させられるかについて彼の考え方をとるならば、その場合には、各人は信約によって、主権者に授権するようお互いに合意しているということ、そして、ホッブズの第三の自然法によって、私たちは、信約が正義の根拠であると知っていること。ホッブズにおいて、正しいと特徴づけられるものは何であれ、通常は信約の概念に何らかの形で結びつけられているのです(*Leviathan*, pp. 71-75〔I, 236-245〕)。

そこで私は、主権者とは誰もが、あるいくつかの目的のために自分たちの権利を行使する権利を与えた人格であり、それらの目的のなかに法律をつくるという目的が含まれるがゆえに、主権者の法律は正しいというのがホッブズの考え方であると思います。彼は、法律は主権的権力によってつくられ、そうした権力によってなされるすべてのことについては人民の誰もが是認し、承服する、そして、誰もがそうするであろうことを誰も不正であると言うことはできない、と述べています。それゆえ、主権者とは法律をつくるべき人格として誰もが信約した人格であるので、主権者の法律は正しいということになります。彼はまた、次のようにコメントしています。「コモンウェルスの法律においては、競技の規則におけるように、競技者たちがみんなで取り決めたものなら何であれ、誰にとっても不正義(injustice)ではない」(*Leviathan*, p. 182〔II, 274〕)。したがって、もし私たちすべてが、主権者を、私たちの権利を行使する権利を有する者とすることに合意したのであれば、そのときには、主権者の法律は正しいことになるのです。

もちろん、ホッブズは善の概念についてまったく別の考えをもっています。自然状態においては、私たちそれぞれは自分の利益になるものを善と呼ぶと彼は言っています。自然状態をおおざっぱに言えば、自然状態では、私があるものは善いと言うとき、私はそれが、私がいま理解するかぎりでの私の合理的な関心事にとって好ましいということを意味している、と言えるでしょう。人々は何が善かについていかなる一致した考えももたない、とホッブズは信じています。同一の人間が、異なるときには、異なるものを善であると言うでしょう。また同様に、異なる人々が、同じときに、それぞれ異なるものを善であると言います。言ってみれば、人間は他の動物のように、誰もが自分自身の私的利益を追求しているときに、同時にまた共通善を実現しているというわけにはいかないのです(*Leviathan*, pp. 86–87〔II, 31〕)。私たちはそのような運に恵まれず、また、私たちが理性によって認識するような共通善は存在しません。私たちに必要なのは、何が共通善に属するのかを決定する何らかのエージェンシー、つまり誰か公平な仲裁者、ないし裁判官なのです。あるいくつかの法律は悪く(有害で)、善についてのきわめて単純な見方を彼はもっていると私は考えます。それは、共通善に属するのは、自然法に従うことは理に適っていること、もしくは合理的であることを各人にわからせることができる背景的な諸条件を保証するであろう、立法ないし法律であるということです。そこで善い法律とは、政治的状態〔国家〕が存在するという仮定のもとで、全体としては、社会のメンバーの大多数の利益を増進する、特定の立法ということになるでしょう。

もしそれが正しいなら、もし私たちがこのような仕方で正義と善の観念の特徴づけをするなら、たとえ主権者が悪法を制定する可能性があり、実際に主権者たちはしばしばそれをしてきたとしても、どうしてホッブズは主権者が制定する法律はつねに正しいと言うことができたのかを理解するのは容易である、と私は思います。主権者は、何が正しく、何が正しくないかを決める公正な仲裁者ないし裁判官なのです。なぜなら、臣民たちは彼にそのような権力を行使する権限を与えることに合意したのであり、臣民たちはまた、主権者の決定に疑問をさしはさむ彼らの権利を放棄したのだからです。しかし、それでもなお、主権者は実際に害を与え、臣民の合理的な利害関心によって判断されれば、善くない悪法を制定するかもしれません。

最後に、ホッブズは、悪法といえども、けっして戦争状態ほど悪くはないと主張しています。

ホッブズと立憲デモクラシーについての結語（一九七八年）

ホッブズの政治構想は、きわめて不十分なもののように思われるでしょう。私たちは、絶対主義とアナーキーの間で選択することを余儀なくされます。権力に制限のない主権者か、自然状態か、という選択です。というのも、ホッブズは次のように主張しているからです。

(a) 自然状態から逃れる唯一の道は、（自己保存などの私たちの譲渡不可能な権利と調

和しつつ)可能なかぎり絶対的である主権者を設立することである。そして、

(b) 自然状態は、私たちに降りかかりうるあらゆる災難のなかで最悪なものである。

これら二つの命題はホッブズのフォーマルな理論から要請されているのではなく、人間の心理に関する彼の実質的な見解から要請されていることを知り、また政治制度は実際にどのようにはたらくと彼は考えているのかを理解することが必要です。そして、もちろん、彼が自分自身の理論は一貫していると考えるとき、彼は間違っているかもしれません。それは内的に矛盾しているかもしれないのです。

結局、私たちは、ホッブズの実質的な理論が、一般的に正しいはずはないことを知っていると思います。なぜなら、主権者に味方する彼の条件に反する立憲的で民主的な制度が実際に存在してきたからであり、それが、ホッブズが好むような種類の絶対主義に比べて、著しく不安定で規律を欠く体制ではなかったからです。ロックと彼の形式の社会契約理論へ移っていくために、このテーマについていくつかの所見で締めくくることにします。

1 最初に、例証のためにできるかぎり私たち自身の体制を参照しながら、(生産手段のなかに私的所有をもつ、あるいはもたない)立憲的で民主的な体制を他と区別する特徴

のいくつかに注目してみましょう。

(a) 憲法は、全体としての政府組織を規制し、行政部、立法部等々といった、さまざまなその機関の権力を定義する成文の最高の法律として理解されます。これは、たんに政府のシステムを構成する、法律と制度の枠組みとしての憲法という概念とは異なる概念です。おそらくどのような体制でも、後者の意味での憲法はもっています。しかし、成文の基本法の理念は、たとえば司法審査(憲法を解釈する一定の権力をもつ憲法上のエージェンシー)と結びつけられるときのように、少なくとも、他のはたらきと結びつけられるとき特徴を示します[1]。

(b) (たとえば司法審査によって解釈される)成文憲法の一つの目的は、一定の基本権が最高の立法権をもつ機関によって蹂躙されないように保障することです。一定の権利と自由を侵害するような立法は、たとえば最高裁判所によって、もしくは他のエージェンシーによって、無効であるとか、あるいは違憲であるなどの判決を下されることがあります。

(c) そこで、(私たちの憲法システムにおいて見出されるような)ある形式の司法審査を(私たちの目的のために)仮定してみましょう。そして最後に、

(d) 憲法制定会議という理念、また憲法を修正するためのさまざまな憲法手続きの理念。憲法制定会議は憲法を採択する、もしくは(追認等々によって)人民によって採択さ

せる、あるいは修正するといった規則制定権力をもっているとみなされます。そして、それは最高の立法部による通常の立法手続きに優越します。憲法制定会議と修正権力は、機能的にはたらいている諸制度のなかで、いわば人民の主権を表現します。この主権は、抵抗や革命によって表現される必要はなく、有効な制度的表現をもつのです。

2 さて、こうした四つの特徴をもつ立憲体制においては、ホッブズの意味におけるような絶対的主権者は存在しません。おそらくホッブズは、権力均衡をともなう混合政体の理念を、善い統治についての彼の原理に反するとみなしていますから、このことを否定しないでしょう(cf. *Leviathan*, Part II, Ch. 29, p. 170〔II, 245〕; Part II, Ch. 18, p. 92〔II, 46〕)。主権者の権利と権力は同一の手に属し、分割不可能であるべし、というのがその原理です。

(a) しかしながら、ホッブズはときとして、主権者のためのよく知られた次のような遡及議論を用いる場合があります。その議論とは、そのような無制限の権力が存在しなければならない、というのは、もし想定される主権者が制限されているなら、それはある優越するエージェンシーによって制限されていなければならず、そのときにはそのエージェンシーが無制限であるからである、というものです。この議論は二つの箇所で示唆されています。最初は、ホッブズが次のように言っているところです(*Leviathan*,

p. 107〔II, 82〕)。「そして主権的権力があまりに大きいと考え、それをより小さくしようとする者は誰であれ、それを制限することのできる権力に、すなわちより大きい権力に、自らを服従させなければならない」。そして二つ目に、主権者は法に従わないということを議論するとき、ホッブズは、主権者が法に従うと考えるのは過ちであると言っています(*Leviathan*, p. 169〔II, 244〕)。「この過ちは、主権者の上に法をおき、また裁判官を、また彼を罰する権力を彼の上におくがゆえであり、それは新しい主権者をつくることである」。

ホッブズがここで遡及議論を意図しているということは明らかではありませんが、彼は決定的な次の二つの区別をすることに明らかに失敗しています。

(i) 最高の(あるいは最終の)たとえば立法権力と、無制限のそれとの間の区別。例を挙げれば、議会は通常の法の制定については最高の立法権限をもちますが、しかしそれは無制限ではありません。それは大統領の拒否権にさらされ、司法審査に服し、憲法上の制限といったものに従います。

(ii) すべての人がその人に服従し、その人自身は誰にも服従しないという人格的な主権者ないしエージェンシーの理念と、立憲体制を明示するルールの枠組みによって定義される法体系の理念との間の区別。このルールの枠組みは、どのルールが有効であるかを定義するのに役立つあるいくつかの基礎的な、あるいは根本的なルールを含むことになるでしょう。そしてこれらの基礎的なルールは、さまざまな憲法上の機関によって、意識的かつ公的に受け入れられ、守られます。このように、服従の習慣によって同定され、自らは誰にも服従しない人格的な主権者(もしくは主権的団体)の理念と、誰もが(あるいは十分な数の人々が)受け入れ、自らの行為を導くのに用いている、あるいくつかの基本的なルールによって示される立憲的体系の理念とは区別されるべきです。(2)

(b) そこで、こうした区別をすることが重要であるのは(これらの区別を適用することによって)、(合衆国のようなタイプの)立憲的民主体制には(ホッブズの意味における、あるいはベンサムの意味における)人格的主権者は存在しないことを知りうるからです。また、あらゆる事柄において至高で、かつ無制限であるような一つの憲法上の機関ないしエージェンシーは存在しないことを知りうるからです。異なる仕事や権限を割り当てられ、(権力の均衡などの)一定の仕方で相互に抑制しあうような立場におかれた、複数の異なる権力とエージェンシーが存在するのです。

3 さて、この種の立憲的システムは、もしそれが機能すべきであるなら、一種の制度的な協働が必要となります。そして、この協働の構想は、これらの制度に参加し、それらを動かす人々によって理解され、受け入れられなければなりません。このことは、ホッブズの政治的構想は道徳的義務の観念を入れる余地がないということに関して、私たちが前の方で(講義Ⅲにおいて)述べたことに結びつきます。これは次のことを意味すると解釈されます。

(i) ホッブズには、(ホッブズの意味において)自分自身の合理的な自己利益によってそう判断されるような恒久的で長期的な利益を、すすんで控えようとするという意味での理に適った自己抑制を入れる余地はないということ。そして、

(ii) ホッブズには、拘束力をもつ信約の背景となる公正な一連の条件についての説明を彼がもたないことによって示されるように、公正の感覚を入れる余地はないこと。ホッブズは、ほとんどこう言わんばかりです。各人に、彼らの(合理的な)脅威に応じて、アドバンテージを、と。

これら二つの観念――理に適った自己抑制の観念と、公正の観念――は、社会的協働の観念にとって本質的です。その場合、協働とは、たんなる社会的調整と組織された社会的活動とは区別されるものと理解されます。協働の理念は、相互性と互恵性(公正を指す別の言い方)の理念と、他の人々(あるいは十分な数の他の人々)がそれぞれの職分を果たすという条件で、自らの職分をすすんで果たそうとすること(理に適った自己抑制を指す別の言い方)を含んでいます。

4　このような所見から、ホッブズの教説を、人民はこのように社会には適応していな

いと解釈することができます。それは、人民は右に定義したような意味においては、社会的協働が不可能であることを意味します。ホッブズはそのこと、つまり他の人々が同じように行うときには(平和の条項としての)自然法に従うことは各人にとって合理的であると論じる一方で、人民は、自分自身のために、理に適った自己抑制ないし相互性(公正)の原理から行為するといったことは好まないし、欲求などももたないと仮定しています。これらの理に適った欲求(あなたはこれらをそう呼んでもよいでしょう)は、少なくとも政治的問題に関するかぎり、人間の心理についての彼の説明において、何の役割ももっていません。ホッブズはおそらく、これらの欲求が存在することを否定する必要はないのです。彼は、それらはあまりに弱く、あてにならないので問題にならないと言うかもしれません。いずれにせよ、合理性としての政治的理性に関するホッブズの説明にそれらが占めるべき場所はないのです。

もしホッブズの教説を拒否するならば、私たちに可能な一つのことは、たんにそこから政治制度が集合的に合理的であることが理解される視座のみならず、そのなかで社会的協働にとって本質的である観念――理に適った自己抑制と公正――の内容が定義され、輪郭が描き出されるような枠組みをも提供するように、社会契約観がどのように練り直されうるかを見ることです。そしてこのことが、私たちをロックへと導きます。

補遺A　主権者の役割と権力(ハンドアウト)

A　主権者の役割

1　主権者の役割は、平和と和合の状態としての市民生活を安定させることである。そして、主権者の法はいつも善いとは限らないかもしれないが、またしばしば善くないかもしれないが、市民の平和の状態は、相互的破壊の戦争状態にすぐに陥る自然状態よりもつねによりよい状態である。

2　なぜ信約を結んでも自然状態の破壊的不安定性を取り除くことができないかについてのホッブズの説明と、現在よく知られている囚人のジレンマの問題との間には、ある類似が存在する。次に示すのが、二人の囚人の、非協力、非ゼロサム、完全情報、非回帰ゲームのなかで生じる問題を例証する例である(図4を参照)。

(a)　自白するという行動が、自白しないという行動を支配することに注目せよ。このことは、一番目の囚人は、二番目の囚人が何をなそうと、自白することによって、より利益となることをなすということである。また、同様に、二番目の囚人は、一番目の囚人が何をなそうと、自白することによって、より利益となることをなすのである。

(b)　両方の囚人が自白するという行動の組み合わせが、どちらかの囚人が(自白すると

	2番目の囚人が自白しない	2番目の囚人が自白する
1番目の囚人が自白しない	2, 2	10, 0
1番目の囚人が自白する	0, 10	5, 5

図4 囚人のジレンマ3

いう)その行動を知っているときには、その囚人は自白することがより利益となるという意味で、安定した組み合わせである。したがって、右下のマスが唯一の安定のマスである。

(c) だが、両方の囚人が彼らの合理的な戦略に従い、それゆえ自白することがもたらす結果は、彼らが両方ともより悪い状態になるという状況である。彼らは、もし自白しないことに合意できるなら、また何とかしてその合意が強制されるなら、両方ともよりよい状態となるであろう。

(d) そうした合意が強制される必要があるということは、両方の囚人が少なくともそれを破ろうという誘惑にかられるという事実によって示される。そして、その誘惑はもちろん、そこに賭けられているもの次第で大きかったり小さかったりする。

3 なぜ自然状態における信約が一般に効力をもたないかということについてのホッブズの説明は(*Leviathan*, Ch. 14. p. 68〔I. 226-227〕)、囚人のジレンマの状況に類似している。というのも、もし最初に履行する当事者は合意を守るとしても、このことを知った他方の当事者は、合意を守らないことへの動機をもつからである。それを守らないことへの誘惑は非常に大きい。そのことは武器制限の合意に関する問題によって示される。だますことに成功する国が、帝国を獲得するかもしれない。そしてこのことを知っている他の国は、武器を制限することを恐れるが、それは合理的な根拠のあることである。

4 したがって、ホッブズの見方では、人類の一般的状態は(戦争状態である)自然状態とリヴァイアサンの状態の、たった二つの安定した状態しかないということになる。後者は、主権者がもつべきとホッブズが言うすべての権力を身につけた実効的な主権者によって維持される市民の平和の状態である。(戦争状態である)自然状態とリヴァイアサンの状態がたった二つの安定した状態であることは、ホッブズによって、囚人のジレンマの状況の特徴に類似した仕方で説明されている。しかしながら、自然状態は、より詳細な議論によって示されるであろうように、はるかに複雑であるということに気づかなければならない。たとえば、ホッブズは自然状態を回帰的(繰り返し)囚人のジレンマゲームとして考えているが、そのことは他の考慮されるべき事柄を導き入れることになる。このことについては、愚か者に対する彼の答えを参照(*Leviathan*, Ch. 15, pp. 72f[I, 237f])。

B 解決されるべき問題

1 ホッブズの見方にもとづくと、もし自然状態が存在するなら、私たちがなすべきことは、私たち自身をこの自然状態から引き上げてリヴァイアサンの状態へともっていくことである。そして、私たちはこのことを、自然状態においては個人間の信約は、当事者たちを囚人のジレンマの状況に類似したジレンマにおくという事実にもかかわらず、なさなければならない。

2 この引き上げプロセスは、成功するためには三つの問題を解決しなければならない。

(a) それは、各人にとって自然状態よりもよい状態であると認識できるような、相互に利益をもたらす平和な社会状態を定義しなければならない。これは、自然法と実効的な主権者という考えによって果たされる。もしこの主権者がそもそも合理的であるなら、そしてそれ自身の善を認識するなら、それは善い、あるいは十分に善い法を制定するであろう。

(b) すでに示したように、ひとたび実効的な主権者が存在するなら、それは市民的平和の状態、つまりリヴァイアサンの状態を安定化させる。このことは、実効的な主権者であるということによって果たされる。というのも、そうした主権者が存在するとき、市民たちは、他の人々が自然法と主権者の制定した法律に従うことをあてにする十分な理由をもつからである。人間の動機の一般的な本質は変わらない。むしろ、そうした動機を仮定すると、市民たちはいまや、自分たちの信約を固く守るよい理由をもつことになるのである。実効的な主権者が存在しているという公共の知識が、不安定性の問題を解決する。主権者は、私たちが左上のマスにとどまり、右下のマスに陥らないですむようにしてくれる。

(c) この引き上げプロセスは、私たちをリヴァイアサンの状態に移動させなければならない。ホッブズは、このことが二つの仕方で生じると見ている。一つは、実効的な主権者が征服とか獲得、あるいは何らかのそれに似たプロセスによって存在するようになるであろうという見込みである。もう一つは、実効的な主権者が社会契約ないし制度化によって設立されるであろうという見込みである。

3　しかし、どのようにすればそれは、設立によって、すなわち社会契約によって主権者を立ち上げるプロセスとして可能なのだろうか。あるいは、ホッブズの見方のなかでは、それは純粋に観念的なもので、それゆえ、市民たちがそれによって、実効的な主権者が存在しつづけることを望む十分な理由をもつことを理解でき、それゆえ、そうした主権者が実際に存在するときにはそれが制定した法律に従うことを望む十分な理由をもつことを理解できるための視点としてのみ意図されているのであろうか。

4　おそらくホッブズは、社会契約を通じた引き上げプロセスは、次のようにはたらくと考えている。

(a) 自然状態において、すべての人が自然法に一般的に従うことは集合的に合理的であり、それゆえ、各人にとって合理的であると認識すると仮定するなら、そして実効的な主権者が(安定した)リヴァイアサンの状態のために必要であることを認識すると仮定するなら、各人は(主権者を除く)他のすべての人と信約して、主権者を(指定されたように)権威づけ、他の人々もそうするであろうという条件のもとに、すべての主権者の行為を認める。

(b) 社会契約は、ある時点で提起され広く認識されると仮定すると、それを固守しないことをもくろむ者は誰であれ、その時点以降、確実に誰もが遵守するようにするための十分に厳しい制裁が結果として生じないとは推定できない。権力をもつという評判〔それ自体〕が権力である。すなわち、社会契約が結ばれたことが一般的に広く認識されると、ホッブズの見方では、これ以降、指名された主権者は実効的であるだろうということ、あるいは、実効的である公算は高いということを信じるのに十分な理由が各人に与えられるであろう。その公算が十分に高いとき、一般的な遵守が帰結する。そして時間の経過とともに、主権者の実効性が証明されるに応じて、この公算は高まる。結局、最後には、主権者は現に実効的であり、これからも実効的であるだろうと信ずる強い帰納的根拠を、誰もがもつことになる(この推論の道筋は説得的であろうか)。

5 主権者は、ホッブズが描いているように、社会契約の当事者ではないことに注意しよう。しかし、このことは、実際には重要な点ではない。なぜなら、主権者が獲得によって確立されるとき、主権者は獲得の契約の当事者であるからである(*Leviathan*, Ch. 20,

pp. 103f(II, 74f)。重要なことは、社会契約による授権においても、勝利者を前にした服従による契約においても、いずれも、臣民となる人々は主権者の自由裁量を受け入れ、主権者に自分たち自身を統治する権利、すなわち自分たちの判断を下す権利、たとえば主権者の法律や政策は善いかどうかを判断し、それに従って自分たちの意見を表明する権利を引き渡すということである。

6　それゆえ、ホッブズにおいては、社会契約は純粋に観念的なものであるというのが、おそらく一番いいだろう(そうではないだろうか)。主権者を確立する両方の方法の最後の結果は、実際のところを言うと、同一である。歴史的にどのように主権者が確立されたのであったとしても、同じように市民は主権者の自由裁量に服従し、そしていまや、そして今後、主権者の権威に従う同じ理由をもつのである。その理由とは、リヴァイアサンの状態への期待の保証と、自然状態の害悪の回避である。

C　正義と公共善の関係

1　主権者の立法は必然的に正しく、主権者はその臣民に危害を加えるはずはないとしても、主権者は悪い、また善くない法律を制定するかもしれないし、主権者は不衡平をなすかもしれないというホッブズの繰り返す主張を、どのように理解すべきであろうか。明らかに、右に示された二つの言明が両立不可能でなくするために、主権者の法律の正義と善とを私たちは区別しなければならない。

2 ホッブズが主権者の法律は必然的に正しいと言うとき、彼は、主権者が実効的な権力をもっているという事実は主権者の法律を正しいものであることにすると言っているのではないと私は思う。実効的な主権者の存在は、自然法の内容を変えない。これらの自然法は不変であり、人間本性の奥深い一般的な事実と、人間生活の通常の環境に根ざしている。主権者の役割(右のAを参照)は、市民の生活を安定させ、自分たちの信約を履行するのを安全にすることである。正義の基礎である、信約を遵守すべしという第三の自然法は、それ自体は主権者がつくったものではない。

3 主権者の法律は正しく、主権者はその臣民に危害を加えることはありえないというのは、主権者は授権によってか、あるいは服従の契約によって登場するからである。この授権ないし契約は主権者に、主権者を実効的にするのに必要なすべての権力を与える。このように、いずれの場合も、主権者の権力は、主権者がなすすべてのことを権威づけるような有効な信約によって権威づけられる。かくして、第三の自然法によって、主権者の立法と行為は正しい(*Leviathan*, Ch. 30, pp. 181f〔II, 274〕を参照)。

4 だが、主権者は、善くない法律を制定するかもしれないし、コモンウェルスないし公共善を害することをなすかもしれない。というのも、公共善は、おおざっぱに言えば、そのもとで合理的な市民が自分たちの自己保存と便利な生活の手段を確かなものにするよう活動するであろう制度と社会的条件を促進することである。そして、もちろん、こうした制度と社会的条件に関して主権者は、人間であれば無知からか、あるいはもちろん、自尊心と虚栄心といったようなものからか、間違いをし、悲劇的な過ちを犯すかもしれない。

補遺B　『市民論』と『リヴァイアサン』の対照について

――主権者の再‐制度化

1　すでに述べたように、ホッブズは、二つの著作において異なった仕方で主権者を設立する社会契約を記述しています。はじめの『市民論』で彼は、私たちは自分の権利を放棄すると言い、他方『リヴァイアサン』では、私たちは自分たちの代理人として主権者に授権すると言います。このように、概念のフォーマルなシステムが異なっています。

2　最初その変化は、社会の統一に関するホッブズの構想に影響しているように見えます。それは、同一の公的人格が私たちの授権した代理人であるのだから、より強い統一を提供しているように見えます。

3　しかし、信約を記述するために用いられたフォーマルな概念は異なっており、実際、フォーマルに言えば、より強い統一をもたらしているのに対して、ホッブズは、授権の普通の概念——ないし誰かを私たちの代理人に任命すること——を、二つの説明の間には重要な、あるいは実質的な相違は存在しないとするまでに、拡大解釈します。

4　このことは、次のような理由によります。

(a)　授権は、そこまで包括的であるから。私たちは、自分たち自身を統治する権利を主権者に引き渡すが、このことは他人を代理人に任命することをはるかに超える。

(b)　それは永遠であり、取り消せないから。(通常理解される)どのような授権もそうではない。

(c)　私たちは、主権者がなすよう授権された事柄を、主権者が実際に適切に(合理的に)なしているかどうか判断する私たちの権利さえも、引き渡すから。これについても、どのような授権もそうではない。

(d)　実際、ホッブズが記述しているように、主権者への授権はそれへの服従であり(かつ?)相互的約束であるから。私たちはみなそれぞれが、自分たちの意志を主権者の意志に、また私たちの判断を主権者の判断に従わせる。

(a)から(d)のための引用—*Leviathan*, Ch. 17, p. 87〔II, 32–33〕

(e) 授権は、勝利した征服者に対する服従の契約とまったく同一のフォーマルな帰結をもち、主権者に同一の権力をもたらすから。

(f) 授権と獲得による両方の主権者において、動機は恐怖である。前者においては互いに対する恐怖であり、後者においては勝利した征服者への恐怖である。このように、実際的な結果においては、社会契約は、どのように記述されようと服従の契約である。

((e)から(f)〔ロールズの原文では(d)から(e)となっている〕のための引用―*Leviathan*, Ch. 20, p. 102〔II, 70-71〕)

注

(1) Cf. Gordon Wood, *The Creation of the American Republic* (Chapel Hill: University of North Carolina Press, 1969), pp. 260f.

(2) これらの区別については、次を参照。H. L. A. Hart, *The Concept of Law* (Oxford: Clarendon Press, 1965), pp. 64-76, 97-114.〔長谷部恭男訳『法の概念』第三版、ちくま学芸文庫、二〇一四年、一一九―一三七、一六七―一九三頁〕

補遺　ホッブズ索引

〔参照頁はシュナイダー版[1]、該当する水田洋訳書（岩波文庫）の頁も〔　〕内に付記〕

自　由

臣民の義務は、主権者が彼らを守ることができる間だけ続く―179f〔II, 100f〕
法の目的は、彼らが互いを助けるように、自然的自由を制限することである―212f〔II, 162-163〕
自由と衡平…規制されていないいかなるものにおいても、等しい人々はそれぞれ自然的自由を享受するのが衡平である―228〔II, 193〕
良心の自由―17-20〔IV, 130-134〕(異端審問などについて)
自分の子どもを教育する権利―267〔II, 266-267〕
　制限する主権者の権利―18f〔IV, 130〕
　それは主権者を制限するか。あるいはホッブズは、善い法をつくる主権者がそれを認めることを意図しているか―267〔II, 267〕

4　信約によっても放棄されえない自由
(i)　自分の子どもたちによって尊敬される権利―267〔II, 266-267〕
(ii)　人々が生まれながらにもつ、自分自身を防衛する権利―179〔II, 100〕
(したがって、主権者に対する義務は、主権的権力が崩壊するとき〔あるいは放棄されるとき〕終わる 180)〔II, 101-102〕

5　自由と恐怖は両立する―171〔II, 87-88〕

正　義

主権者と主権者の権力

3 主権者の権利と権力

主権者は何が理に適った慣習であるかを判断する―212〔II, 166〕

主権者は〔法の〕沈黙による自由を決定する―173, 228〔II, 89-90, 194-195〕

主権者は神の法として従われるべきものを決定する―226ff〔II, 189ff〕(道徳法に反しないときに 226〔II, 190-191〕)

4　主権者の任務と義務

主権者は自然法によって拘束される―158, 173, 182, 244, 262, 270, 199〔II, 61, 90, 108, 226, 259, 271, 141〕

主権者は臣民を不公正に取り扱いえないし、臣民を侵害しえない―144, 146, 173, 178〔II, 37, 41, 90, 99-100〕

…しかし彼らに不衡平をなしうる―146, 199〔II, 41, 141〕

…そして衡平において間違いうる―219〔II, 179〕

善き法をつくるという主権者の義務―262, 271ff〔II, 259, 274ff〕

善き法とは何か―271ff〔II, 274ff〕　cf.（定義）善と悪―15, 53f, 131f, 253f; 46〔IV, 125-126; I, 100, 255-256; II, 242; I, 85〕

法をつくるというコモンウェルスの合理的能力―259, 23, 214〔II, 250; I, 38; II, 170〕

市民法を媒介して主権者は善悪の審判者である―253, 254〔II, 242, 242-243〕

主権者の法の目的は人民の安全である―262〔II, 259〕　そして、一般的摂理によっ

自然法

〔以降は該当箇所が、部・章とロールズがシュナイダー版の本文の小見出しに振った番号によって示されているので、水田洋訳書の巻・頁に、初版ヘッド版に忠実な本文の段落に番号を振って付記する。〕

4　自然法の科学が真の、そして唯一の道徳哲学である―I: 15: 30〔I, 255–256(39)〕

5　自然法は不適切にもそう呼ばれているが、私たち自身の保存の助けになるものに関する結論にほかならない―I: 15: 30〔I, 256–257(40)〕

自然法の内容

1　第一および第二の法…: (i)平和を求め、それに従え、(ii)互いに規則に従い、自分の権利を放棄せよ。一般規則のこれらの部分は、平和の達成に向けて努力することである―I: 14: 6–7〔I, 217–218(4–5)〕

2　第三の法…結ばれた信約を履行せよ―I: 15: 1–3〔I, 236–237(1–3)〕(定義)信約とそれらの有効性―I: 14: 12–29; 15: 3〔I, 220–231(8–28); 236–237(3)〕正義―I: 15: 1–9〔I, 236–245(1–13)〕愚か者への応答―I: 15: 4〔I, 237–242(4–7)〕

3　第四―一〇の法…社交的で理に適った結合の徳と気質への指示―I: 15: 10–16〔I, 245–250(15–21)〕

4　第一一―一九の法…衡平と自然的正義の教え―I: 15: 17–25〔I, 250–253(22–32)〕

（1） Hobbes, *Leviathan*, Parts I and II, ed. Herbert W. Schneider (New York: Library of Liberal Arts, 1958).〔本シュナイダー版には、第一部・第二部のほか、第四部第四六章および「総括と結論」が収録されており、索引の項目はそれらからとられている〕

ロック

LECTURES ON LOCKE

講義I　ロックの自然法の教義

第一節　序　言

1　二〇世紀初頭の哲学者、R・G・コリングウッドは次のように言っています。「政治理論の歴史は、同じ一つの問いに対する、異なった解答の歴史ではない。それは、多かれ少なかれつねに変化している問題で、その解決法もそれにともなって変化している問題の歴史なのである」[1]。この興味深い言葉は、やや言いすぎのところがあります。なぜなら、私たちが止むことなくいだいているかなり基本的な問いがあるからです。それはたとえば次のようなものでしょう。

正統な政治体制の本性とは何であるか。
政治的責務の根拠と限界は何であるか。
権利の基盤とは、もしあるとするなら、何であるか等々。

しかしながらこうした問いも、異なった歴史の文脈におかれたとき、異なった仕方で理解されることがありえますし、異なった思想家によって、彼らが理解するところの自らの政治的・社会的世界や、自らの状況や問題を前提にして、異なった見地から理解されてきたのです。したがって、こうした思想家たちの作品を理解するためには、このような見地をはっきりとさせることが必要ですし、自分たちの問いが解釈され論じられる方法を彼らがどのようにしてつくりあげたかを、明らかにしなければなりません。

このように解釈するならば、コリングウッドの言葉によって私たちは、異なる著作家が(私たちのではなく)彼らの問いに与えている解答を求めるようになるのです。この目標のために、私たちはできるかぎり各々の著作家がもつ思考の体系(スキーム)のなかに自らをおくように努めねばならないし、私たちのではなく彼らの見地から見た彼らの問題と、その問題の解決法について理解するように努めなければならないのです。こうしたときにしばしば起こるのは、彼らの問題に対する彼らの解答が、こうしたことをしなかった場合に思えたよりもはるかに優れたものに映る、ということです。実際、彼らの思考法と彼らの時代の問題を前提にするならば、私たちが論じている著作家たち——ホッブズ、ロック、ルソー、ヒューム、ミル、そしてマルクス——は、自分に関係する問いに対して、おそらく完璧ではないが、きわめて立派な解答を与えているように思えます。これが、いまだに彼らのテクストが読まれており、彼らの言葉に教えられるところがあると考えられている理由なのです。

2　私が加える批判は、たとえばロックやミルの思想のなかにある、間違いや矛盾を指摘するためにあるのではありません。むしろ、私たち自身の観点から見たとき、そして私たち自身の疑問や問いに関連させるとき、彼らの解答や解決法を、示唆に富むものであるとしても、受け入れがたいものに思わせているようないくつかの基本的な論点を検討するためなのです。したがって、こうした著作家たちを論じるとき私たちが最初に努めるべきなのは、彼らが何を言っているのかを理解し、彼らの視点が許すと思える最善の仕方でそれを解釈することです。そうして初めて、彼らの解決法を私たち自身の視点から判断する用意ができたとみなされるのです。この六人の哲学者の著作を読む際に、こうした指針に従わないなら、すべての本質的な点で少なくとも私たちと同等の立場にある、誠実で知的な著作家として、彼らを遇することができないことになるでしょう。

ロックを取り上げる際(2)私は、次のような事実から生じる重大な難問を一つだけ考察するつもりです。つまり、『統治二論』第二篇のなかで描かれているように、ロックの社会契約論は、基本的な政治的権利と自由に関する不平等を許容もしくは正当化する可能性がある、という事実です。たとえば投票権は、財産所有資格によって制限されています。彼が思い描いている政体は、階級国家という政体です。つまり、政治的な支配は、一定程度の財産(四〇シリングの自由保有権に相当する財産、それはロックの時代では、だいたい耕作可能な土地四・五エーカーに値します)を所有している人々によってのみ行使されることになっているのです。ロックに関する第三の講義において、いかにしたら階級国家が彼の教義のなかで許容可能なものとなるのかを、私たちは検討するつもりです。

しかしながら、この問題を提起する前に私たちは、ロックの教説を最善の形態において理解しなければなりません。ここで思い起こすべきなのは、次のようなJ・S・ミルの箴言です。「教説は、その最善の姿において判断されて初めて、本当の意味で判断されたことになる(3)」。

3　この目的のために私たちが尋ねなければならないのは、どんな問題にロック、そして他の著作家の各々がとくに関心をいだいているのか、そしてなぜ、そのような関心をもっているのか、という問いなのです。たとえばホッブズが関心をもっているのは、政治的・階級的利害間の対立によって悪化していた、相争う宗教的セクトの間でなされた内戦という問題です。その契約論においてホッブズが論じたのは、すべての人には、自分たちの間で合意を交わすことで、絶対的権力をもった実効的な主権をそなえた国家もしくはリヴァイアサンを創造することに対して、そして、そのような国家が存在するときはいつでもこうした主権を支持することに対して、自分の最も基本的な利害に根ざした、十分に合理的な根拠がある、ということなのです。この基本的な利害に含まれているのは、ホッブズが述べているように、自己を保存し、快適な生活の手段を獲得することに存する利害のみではありません。それには、宗教的な時代に著作を書いていたホッブズにとって重要なことなのですが、私たちの救済における超越的な宗教的利害も含まれているのです(超越的な宗教的利害は、あらゆる世俗的な利害を凌駕するかもしれないものなのです)。こうした利害を基本的なものとすることでホッブズは、実効力をもつ現行の絶対君主にある権威をすべての人が受け入れることが、合理的だと考えるのです。こうした主権者こそが、破壊的な内戦の不和と、自然状態という、すべてのうちで最悪の状態へと陥ることに対抗する唯一確実な防御であると、彼はみなしているのです。

ロックの問題はこれとまったく異なるものであります し、したがって当然のことながら、彼の前提も異なっています。つまり彼がめざしているのは、混合政体の文脈内で、王権に対する抵抗を正当化する根拠を提供することなのです。混合政体とは、国王が立法の権威を分有しており、したがって立法府(つまり議会)のみで完全な主権を行使することができないような政体のことです。ロックがこの問題に専心しているのは、彼が一六七九年から八一年にかけて生じた王位排斥法危機という事件に巻き込まれているからです。この事件にこのような名前がついたのは、シャフツベリ伯によって率いられた最初のウィッグたちが、チャールズ二世の弟であるジェイムズ、当時のヨーク公を、王位継承者の座から排斥しようとしていたからなのです。

ジェイムズはカトリックでした。そしてウィッグたちが恐れたのは、軍事力とフランスの支援をもってイングランドに絶対王政を樹立し、カトリック信仰を復興させるという気持ちがジェイムズにある、ということなのでした。この危機においてウィッグは敗北するのですが、それは一つには、ジェイムズの替わりに誰を王とするのか(チャールズの庶子モンマス公か、オレンジ公ウィリアムか)に関して彼らが仲間割れしていたからであり、また一つには、フランス王ルイ一四世から秘密裏に与えられた莫大な補助金によって、チャールズが議会の同意なしに統治することができたからでした。

4　医者としての訓練を受けていたロックが最初にシャフツベリ伯と会ったのは、この医者としての能力を買われて伯爵のもとに呼ばれたときでした。二人は非常に親密になり、一六六六年以来、長年にわたってロックは、シャフツベリ家の一員となっていたのです。ロンドンのストランドにあったエクセターハウス(ロンドンでのシャフツベリの邸宅)にロックは居を構え、一六七一年にそこで『人間知性論』の第一稿を書いています。『統治二論』は、一六七九年から八一年にかけての排斥法危機の間に(かつては、もっと後の一六八九年に、と信じられていたのですが)、チャールズ二世に対抗するウィッグの大義を擁護する政治パンフレットとして書かれたものです。この文脈が、この著作のトーンと趣旨を明らかにしています。(4)

ロバート・フィルマー卿(5)は、教会と宮廷に個人的なコネをもつ熱心な絶対君主論者であり、一六五三年に亡くなっていたのですが、イングランドが内戦に陥っていたとき、絶対王政を擁護する著作を書いていました。彼の著作のほとんどは一六四七年から五三年にかけて出版され、それらは一六七九年から八〇年にかけて再版されました。そのとき、フィルマーの最も重要な手稿である『パトリアーカ』が初めて出版されたのです。一六七九年から八一年にかけて彼の著作は非常に影響力があったのですが、そのとき、ロックは『統治二論』を書いていたのでした。ロックが明言する哲学的な目標(『統治二論』第一篇のタイトルページを見てください)とは、王党派の立場に対するロバート・フィルマーの擁護を攻撃し、国王には神のみに由来する絶対的権力があるというフィルマーの議論を批判することであり、そして、絶対王政は正統な統治と両立不可能であることを確証することなのです。非常に簡潔に述べるなら、正統な統治は、その統治に服している人々の同意によってのみ生じることが可能となる、というのがロックの考えなのです。彼はこうした人々を、理に適っており合理的であると同時に、本性的に自由で平等な人格であると考えています。したがって彼らは、自分たちの状態が改善されるのでないかぎり、いかなる変化にも同意するはずがないのです。絶対的な統治は正統なものとなりえない、とロックは考えているのですが、それは、ホッブズとは違ってロックが、絶対主義(絶対王政)は自然状態よりもずっと悪いものだと信じているからなのです。第九〇から九四段落、とくに九一段落を見てください。そこでロックは通常の自然状態を、絶対主義の帰結である無制約の自然状態から区別しています(6)。

5　要約しましょう。ホッブズにおいて社会契約という観念は、自分自身の最も基本的な利害(それには、救済における彼らの超越的な宗教的利害が含まれます)に配慮する合理的な人々がとる一つの見地として利用されているのですが、この見地をとることで彼らは、実効的な主権者(ホッブズにとってそれは絶対的な主権者を意味するのですが、それはそのような主権者のみが実効的であるからです)が存在するときはいつでも、そうした主権者を支持するだけの十分な理由があることを理解することができるのです。

ロックにおいて社会契約という観念は、次のようなことを主張するために利用されています。つまり、正統な統治は、自由で平等な、そして理に適っており合理的な人々による同意のうえにのみ基礎づけられるのであり、そうした統治は、すべての人が、いわば平等な仕方で自分たち自身の主権者であるという意味で、平等な政治的支配の状態だとみなされる自然状態からはじまる、という主張です。こういった仕方でロックは、正統な政体の形態に制限を課し、そこから絶対王政を排除することを求め、そうすることで、混合政体のもとでの国王への抵抗を正当化しようとしているのです。

このようにホッブズとロックを対照することで、重要な論点が明らかになります。つまり、同じ観念だと思えるもの(社会契約という観念)が、ある政治的構想の総体において何らかの役割を負わされることにより、非常に異なった意味と用法をもつことがありうる、という論点です。

6 ロックを読む際に注意すべきことは、彼が政治的にますます危険度を増すような仕事に従事していた、ということです。ラズレットが(とりわけ彼の手による『統治二論』「序論」のp. 31, 32において)言うように、一六八一年の三月に第三の排斥法議会がオックスフォードで開かれたとき、もしも排斥法案の成立が再び挫折するなら(実際にそうなったのですが)、国王に対する武力による抵抗が決意されると思われていたのです。ロックは積極的な役割を負っていました。シャフツベリの側近(それには、シャフツベリ派のならず者の中心人物であった、ラムゼイと呼ばれる男が含まれていたのですが)の宿泊地を求めて、彼は家から家へと探し回ることさえしていたのです。

このようにして、いったん投獄されたシャフツベリが、叛逆罪的な謀議といってよいものに従事したとき、ロックはそれに同行していたのです。一六八二年の夏の間ずっと、ロックはシャフツベリと一緒に過ごしています。そしてシャフツベリとともにロックはカシオブリー(エセックス伯の活動拠点)まで出向き、そこで彼らはウィッグの指導者たちと、いわゆる「叛乱の陰謀」の絶頂期に会っていたのです。そして、再びロックは一六八三年の春にそこを訪ねますが、それはオランダに亡命中のシャフツベリが亡くなった後で、国王暗殺もしくは「ライハウスの陰謀」の準備が進行中だったといわれているときなのでした。「ライハウスの陰謀」が発覚すると、ロックは亡命し、一六八九年まで国外で過ごすことになりました。政府を批判する著作である『統治二論』はかなり早くから書かれており、それはおそらくロックがシャフツベリとまだ一緒だったときであり、一六八八年のウィッグによる名誉革命よりかなり前のことです(7)。いまではよく知られるようになったこの物語を私が語ったのは、これから私たちがその著作を論じようとする人物について、みなさんにイメージをもってもらうためです。このような理に適った著作、このような冷静な良識をもった作品を書きながら、同時に、叛逆罪とされるかもしれないことに、多大なる個人的リスクを負いつつ積極的に参与するというのは、まったく驚くべきことなのです。

7　『統治二論』の緒言の冒頭で、ロックが述べていることに注目してください。つまり、『統治二論』には、出版された本体そのものよりも量のある中間部分が存在していたというのです。この部分に何が起こったのかを語ることにはあまり意味がない、と彼は言っています。しかしながら、ロックは用心深い人でしたし、おそらくそれを破棄する理由があったのです。そこには、おそらく立憲的な教説が含まれており、それは彼に死の危険を与えるようなものだったのでしょう。ロックの所蔵書のリストによれば、国王の諜報員の目を欺くため彼がこの著作を『フランス病』と呼んでいたことがわかるのですが、それは当時梅毒を意味する言葉でした。ロックとシャフツベリは実際、絶対王政をフランス病であると考えていました。(8) そしてフランスには、ルイ一四世のもとでその酷い症例があったことも確かなのです。

第二節　自然法の意味

1　ロックが「根本的な自然法」と呼ぶものの背景知識として、まずは自然法の意味について若干述べるべきでしょう。自然法の伝統において、自然法は神法の一部であり、私たちが理性という自らの自然的な力能を使用することで知ることのできるものです。こうした力能によって、私たちに理解できる自然の秩序と、その秩序を通じて表される神の意図の双方が、明らかにされます。そしてこのことにもとづいて、自然法は、私たちの自然理性を通して神が公布したもの、もしくは私たちに知らしめたものである、と言われたのです(第五七段落)[9]。「自然法」という用語において、「自然」と「法」という用語の使用がなぜ適切なものとなるのか、これから説明しましょう。

(a) 最初に「法」について。法とは、理性的な存在者たちに対して、彼らの行為を規制する正統な権威をもった者によって与えられるルールを意味します(ここで法の定義に、「彼らの共通善のために」というフレーズを足してもよいでしょう。というのもこれは、第三段落においてロックが政治権力を、法をつくり強制する権利であり、しかも「こうしたことすべてを公共善のためにのみ行う権利」と定義しているのですから、ロックの考えと調和するものなのです)。自然法は字義通りの法となります。つまりそれは、私たち人類すべてに対して正統で至高の立法的権威をもつ神によって、私たちに公布されたものなのです。神は言わば、世界の主権者なのであり、その被造物すべてに対して至高の権威をもっています。かくして、自然法は普遍的であり、人類をして、それを支配する一つの法をもった一つの共同体に結びつけているのです[10]。もちろん、自然法を公布されたものと語るのは隠喩です。なぜなら自然法は、この世の君主の法のように、字義通りに公布されたものではないからです。しかしながら、自然法は字義通りの法であるので、それは何らかの仕方で、それが適用される者に対して公布されたもの――つまり、公にされた、もしくは知らされたもの――でなければなりません。そうでなければ、法ではなくなってしまいます。以上が、「自然法」という用語における、「法」という用語の妥当性の説明です。

(b) 次に、「自然」という用語の妥当性について考えてみましょう。この用語を使う根拠の一つは、すでに述べたように、理性という私たちの自然的力能を使用することで、自然に関する明白な一般的事実と自然のデザインから結論を引きだすという仕方で、自然法は私たちに知らされているもの、もしくはとにかく私たちにとって知ることのできるものである、ということであります。こうした一般的事実には、次のようなものが含まれています。つまり、人間がもつ自然的な欲求、性向や傾向性、私たちを動物や自然の他の部分から区別しかつ関連づけている、能力や力能などです。こうした考えをおおまかに言うなら、こうなります。神は存在する(別の表現をするなら、神の存在自体は理性によって示すことができる)という信仰を前提にするなら、自然の秩序から私たちは、神が私たちに何を意図しているに違いないのかを理解することができるのであり、そうした神の意図のなかには、私たちが互いにはたらきかける際、何らかの原理に従って行為すべきである、ということが含まれているのです。神の権威を考慮するなら、神の意図として自然理性によって明らかにされるこうした原理は、私たちの法となります。このようにして、「自然法」という名辞における「自然」という用語が説明されます。

以上のことから、自然法が神法と違うことがわかります。なぜなら神法は、神の法のなかで啓示によってのみ知られることのできる部分を指すからです。神法の要求を確かめることは、私たちの自然理性という力能をもってしてできることではありません。さらに言うなら、自然法はまた、すべての人定法と異なっており、したがって国家が実際に制定している法律から、もしくはロックがしばしば「国内法、あるいは実定法」と呼ぶものから区別されるのです。国法は、自然法の原理と(適用可能の場合)一致しなければなりません。ロックが述べているように(第一三五段落)、自然法の義務は自然状態と同様、社会のなかでも有効なのであり、自然法は「すべての人に対して、つまり立法者およびその他の人々に対して、永遠の規則として存在する」のです。したがって、自然法の原理は権利と正義の基本原理であり、それは国法と政治・社会制度に適用可能なものとなります。こうして「自然法」という名辞において「法」という用語が使われるもう一つの理由が明らかになります。つまり自然法は、法と法制度に適用されるものなのです。

2　最後に注目すべきことは、ロックが根本的な自然法と呼ぶものを、彼の哲学的神学の総体における最も根本的な原理と理解すべきでない、ということです。そしてこれと同じことは、他の見解においてもたいてい当てはまります。

(a)　重要なのは次の点にあります。つまり、神の正統な権威を説明するような、何らかのさらなる、そしてもっと根本的な原理が存在しなければならないのです。こうした権威が存在しないと、どのようにして公布されようとも神の法は、私たちにとって法としての拘束力をもたないことになるでしょう。神の権威の根拠について、異なった著作家は異なった仕方で説明するものです。第六段落（これは、後に〔本講義の〕第三節において引用されるところなのですが）においてロックは、私たちに対する神の権威を、創造の権利によって説明しています。神は私たちを無から創造し、私たちが存在しようとするならその存在を継続的に維持するに違いないのだから、私たちを支配する至高の権威が神に存する、というわけです[11]。一方ホッブズは、神の権威を神の全能性にまでたどればよいとしているように思えます。神に属する支配権は、「……神が創造主であるとか、慈悲深いということによるのではなく、全能であることによる[12]」のです。

(b) 結論づけるとこうなります。法のシステムが自然法のシステムであるとしても、以下のようなことが区別されなければなりません。

(i) そのシステムにおいて、誰が至高の権威をもっているのかということ

(ii) なぜその人物にその権威があるのかということ

(iii) システムの規範内容を特定する原理

こうして、なぜ神には人類に対する正統な権威があるのかに関する説明は、自然法の内容そのものに関する説明や、自然法への準拠によって正当化されるさまざまな規範やルールに関する説明から区別されるのです[13]。

3　自然法に言及するとき私は、ここで説明されたような仕方で、つまり、私たちの自然理性によって知られる神の法として、理解しています。これはロックが使用している伝統的な意味ですし、ロックにとっても中核的な意味なのです。したがって彼が自然法や自然権について語るとき、理性によって知られる神の法として理解された、根本的自然法に対する、何らかの直接的ないしは間接的な参照があるのです。

しかしながら、少なくとも一つの例外の可能性があります。(約束や契約は遵守されるべきだという)忠誠の原理との関連で、自然法との一貫性が確立されるのかどうか、もしくはいかにして確立されるのか、ということが明確ではないのです。この原理をロックは、自然法の一部としているように思えるのですが(第一四段落)、この原理の基礎づけについて彼は考察していません。しかしながら、私たちが関心をもつ問題、たとえば(理性という力能に関して)私たちすべてに生来そなわっている平等な自由に対する各人の自然権や、所有権という自然権については、根本的自然法との一貫性は十分なほどに明確なのです。この問題に関しては後に、ここに述べられた自然権がいかにして、根本的自然法から導出されるのかを検討するとき、立ち返る予定です。

最後に、自然法に関するロックの構想が提供しているのは、道徳的・政治的価値についての一つの独立した体系の一例なのであり、この体系に依拠することで、正義や共通善をめぐる私たちの政治的判断が評価されることになる、ということを確認しておきましょう。正しい、もしくは健全な判断というのは、この体系に適合する、もしくは一致するものであり、この体系の内容はその大部分が、神の法としての根本的自然法によって明確化されるのです。こうしてロックの考えには、政治的リベラリズムの一形態としての、公正としての正義における、公共的な正当化という構想とは異なった、正当化に関する構想が含まれていることになります。(14) しかしながら、公正としての正義は、このような一つの独立した体系という観念や、こうした体系への依拠によって道徳的・政治的判断を真とするような正当化という観念を、主張することもないのですが、否定するわけでもないのです。

第三節　根本的自然法

1　ここでは、自然法とその役割、内容、そしていくつかの条項について、そして自然法から導出されるとロックが考える権利のいくつかについての言及と説明を検討したいと思います。第一に、自然法について述べている非常に重要な文章である、以下の引用に着目してみましょう。

自然状態はそれを支配する自然法をもち、すべての人間がそれに拘束される。そして、その自然法たる理性は、それに耳を傾けようとしさえすれば、全人類に対して、すべての人間は平等で独立しているのだから、何人も他人の生命、健康、自由、あるいは所有物を侵害すべきではないということを教えるのである。というのは、人間が、すべて、ただ一人の全能で無限の知恵をそなえた造物主の作品であり、主権をもつ唯一の主の僕であって、彼の命により、彼の業のためにこの世に送り込まれた存在である以上、神の所有物であり、神の作品であるその人間は、けっして他者の欲するままにではなく、神の欲するかぎりにおいて存続すべく造られているからである。そして、われわれは、同一の能力を授けられ、全員が一つの自然の共同体をなしているのだから、下級の被造物がわれわれのために造られているのと同じように、われわれも他人の用に供するために造られているかのように、相互に滅ぼし合うのを権威づけるような**従属関係**をわれわれの間に想定することはできない。各人は**自分自身を保存すべき**であり、勝手にその立場を放棄してはならないのだが、それと同じ理由から、自分自身の保全が脅かされないかぎり、できるだけ**人類の他の人々をも保存すべき**であり、また、侵害者に正当な報復をなす場合を除いては、他人の生命、あるいはその生命の維持に役立つもの、すなわち、自由、健康、四肢あるいは財貨を奪ったり、損ねたりしてはならないのである(第六段落)。

最も基本的な自然法、もしくはロックが「根本的自然法」と呼ぶものとは、「できるかぎり人間が保存されるべき［である］」（第一六段落）ということ、あるいは「社会を保存すること、そして（公共善と一致するかぎりで）社会のなかのすべての人を保存すること」と第一三四段落で彼が述べていることなのです。同じことは第一三五、一五九、そして一八三段落において繰り返し主張されています。

2 「自然状態はそれを支配する自然法をもつ」という文章によって、第六段落における定義ははじまっているのですが、それは『統治二論』第二篇全体を通じて数多く見出される、自然法を描写する箇所によって補われているのです。たとえば、次のような箇所があります。

(a) 先ほど述べたことと一致するのですが、自然法は「神の意志」の「布告」として説明されています（第一三五段落）。

(b) 根本的自然法についてロックは、「自然法である理性が、全人類に対して教える」（第六段落）と言っています。根本的自然法をロックは、理性によって知られると説明するだけではありません。それは、「理性と一般的衡平の」法（第八段落）であり、「理性の正しい規則」（第一〇段落）であり、「共通の理性法」（第一六段落）であり、「理性の法」（第五七段落)であると説明されてもいるのです。

(c) 第一三六段落において根本的自然法は、「書かれたものではなく、人間の心のうちにしか見出されないもの」と説明されています。第一二段落において自然法は、「理性的な被造物、あるいは自然法を研究する者にとって、政治的共同体(コモンウェルス)の実定法と同じように、あるいはおそらくそれ以上に、理解しやすく平明なものなのである。というのも理性は、……人間がつくる手の込んだ創造物よりも、はるかに容易に理解できるからである」とされています(第一二四段落も参照してください)。こうした考えのすべては、自然法は神の意志であり、「ただ理性によってのみ公布され知ることのできる」(第五七段落)ものだ、という考えと適合するのです。

3　ロックはまた、根本的自然法の役割についても、次のように書いています。

(a) 第一に、第六段落を見るなら、根本的自然法によって全人類は、それを支配する自然法をもつ一つの偉大な自然的共同体のなかに結びつけられている、ということがわかります。第一七二段落においてロックは、自らすすんで他の人と戦争状態になる人について、その人は「神が人間と人間の間の規則として、また、人類がそれによって一つの団体や社会へと結合するための共通の絆として与えた理性を捨てた」のだと語っています。第一二八段落では、すべての人間に共通の自然法のおかげで、私たちの各人と、その他の人類は、「一つの共同体をなしており、その他の被造物からは区別される一つの社会[をつくっている]」とロックは述べています。

もしも堕落した人々の腐敗や悪徳がなければ、私たちを支配するには自然法だけで十分なのでしょう。各々が独自の政治的権威をもった複数の政治社会のなかに、私たちが分断される必要も、「この偉大で自然の共同体」(第一二八段落)を分割する必要もないことでしょう。このように、根本的自然法とは、自然状態における人類の共同体の法のことなのです。この自然状態は、自由の状態ではありますが、放縦の状態ではありません。それは、自然と理性の法によって拘束されている状態なのです(第六段落)。

(b) 根本的自然法はまた、人類の共同体が分割されることで生じる、さまざまな政治社会の政治的・社会的制度を規制する原理でもあります。国内法(つまり、政治社会の法)は、自然法に基礎づけられているか、もしくは一致している場合にのみ、正しくて公正なものとなるのです。社会のなかにおいて根本的自然法の妥当性が失われるわけではありません。それは、立法者のみならずその他の人々を含んだ、すべての人にとっての永遠の規則として妥当するのです。根本的自然法に反するなら人間による制裁は、それがいかなるものであっても、善であったり妥当であったりすることはないのです。(15)

(c) 自然法は、規範的で指示的なものです。つまりそれは、自由で合理的な人格を、彼らの善のために指導するものなのです。第五七段落における重要な言明を見てみましょう。ロックはこのように言っています。「法とは、その真の観念から言って、自由で、知性的な行為主体の適切な利益を制限するものであるよりは、むしろそれへと彼らを導くものであり、その法のもとにある人々の一般的な利益のために必要なこと以上のことを命じるものではないからである。もし法がない方が彼らがより幸福になりうるというのであれば、法は、無用なものとして、自ら消滅するであろう。……法の目的は、自由を廃止したり制限したりすることにではなく、自由を保全し拡大することにある。……法のないところには自由もない。つまり、自由が他者からの拘束や暴力を免れることにある以上、そうした自由は法がないところでは不可能であるからである」。

したがってロックにとって、理性と法、自由、そして一般的な利益〔善〕の観念は、緊密に結びついているものなのです。根本的自然法は理性によって知られます。それはただ、私たちの善のためだけに命じるものなのです。それは、私たちの自由を、つまり他者による拘束や暴力からの安全を拡大し、保全しようとします。自由は法を遵守するものなのであり、いかなる法も守らないという意味の、放縦とは区別されるものなのです。この場合、法とは、自然法によって与えられる理性の法を意味します。

第四節　平等の状態としての自然状態

1 その役割に関するここまでの説明からわかるように、根本的自然法は自然状態と(その政治的・社会的制度に適用されるという意味で)政治社会の両方において、基本法となります。自然状態とは、ロックによれば、完全な自由と平等の状態を意味します(第四段落)。

(i) 自然状態は自由の状態であるのですが、それは、自然法が課す範囲内において、すべての人が自らの行為を決定する自由をもっており、自らの財産と身体を自分が思うように使うことができるからです。他者の許可を求めたり、他者の意志に依存したりする必要はありません。

(ii) 自然状態は平等の状態、つまり、各人に平等の権力と統治権がある状態でありま す。すべての人が、いわば、平等な仕方で自分自身の主権者なのです。ロックが第一二三段落で言うように、「すべての人が王である」のです。平等な権力が意味しているのは、平等な自由と、自分自身に対する平等な政治的権威であることは明らかです。権力によって理解されているのは、力の強さや、資源の統制力、ましてや強制力のことではなく、権利と統治権のことなのです。

第五四段落においてロックは、この自由の状態がさまざまな種類の不平等と両立可能である、という重要な論点を提示しています。たとえば、年齢、能力、徳性の違いに起因する不平等や、後に示されるように、相続した、もしくは獲得した（物的な）所有権の違いに起因する不平等がそうなのです。すでに見てきたように、ロックが語っている平等とは、私たちの自然的な自由に対する平等な権利の状態を意味しており、それは、自然法のもとで私たちが自分自身に対する平等な統治権をもっている状態のことなのです。理性という能力をもつという点において、このような自由を私たちは生まれつきもっているのであり、そうした自由を、理性を行使できる年齢になったとき自分のものとすることは、正統なことなのです（第五七段落）。

2　平等な自由の状態としての自然状態からはじめることでロックは、ロバート・フィルマーの議論の出発点をきっぱりと退けているのです。[16] その出発点とは、私たちは自然的な服従の状態に生まれ落ちている、というものです。自分自身の出発点を支えるような議論を、ロックは提示しているのでしょうか。むしろ（私の考えはこちらに傾いているのですが）彼は、神のもとにある人間社会というある種の構想を描きだしているのでしょうか。自らの考え方に関するロック自身の説明（第四段落）とは、いかなる人物であれ、その人以外のすべての人に対する（政治的）支配権や主権についての明白な権利をもっているような人物を、「明確な宣言」によって神が指し示したことはない、というものです。神は、やろうと思えばそうしたことができるのですが、実際にはしていないのです。神がそのような指示をしていないという歴史的な事実を前提にするなら、同じ自然種であり、自然によるまったく同じ(有意な)便益を所有している人々は生まれつき、自由が平等にあり、自分自身に対する政治的統治権が平等にある状態にあるのだ、ということがこのうえなく明白となるのです。

この点に関するロックの見解は、次のようなものだと私は考えています。つまり、明確な宣言によって神がそのように指し示さないかぎり、もしくは、ある人物とその他の人々の間に有意なる差異が存在していないかぎり、何人も他の人々に対して政治的権威をもつことはできない。しかしながら、神がそのような宣言をしておらず、私たちは同じ自然種であり、自然による同じ(有意な)便益を所有しているということを前提にするなら、私たちは生まれつき平等の状態、すなわち、平等な自由と自分自身に対する平等な政治的統治権の状態にいるのである、というものです。たしかに、年齢、能力、徳性、そして所有権による不平等は存在します(第五四段落)。しかしながらそうしたことは、ロックにとって、政治的権威を確立するうえで有意の差異ではないのです。この場合、政治的権威とは(短縮して言うなら)「死刑を……ともなう法をつくる権利であり、またその法を執行……するために共同体の力を行使する権利であり、しかも、すべて、公共善のためだけにそれを行う権利」(第三段落)なのです。

するとおそらく、ロックにとって、政治的権威は自分自身に対する平等の統治権をもった人々の同意によってのみ生じるものとなるのは、驚くべきことでないのです。彼はただたんに、フィルマーと異なる、政治社会についての構想を詳述しているにすぎないのです。次のように問うてみましょう。これはロックの欠陥なのでしょうか。もしそうであるなら、それはなぜでしょうか。

第五節　根本的自然法の内容

1　このようにしてついに私たちは、根本的自然法の内容を検討することになります。つまり、根本的自然法が命じるものは何なのか、ということを検討するのですが、そこには、根本的自然法に含意されているとロックが考えている(自然的)権利のいくつかが含まれています。先ほど平等について触れた際に、すでにこうした権利について述べてきました。「根本的自然法」という用語は、第一六、一三四、一三五、一五九、一八二段落において使用されています。そして「自然法」についての言及が、第四、六、七、八、一六、五七、一三四、一三五、一五九、一七一、一七二、そして一八一—一八三段落においてなされています。

根本的自然法における二つの重要な条項は、先ほどの第六段落からの引用のなかに含まれていますが、それは以下のようなものです。

(a) 第一条項…「すべての人間は平等で独立しているのだから、何人も他人の生命、健康、自由、あるいは所有物を侵害すべきではない」。

(b) 第二条項…「各人は自分自身を保存すべきであり、勝手にその立場を放棄してはならないのだが、それと同じ理由から、自分自身の保全が脅かされないかぎり、できるだけ人類の他の人々をも保存すべきであり、また、侵害者に正当な報復をなす場合を除いては、他人の生命、あるいはその生命の維持に役立つもの、すなわち、自由、健康、四肢あるいは財貨を奪ったり、損ねたりしてはならない」。

第二条項における「それと同じ理由から」という言葉の効果に、注目してください。私は神の所有物であるのだから、自分自身を保存すべきなのです。しかしながら他の人々もまた、神の所有物なのであり、この同じ理由によって、私はまた他の人々も、少なくとも私自身の保存と衝突しないかぎりにおいて、保存すべきなのです。第一三四段落でロックは、「立法権力それ自体をも支配すべき第一の根本的自然法は、社会を保全すること、そして、（公共善と両立するかぎりにおいて）社会に属する各人を保全することである」と述べています。

(c) そして第一六段落にある第三条項は、罪のない者の優先に関するものです。すなわち、「可能なかぎり人は保存されなければならないが、もし、すべての人間を保存することができない場合には、まず、罪のない者の安全が優先されるべきである」。

2　この最後の条項の適用例の一つが、自己防衛です。つまり、不当にも私の生命を損なうことを意図して、他者が攻撃してくることがあるなら、その場合、私には罪はない（と仮定しましょう）ので、自己防衛の権利があるのです。

もう一つの第三条項の適用例（それは第二条項の適用例でもあるのですが）は、征服をめざして不正な戦争をはじめるという、不当な権力を振るう人々の家族（その妻と子ども）を保護する、というものです。彼らの家族には罪はない――犯罪と破壊の行為に参与していない――ので、（正統な）戦勝者は、この家族たちが死ぬようなことがないように、十分なだけの所有物と財貨を残さねばならない（第一七八―一八三段落を参照）。第一八三段落においてロックは次のように述べています。「……根本的自然法は、すべての人間ができるかぎり保全されなければならないということにあるのだから、征服者の損失と子どもたちの維持の両方を十分に満足させるものがない場合には、資産をもち、かつ分ける余裕のある者が、自分には十二分に満足するだけあるもののうちの幾分かを放棄して、それがなければ死滅する危険にさらされている人々の緊急で優先されるべき権原に譲歩しなければならない」。

ロックはまた、罪が容赦されるべきときもある、と述べています。「統治の目的は可能なかぎりすべての人を保全することにあるのだから、罪を犯した者であっても、罪のない人にとって何の侵害にもならないことがわかれば赦してやるべきなのである」(第一五九段落)。この段落においてロックは、社会のすべてのメンバーが保存されるべきであり、法律が予見できないような事件において主権者(国王)は、(ロックのフレーズを使うなら)「可能なかぎり」人々を保存するためにその裁量権(大権)を行使してもよい、と主張しています。

第六節　自然権の基礎としての根本的自然法

1　以下に検討することになっている自然権は、(これまでに論じられてきた内容の)根本的自然法からのみ導出されるものではなく、次の二つの前提によって補われたとき、その法から導出されるものなのです。

(i) 神の沈黙という事実。他の人類に対して政治的権威を行使するよう、神によって明示的に任じられた人はいません。そして、

(ii) 平等という事実。私たちは「すべて生まれながら差別なく[政治的権威を確立するという点において]同じ自然の便益を享受し、[自然理性や意志、その他の力能という]同じ能力

を行使する被造物」(第四段落)なのです。

2 第七―一一段落において、ロックが最初にこうした権利について論じるとき、それらは以下のようなものでした。

(a) 根本的自然法の侵害者を処罰するために、私たちの各々がもつ執行権。というのも、もし誰もその法を執行(強制)し、そのことによって罪のない人を保護し、侵害者を制限するような権力をもたないならば、根本的自然法は無意味なものとなるからです。自然状態は平等――平等な(政治的)統治権――の状態なので、すべての人がこの執行権を平等にもっています。この権利は、人類を保全する私たちの権利に由来しているのです。

(b) 賠償を要求する権利。この権利は、私たちの自己保存の権利に由来します。社会契約を結ぶ際、私たちは自分自身と他の人類を保存するために個人がもつ権利を放棄し、その結果、私たち自身と社会の保存にとって必要なかぎりにおいて、社会の法律によって規制されることになります。私たちは処罰権を完全に放棄し、社会の執行権力に、その社会の法が要求する仕方で、奉仕するのです(第一三〇、そして一二八―一三〇段落も参照)。

3　ロックがほとんどすべての自然権に何らかの由来があるとしていることを、認識しておくことは重要です。私の考えでは、忠誠の原理と結びつけられている権利は別として、ロックは、自然権が根本的自然法と、先に挙げた二つの前提(二つの事実)から導出されるとみなしています。つまりその事実とは、神の沈黙と、平等という事実です。そして当然のことながら、私たちに対する神の正統な権威という事実から、これらの権利は導出されるのです。このことの意味を明らかにするために、一つの例を挙げましょう。

ロックは、フィルマーに対抗して、自然状態において人間は、私的所有権という自然権(このことについては、ロックを扱う第三講義で論じます)をもっていることを主張しようとしています。この権利は、他の人類による明示の同意にもとづくものではありません。自然状態において人間は、「自らの労働を混合した」ものを自由に利用することができるのですが、それは、第一に、他の人々に十分な善きものが残されているかぎりにおいてであり(第二七段落)、第二に、自分が所有するものが利用できずに腐敗してしまうほど、余計に所有しないというかぎりにおいてである(第三一段落)、という制限が付されています。

さて、この規則(つまり、このような二つの但し書きの範囲で、私たちには自らの労働を混合させたものを自由に利用する権利がある、という規則)が、自然法の一つであるとしましょう。この規則はある自然権(使用の自由)を表現しているのですが、その表現の意味は、この規則は自然状態の第一段階において理に適った規則であり、この状況のもとでは、この規則が私たちに使用の自由を与える、ということなのです。とはいえ、この権利が根本的自然法に由来することに、着目してください。

ロックの想定とは、次のようなものです。つまり、(i)（全人類が保存されるべきことなどを命じる）根本的自然法と、(ii)自然の賜物は私たちが利用するためにあるということと、(iii)他の人類の（明示的な）同意を得ることは不可能であるということを前提にするなら、二つの但し書きに従う仕方で、自然の賜物を私たちは占有し、利用することができる、というのが神の意図に違いない、というものです。そうでなければ、すべての人類を、そしてできるかぎりにおいてそのすべてのメンバーを、保存することはできないでしょう。

このように、自然状態における所有権（使用の自由）という自然権は、（他の前提によって補われた）根本的自然法に由来する議論から引きだされた帰結なのです。私の考えでは同じことが、他の自然権の場合にも当てはまるのですが、忠誠の原理にもとづく権利はそこから除かれます。

4　以上のようなことに着目することに重要性があるのは、ロックが自らの社会契約の教説を、自然法と自然権のリストに基礎づけるときはいつでも、それらがどこに由来するのかについて説明しているからです。そのようなリストの存在という考えは、それ自体として妥当性のないものではないのですが、ロックの考えではありません。自然状態において人間は自らの約束によって拘束されなければならないのですが、それは「……誠実さと信義を守ることとは、人間としての人間に属するものであって、社会の一員としての人間に属するものではない」(第一四段落)からであると、ロックは実際に言っているのです。真実を語り、約束を守ることはおそらく、根本的自然法の一部、そのなかに含まれているさらなる位相なのですが、それは罪のない人を優先することと同様なのです。たぶんこれは、より一般的に理解された自然法の一部なのです。創造の権利が神にあることも、明白なことと されていますが、それが自然権でないことは確かです。

このようにロックの出発点は、根本的自然法とこれらの二つの事実、つまり、平等という事実と、他の人に対する政治的権威を神は誰にも明示的に託していないという(『統治二論』第一篇で彼が論じている)歴史的事実なのです。そこで彼はこの基礎から、さまざまな自然権を導出しているのです。

明確にしておくべきことは、私たちの自然権が、以前からある私たちの義務に依拠している、ということです。つまり、根本的自然法によって課されている義務に、そして私たちに対して正統な権威をもつ神に従うという義務によって課されている義務に、です。したがって、神学的な教説として理解されるロックの考えの内部において私たちは、正統な要求の自己立証的な源泉ではないことになります（この、「正統な要求の自己立証的な源泉」という用語は、私が公正としての正義における人格の構想を特徴づける際に使用したものです）[17]。このようになるのは、ロックの構想の内部において私たちの要求が、神に対してあらかじめ存在している義務に基礎づけられているからです。しかしながら、たとえば（ロックが肯定している）良心の自由を保障している政治社会の内部において、こうした要求が市民によってなされる場合、それは、その政治社会の見地からするなら、こうした要求は自らが課しているものであるという意味で、自己立証的なものとなるでしょう。

5　最後に、根本的自然法は、分配的な原理であり、総計的な原理ではない、ということが非常に重要です。このことによって私が意味しているのは、根本的自然法に促されることにより私たちが、最大の公共善をめざすようになる、つまり、最大多数の人格を保存するようになるわけではない、ということです。むしろ、根本的自然法が表現しているのは、各人格への配慮なのです。人類はできるかぎり保存されるべきなのですが、このことは人類の各メンバーにも当てはまります（第一三四段落）。さらには、他の前提（政治的権威に関する神の沈黙と平等という事実）によって補完されることにより自然法は、（理性という力能をもち、自分自身の支配者となることのできるような）すべての人に対して、ある種の平等な自然権を付与するのです。

さらに言うなら、こうした権利は非常に大きな重要性をもつことになります。平等な政治的統治権の状態である自然状態から出発するので、正統な政治的権威はただ同意によってのみ生じることができる、とロックは主張するでしょう。このことによって、絶対王政に対抗する彼の議論の源泉が提供されるのです。つまり、こうした種類の政治的権威が、同意によって生じることはありえない、というのが彼の考えなのです。

6　結論として、ロックの思想全体を支えているのは、私たちは神の所有物として神のもとにあるという考えなのだ、ということを述べておきます。つまり、私たちの権利と義務は、私たちに対する神の所有権から導出されるのであり、それはそうした権利と義務が、私たちが創られた目的(この目的はロックによれば、根本的自然法そのもののなかに明確化されており、知ることのできるものなのですが)から導出されるのと同様なのです。

このことは強調すべきことなのですが、それは、しばしばこのような宗教的背景から切り離されてロックが論じられることが多いからなのです。そして多くの場合、私もそのように論じるでしょう。現在、実際のところはあまりロックと結びついていないさまざまな考え方が、「ロック的」と呼ばれています。ロックが与えているような導出法をともなっていない、さまざまな所有権を規定するような考え方――たとえば『アナーキー・国家・ユートピア』におけるノージックの考え方――が、しばしばそのように呼ばれています。しかしながらロックとその同時代人にとって、この宗教的背景は根本的なものですし、このことを無視するなら、彼らの思想をひどく誤解する危険性があります。したがってここで、この点に注意を喚起しているのです。[18]

神を信じていない人、そして神の裁きと制裁を恐れない人は、信頼することができない、とロックは考えていたように思えます。つまり、そうした人々は危険な存在であり、根本的自然法に由来する共通の理性法を侵害し、変化する状況を、自分の利害に合わせて利用する可能性が高い、というのです。[19]

注

(1)　R. G. Collingwood, *An Autobiography* (Oxford: Clarendon Press, 1939), p. 62.〔玉井治訳『思索への旅――自伝』未来社、一九八一年〕

(2)　ロックに関して役に立つ二次資料として、以下のようなものがある。Richard Ashcraft, *Revolutionary Politics and Locke's "Two Treatises of Government"* (Princeton: Princeton University Press, 1986), and *Locke's Two Treatises of Government* (London: Unwin, 1987); Michael Ayres, *Locke: Epistemology-Ontology*, 2 vols. (London: Routledge, 1991); Joshua

Cohen, "Structure, Choice and Legitimacy: Locke's Theory of the State," *PAPA*, Fall 1986; John Dunn, *The Political Thought of John Locke* (Cambridge: Cambridge University Press, 1969); Julian Franklin, *John Locke and the Theory of Sovereignty* (Cambridge: Cambridge University Press, 1978)〔今中比呂志・渡辺有二訳『ジョン・ロックと主権理論』御茶の水書房、一九八〇年〕; Ruth Grant, *John Locke's Liberalism* (Chicago: University of Chicago Press, 1987); Peter Laslett, Introduction to *Locke: Two Treatises of Government* (Cambridge: Cambridge University Press, Student Edition, 1988); Wolfgang von Leyden, *John Locke, Essays on the Law of Nature* (Oxford: Oxford University Press, 1954); C. B. MacPherson, *The Political Theory of Possessive Individualism* (Oxford: Oxford University Press, 1962)〔藤野渉・将積茂・瀬沼長一郎訳『所有的個人主義の政治理論』合同出版、一九八〇年〕; J. B. Schneewind, *Moral Philosophy from Montaigne to Kant* (Cambridge: Cambridge University Press, 1990), 2 vols., in Vol. 1, pp. 183–198; Peter Schouls, *The Imposition of Method: A Study of Descartes and Locke* (New York: Oxford University Press, 1980); John Simmons, *The Lockean Theory of Rights* (Princeton: Princeton University Press, 1992), and *On the Edge of Anarchy* (Princeton: Princeton University Press, 1993); Richard Tuck, *Natural Rights Theories: Their Origin and Development* (Cambridge: Cambridge University Press, 1979); James Tully, *A Discourse of Property: John Locke and His Adversaries* (Cambridge: Cambridge University Press, 1980); Jeremy Waldron, *The Right to Private Property* (Oxford: Clarendon Press, 1988), esp. Ch. 8. and "Locke, Toleration, and the

Rationality of Persecution," in *Liberal Rights: Collected Papers* (Cambridge: Cambridge University Press, 1993).

(3) Review of Sedgwick's *Discourse*, in Mill's *Collected Works*, Vol. X, p. 52 を参照。

(4) ラズレットの考えでは、『統治二論』第二篇のほとんどは、一六七九年から一六八〇年にかけての冬の間に書かれており、それには第二章から七章、一〇章から一四章、そして一九章が含まれている。一六八〇年の初頭、ロバート・フィルマー卿の『パトリアーカ』が出版された後(以下の注(5)を参照)、『統治二論』第一篇がそれに対抗して書かれたのである。一六八一年の夏、ロックは『統治二論』第二篇に、第八章の一部と第一六、一七、そして一八章を加えた。最後に一六八九年になって、出版前にロックは、『統治二論』第二篇に第一、九、そして一五章を足した。ラズレットによる Introduction to *Locke: Two Treatises*, p. 65 を参照。

(5) ロバート・フィルマーについては、以下の著作を参照。〔フィルマーの著作を集めた〕Sir Robert Filmer, *Patriarcha and Other Writings*, ed. Johann Somerville (Cambridge: Cambridge University Press, 1991) は、以前の著作集である、ラズレット編の *Patriarcha* (Oxford: Blackwell, 1949) にいまや取って代わっている〔伊藤宏之・渡部秀和訳『フィルマー著作集』京都大学学術出版会、二〇一六年〕。ラズレットによる *Locke: Two Treatises* の序論に含まれる数多くの言及に加えて、Gordon Schochet, *Patriarchalism and Political Thought* (Oxford: Oxford University Press, 1975) を参照。ジョン・ダンは、彼の *Political Thought of John Locke* の第六章において、ロック思想のなかにおけるフィルマーの位置づけを考察

している。フィルマーについてと、フィルマーとホッブズとロックの関係について論じている、Nathan Tarcov, *Locke's Education for Liberty* (Chicago: University of Chicago Press, 1984)の第一章も参照。

(6) ロックを論じる章における引用番号はすべて、特別の指示がないかぎり、『統治二論』第二篇における段落番号を示している。私はほとんど第二篇にのみ言及しているが、第一篇にまったく関心がないわけではなく、第一篇にはロックの考えにとって非常に重要な箇所が多く含まれている。いくつか例を挙げておく。所有権は権威を含意しない(第一篇第四一—四三段落)。使用の自由と関連する所有権(第三九、九二、九七段落)。父権と権威、および平等の権威をもつ母親について(第五二—五五段落)。フィルマーにとって、人間は自然的な意味で自由なものとして生まれるものではない、とロックは述べている(第六段落)。そしてロックは、フィルマーが、人間は臣民として生まれてくる、と述べているところを引用している(第五〇段落)。ロックは長子相続権に反対している(第九〇—九七段落)。ロックはフィルマーの体系を要約している(第五段落)。そしてもしこの体系がうまくいかないなら統治は、社会と結合するために自らの理性を使用する人たちの、考案と同意によって設立されるという、旧い方法へと再び委ねられねばならない、とロックは述べている(第六段落)。そして最後に、公共善とは、社会に提供されることが可能な共通の規則の範囲内での、社会のすべての個々のメンバーの善である、とロックは述べている(第九二段落)。

(7) 上記の注(4)を参照。ロックがいつ、なぜ『統治二論』を執筆したのかをめぐる、興味深い議論として、ラズレットの序論、pp. 45-66を参照。

（8）ラズレットの序論、pp. 62-65, 76f を参照。

（9）自然法は、理性的な被造物のすべてにとって平易で明瞭なものである、とロックが述べている第一二四段落と、自然法は書かれておらず、人間の心のなかにおいてのみ発見されるとロックが述べている第一三六段落も、参照。

（10）ロックは次のように述べている。「義務が何であるかを、法なしに理解することは不可能である。そして立法者や、報酬と処罰をぬきにして、法を知ることも想定することも不可能である」。*Essay Concerning Human Understanding*, Vol. I, Book I, Ch. 3, §12. また Vol. I, Book II, Ch. 28, §6〔大槻春彦訳『人間知性論』全四巻、岩波文庫、一九七二―七七年〕も参照。そこではロックは次のように述べている。「ある知的存在が、他の知的存在の行為に対して規則を設定しても、その行為そのものの自然的所産でも、結果でもないような、何らかの善や悪を使用して、その規則の遵守に報酬を、そしてその規則の違反に処罰を与える権力をもっていないなら、それは無駄なことになるであろう」。そうした条件がそろえばその規則は「法なしにそれ自身によって作用することになるであろう。このようなことが、……適切な意味での、すべての法にある真の本性なのである」。

（11）*John Locke, Essays on the Law of Nature*, pp. 151-157 を参照。

（12）*Leviathan*, p. 187.

（13）ロックは『自然法論』において次のように述べている。自然法とは「自然の光によって明らかとなる神の意志の命令であり、何が理性的な自然と調和し、何が調和しないのかを示すものであり、まさしくそのことによって、何事かを命じたり、禁じたりするものなのである」(*John Locke, Essays on the Law of Nature*, p. 111)。『人間知性論』(一六九〇年)において彼は、道徳的な正しさを私たちが判断するときに使用するような法を神法として言及している。つまり「……人間の行為に対して神が定めており、神が自然の光によってか、もしくは啓示という声によって人間に広めている法」(Vol. I, Book II, Ch. 28, §8)である。権利と正義の基礎に関するロックの説明には、一貫性の欠如がある。つまり、権利と正義について、それらに関連する原理は神の命令であると主張することで説明したいとロックは欲している、ということがありながら、その一方で、私たちが神の命令に義務づけられているということは、神は、創造の権利という正しい権威を私たちに対してもっており、そして神は、賢明で慈愛心に富むということを前提としている、ということである。しかしながら、賢明で慈愛心に富む神がもつ創造の権利は、それ自体を神が命じることはありえないものだが、それは、そのような神の命令の妥当性が、こうした権利を前提としているからである。この問題を、満足のいく仕方でロックが解決することはけっしてなかったし、この点は、サミュエル・クラークからするどい批判を受けていた。この問題に関する明晰な議論は、Michael Ayres, *Locke: Epistemology-Ontology* (London: Routledge, 1991), Vol. 2, Chs. 15-16 のなかに見出すことができる。ロックの教義は、カントが『人倫の形而上学の基礎づけ』において、定言命法の第三の定式を提示することで批判した考え方の一例である。*Grundlegung*, Ak: IV: 431ff.〔土岐邦夫・観山雪陽・野田又夫訳『プロレゴーメナ/人倫の形而上学の基礎づけ』中公クラシックス、二〇〇五年〕

(14) *Restatement*〔『再説』〕第九節2。「秩序だった社会の必須の特徴は、その政治的正義の公共的構想が、市民たちが相互に彼らの政治的判断を正当化するための共有の基礎を確立することである。各人は、すべての者が正義に適っているとして支持できる条項にもとづいて、その他の人々と政治的かつ社会的に協働するのである。これが公共的正当化の意味である」。

(15)「自然法の義務は、社会のなかで終焉するものではないのであり、……それは、立法者に対してもそれ以外の人々に対しても、永遠の規範として[存在する]。立法者が制定する法律は、……自然法に合致しなければならない。……根本的な自然法は人類の保全ということにあるのだから、いかなる人的制裁も、それに反する場合には、正当でも妥当でもありえないであろう」(第一三五段落。第一七一段落も参照)。

(16) 神によって支配者となるように、そして絶対的な統治者となるように任じられた少数の人々(彼らの系譜が、ノアまで、そしてさらにアダムにまでいたることは、長子相続制という規則によってたどることになる)を除いて、すべての人は自然的な、政治的服従の状態のなかに生まれることになる。フィルマーの『パトリアーカ』を参照のこと。ロックによる『統治二論』第一篇は、神がアダムに最高権力を与えたのであり、すべての正統な君主はその権力をアダムから直接的に引き継いでいる、というフィルマーの議論を論駁することに専念している。ロックは第一篇における主たる論点を、第二篇の第一段落で繰り返している。

(17) *Restatement*, p. 23〔『再説』四四頁〕を参照。そこでは、この用語は、自分たちの善の構想を促進するために、自らが属する諸制度に対して要求を掲げる権限をもつ者として、自分を認識するような諸人格を描き出すために使用されている。

(18) Robert Nozick, *Anarchy, State and Utopia* (New York: Basic Books, 1974).〔嶋津格訳

『アナーキー・国家・ユートピア』木鐸社、一九九二年〕

（19） Locke, *A Letter Concerning Toleration*, ed. James H. Tully (Indianapolis: Hackett, 1983)〔加藤節・李静和訳『寛容についての手紙』岩波文庫、二〇一八年〕を参照。この点に関しては、John Dunn, "The Concept of 'Trust' in the Politics of John Locke," in *Philosophy in History* (Cambridge: Cambridge University Press, 1984), p. 294も参照のこと。

講義II　正統な体制に関するロックの解釈

第一節　混合政体下における抵抗

1　ロックに関する最初の講義において、ロックをホッブズと対照したことを思い出してください。ホッブズが関心をもっているのは、破壊的な内戦という問題であり、彼は社会契約という観念を、次のようなことを論じる見地として用いています。つまり、救済に対して私たちがいだく超越的な利害を含んだ、基本的な利害を前提にするなら、効果的で(ホッブズの考えでは)必然的に絶対的な主権者を支持することに対する(そうした利害にもとづく)十分な理由が、そのような主権者が存在するときにはいつでも、すべての人にはある、ということです(ロック講義I、第一節3)。

ロックの目標はこれとは著しく異なっています。彼が擁護したいのは、一六七九年から八一年にかけての「排斥法危機」における、最初のウィッグ派の人々の大義なのです(1)。彼の問題は、当時のイングランドの政体がそうだとみなされていたような混合政体下において、国王に対する抵抗権を定式化する、ということです。ロックは次のような議論をしています。つまりチャールズ二世は、その大権[2]および他の権力の濫用によって、絶対君主として振る舞ってきたのであり、そのことによって体制を解体してしまった結果、議会の権力を含むその体制の権力のすべてが、人民の手に戻った、という議論です。統治は、信託権力、つまり社会契約のもとでの人民の信頼によって委託された権力なのです。そしてその信託が侵害されたときには、人民がもつ憲法制定権力(このように私は呼ぶつもりです)が、再び発動することになるのです。

2　説明します。混合政体を、二つないしそれ以上の立憲的な主体が立法権力を共有している政体、と定義してみましょう。イングランドの場合、こうした主体は、国王と議会となります。そのどちらの主体も至高ではありません。むしろそれらは同格の権力なのです。法律は、国王の同意なしに制定されることはありません。なぜなら法案は、法律となる前に、国王に認可されなければならないからです。他方、国王は議会なしに統治することができません。国王は、政府の官僚機構の運営、軍隊の維持などをするための租税に関して、議会に依存しているのです。そして、外交と防衛をすることに加えて、議会で制定された法を認可したら、それを実施するというのも、国王の義務なのです。国王は、ロックが執行権力と連合権力と呼んだものを併せもっています。

こうして、二つの立憲的主体が存在するのですが、それらは同格の権力なのであり、以下の意味において平等とされます。つまり、どちらも他に対して下位におかれることはなく、両者の間で対立がある場合はこの対立を解消できるような、いかなる立憲的手段も法的枠組みも、この政体の内部には存在しないのです。このことをロックは第一六八段落、つまり第一四章を締めくくる大事な段落において、明確に認めています。ここで彼は、このような対立状態においては、抵抗権が人民の側にあると主張しています。

立憲主義に関するロックの教説の源泉は、ジョージ・ローソンが一六五七年に書いた(そして一六六〇年に出版された)著作、『聖俗政体論』だと思われます。[3] ローソンの考えは、混合政体において国王と議会の間に継続的な対立があるとき、政府そのものが解体しており、政府の全権力は政治社会全体に戻される、というものです。その際に人民は、自由に憲法制定権力を行使できるのであり、この対立を解消し伝統的な政体を復興させるために、もしくは、新たに異なった形態の体制を打ち立てるために必要な処置をとることができるのです。ローソンの考えをロックが最初に述べているのは、第一四九段落においてでありますが、この箇所はそれにつづく四つの段落(第一五〇―一五三段落)と一緒に読まなければなりません。国王は、立法権力を分有する同格の権力の一つであり、自らの同意なしに法律のもとにおかれることはない、というようにロックが注意深く語っていることに注目してください。こうして「ごくおおまかな意味で」、国王は

「至高である」と呼ぶことができるのです(第一五一段落)。これは、当時広くいだかれていたウィッグ的な考え方であったのであり、議会の優位性を唱える後の時代の教説とは異なっているのです。

3 社会契約(ロックはsocial compactという用語をよく使っています)という観念は、いかにしたら混合政体が正統な仕方で樹立されるかを私たちが理解できるようにする、一つの見地としてロックによって使用されています。最初の契約、もしくは社会の契約が、人々を一つの社会に統合し、同時に政治的権威をもった体制の一形態を確立するのです。

このことについて二つの要点があります。第一に、社会契約は全員一致のものです。なぜなら、その社会契約によって、政治的な体制を樹立するという目的のために、すべての人が一つの政治社会に参加するからです。第二に、多数者によってその形態が決定される政治権力は、一定の目的のために託された信託権力となります(第一四九段落)。つまり社会の契約は、政府を樹立するために、人々が互いの間で交わす契約なのです。それは、人々と政府もしくはその執行者の間で交わされる契約ではありません。立法権力が信託権力であるということは、人民がもつ憲法制定権力がつねに存在しており、それが破棄されることはありえない、ということを強調しているのです。政体内の権力の間や、政府と人民の間で紛争が生じるような場合、ほかならぬ人民こそが審判すべきなのです（第一六八段落）。そうすることで人民は、その憲法制定権力を再び行使することになります。もしも国王や議会のせいで人民が戦闘行為を起こすことになるとすれば、その責任は国王や議会のみに帰せられる、とロックは語っています（第二二五―二三〇段落）。

第二節　正統性に関するロックの基本的な論点

1　ここで、いかにして社会契約の教説が、正統な体制の本性に限界を課すことになるかに関するロックの基本的な論点を取り上げましょう。この教説に関する基本的な考え――正統な政治権力は、同意にのみ基礎づけられるという考え――は、『統治二論』第二篇のいたるところで繰り返されています。第九五段落における陳述は、私たちの理解に資するものなので、その一部を引用しましょう。

すでに述べたように、人間はすべて、生来的に自由で平等で独立した存在であるから、誰も、自分自身の同意なしに、この状態を脱して、他者のもつ政治権力に服することはできない。したがって、人々が、自分の自然の自由を放棄して、政治社会の拘束のもとに身をおく唯一の方法は、他人と合意して、自分の所有権と、共同体に属さない人に対するより大きな保障とを安全に享受することを通じて互いに快適で安全で平和な生活を送るために、一つの共同体に加入し結合することに求められる。この合意は、どれだけの人数の人間によってもなされることが許されるであろう。彼らは、それによって、自然状態の自由のうちにとどまる他の人間の自由を侵害することはないからである。……こうして、どれだけの数の人間であろうと、人々が一つの共同体あるいは政府をつくることに合意した場合、彼らは、それによって直ちに結合して一つの政治体をなすことになり、しかも、そこでは、多数派が決定し、それ以外の人々を拘束する権利をもつのである。

この箇所でロックが、「参加する」同意に対比して「創設する」同意と私たちが呼ぶことのできるものを記述していることに、注目しましょう。創設する同意とは、一つの政治体を社会契約によって最初に樹立した人々がなす同意のことを指します。他方、参加する同意とは、実際に現存する政治共同体に、理性を使用できる年齢に達した個人が参加するときになす、同意のことです。この区別は、「原初契約について」(一七五二年)においてなされるヒュームのロック批判を私たちが取り上げる際、重要なものとなります。私たちは自分自身の同意によってのみ、自らを政治的権威のもとに服させることができる、ということをロックは当然視しています。ただむしろ、彼の論点は次のことにあるのです。つまり、平等な自由の状態として自然状態をみなすかぎり、私たちがそれ以外の方法によって、政治的権威に服することはありえない、ということです。このようにして、これから見ていくように、絶対主義的な統治は必ず正統性を欠くのです。

2　ロックの考えを展開するために、彼の政治権力の定義を思い起こしておきましょう。つまり「所有権の調整と維持のために、死刑、したがって、当然それ以下のあらゆる刑罰をともなう法をつくる**権利**であり、また、その法を執行し、外国の侵略から政治的共同体を防衛するために共同体の力を行使する**権利**であって、しかも、すべて、公共善のためだけにそれを行う**権利**」(第三段落)というものです。

　この定義が示しているように、政治権力とは威力や強制力のことではなく、政治的な体制によって保持されている諸権利の複合体のことを意味するのです。もちろん、実効性を保つためにそのような体制は、強制力もしくは制裁力をもたねばなりません——つまり、適正な仕方で限定されてはいますが、強制力を執行し、法を守らせるために制裁を科す、といったことをする権利をもたねばなりません。しかしながらロックにとって政治権力とは、正統な権威の一形態なのであり、この権威は、平等な自由の状態と適切な仕方で関連づけられているのであり、根本的自然法によって限界づけられているのです。

3　正統な統治の唯一の基礎は同意である、というロックの論点は、政治的権威にのみ適用されることに注意しましょう。義務や責務一般に関する、同意論的(もしくは契約論的)説明と呼べるものを、ロックは主張していません。[4] 義務や責務の多くが、同意によって生じるものでないことを彼は認めています。

(a) まずは、最も明白なケースからはじめましょう。神に対する私たちの義務は、創造という神の権利に由来します。このような義務が同意から生じると想定するなら、それは冒瀆的な——それどころか途方もなく馬鹿げた——ことになるでしょう。同じことは自然法を遵守する私たちの義務や、自然法に由来するすべての義務や責務にも当てはまります。以下に、もっと具体的に考察してみましょう。

(b) 自分の両親を尊敬し、尊重するという私たちの義務(それは、家父長権力を論じる第六章において論じられています)は、同意にもとづくものではありません。さらに言うなら、この義務は永遠に続くものなのです。自らの母親を尊敬し、尊重するという義務から国王であっても免れることはありません(第六六、六八段落)。かくして、理性使用の年齢に達したとき私たちは、家父長的権威への服従から免除されるのですが、このことは、私たちが両親に対して負っている他の義務や責務には影響を及ぼさないのです。

(c)　自然状態において他者の所有(財産)権――土地、土地の成果等々――を尊重するという義務は同意に由来するのではなく、自然法の戒律に由来するのであり、この戒律は、ロックに関する最初の講義で私が論じたように、自然法に従う仕方で自然状態に適用されるのです。ここで私たちは、こうした戒律は一般的に遵守されており、人々の所有権、たとえば財産権は正統な仕方で獲得されており、さらには(第五章においてロックが述べている)さまざまな留保が守られている、と仮定しています。

(d)　最後に、根本的自然法が課している義務として、罪のない者(廉直な人や正しい人)の安全に特別の配慮をはらうという義務があります(第一六段落)。第一八三段落において、戦勝者は、たとえその勝利にもとづく行為が完全に正当化される、自衛戦争という正戦の場合であっても、自らに対して不正な戦争を仕掛けてきた者たちの夫人や子どもの要求を認めなければならない、とロックは論じています。こうした人たちは罪のない者なのです。そして、自らの身体に関して自由であり、自らの財産を所有しつづけ、父親の財産を相続するという、敗戦者の「生来の権利」とロックが呼ぶものをも、こうした人たちは敗者を不正な仕方で援助していないと仮定することで、戦勝者は認めなければならないのです(第一九〇―一九四段落)。戦勝者が認めねばならないこうした権利は、根本的自然法にもとづいているのです。

こうして、同意に由来しない多くの義務や責務が存在することになります。(自らの約束や他のコミットメントを守るという）忠誠の原理に由来する義務や責務を除けば、こうしたもののすべては、ある種の条件のもとにおかれた根本的自然法の諸帰結とみなすことができる、と私は考えています。そしてもちろん、すでに述べたように、私たちが自然法に拘束されるということは同意に由来するのではないのですし、言うまでもなく、神に対する私たちの義務もそうなのです。

4 この点においてロックは、政治権力の起源が同意であるとする彼の基本的な論点を、あたかも自明なこととして議論を進めているように思えます。実際、このことには自明であるようなところがあります。つまり、自由な同意がないとすれば、いったいどうしたら自由で平等な人格——全員が平等に理性をもち、自分自身に対する平等の統治権をもっているような人々——が、そのような権威の臣民になれるのだろうか、という疑問が当然生まれてくるのです。自由で平等な主権国家のケースと比べてみましょう。主権国家が、他の主権国家によって拘束されるとすれば、それは、たとえば条約のようなもので、その国家が自由な同意を与えた場合以外にはないのです。

しかしながら、ロックの論点がいかに妥当性のあるもののようであっても、彼がただたんに、それは自明のことであると語っているわけではないのです。『統治二論』第二篇における彼の論法は、以下のような論拠による議論であると見ることができます。つまり、基本的な法は根本的自然法であり、私たちは、自分たちの政治的な関係における権力と自由のすべて、そして権利と義務のすべてを、忠誠の原理とともにこの法を参照することによって正当化しなければならない、という論法です。

彼の考えは次のようなものです。私たちが日常的に受け入れているさまざまな権力や権利で、ほとんど意識することなく政治的権威の基礎となっているようなものを数え上げてみる。たとえば、所有権(財産権)という権利、親の権力、正戦における戦勝者の権利がそれで、ロックはこれらすべてについて論じています。すると、こうした権力や権利のいずれをとってみても、政治的権威の基礎となりえないことが明らかである、とロックは考えているのです。むしろ、こうした権力や権利はそれぞれ、ある特定の条件のもとで人と人とが結びつくさまざまに異なった形態がもっている何らかの目的に適合的なのであり、そうした条件は、自然状態において成立することもあれば、社会のなかで成立することも、そしてその両方において成立することもあるのです。社会的結合の異なった形態には、異なった形態の権威がある、というのがロックの考えなのです(第八三段落の最後の文章を参照してください)。こうした結びつきは、異なった権力と権利をもった、他の種類の権威を生じさせるのです。正統な政治的権威を確立するためには、何か他の方法を探さなければならないのです。

5　説明しましょう。親の権威というケースを考えてみてください。親の権威というのは、その適用範囲が非常に包括的なので、ある意味では政治的権力のように見えるものです。『パトリアーカ』においてフィルマーは、すべての政治的権威が、もともと神がその源泉としてアダムに与えた、親としての権威に由来すると主張していました。フィルマーに対抗してロックは、自分の子どもに対して親がもっている権威は、一時的なものだと主張しています。私たちはすべて、たとえ完全な自由と平等の状態のなかに生まれ落ちることはないとしても、そのような状態にやがて入っていくものなのです（第五段落）。理性使用ができる年齢にいたるまで、誰かが私たちの保護者もしくは管財人の役目を果たさねばならないし、私たちの善を保障するのに必要な決定や、理性使用の年齢になり親の権力の支配が止むとき、自らの正統な自由を自分のものとして引き受けることを私たちに準備させるのに必要な決定をしなければなりません。フィルマーに対抗して提示している、親の権力に関するロックの解釈の主眼は、いかにしてこの権威が私たちの未成年期においてはじまり、私たちが成年になるときに終わるのかということと、それが政治権力になることはありえないということを明らかにする点にあります。[5]

6　次の講義において私は、所有権という権利に関するロックの解釈をある程度詳細に論じるつもりです。しかしながらここでは、親のもつ権力と同様に、所有権という権利もまた、政治権力の基礎とはなりえない、ということがロックの考えにおいて本質的であるということに注意してください。このことを示すために、彼は(何にもまして)二つのことを第五章において行っています。

(a) 第一に彼は、フィルマーに反対して次のように主張しています。つまり、もともとこの大地とその産物は、共有物として与えられたものであったのだが、個人や家族は、この世界の最初の時代と、政治的権威が樹立されるはるか前において、すべての人類の同意を得ることなく、事物の所有権をもつことができたのであり、実際にもっていた、というのです。所有権は統治が存在する以前に、存在することができるのです。この所有権を保障することこそが、人々が政治社会に入る理由の一部なのです。封建制は所有権と政治的権威を結びつけていたのですが、それとは異なったやり方でロックは、所有権は統治に先行するものであり、統治の基礎ではないのだ、と主張しているのです。

(b) 第二にロックは、次のように主張しています。つまり、さまざまに異なった規模での財産の集積や、貨幣の導入、人口の増加と部族間の境界線を引く必要性、そしてその他の変化要因によって、組織化された政治的権威が必要になるような段階にまで歴史が発展したとしても、財産権はそれ自体で、封建社会におけるように、政治的権威とはならない、というのです。政治的権威が存在するようになるためには、社会契約が必要になります。明らかに、この契約の項目は、財産権の存在と配分関係に影響を受けるのですが、それはまた別の問題なのです。所有権は統治に先行するものなのですが、統治の基礎ではないのです。

第三節　正統な政治体制をめぐるロックの基準

1 正統な政治的権威と、それに対する責務に関するロックの説明は、二つの部分からなっています。

(a) 第一の部分は、正統性についての説明になります。それは、政治的・社会的制度のシステムとしての政治体制が、どのようなとき正統なものとなるのかを明らかにするのです。

(b) 第二の部分は、個人として、もしくは市民として、私たちが現存する体制に服従する際の諸条件を定めるものです。それは、政治的義務と責務の説明となります。

これら二つの部分は、注意深く区別されるべきなのです。

まずは第一の部分に取りかかりましょう。それは正統な体制をめぐる基準なのですが、次のように定式化することができます。政治体制というのは、それが、正しくなされた歴史的転換のプロセスを経た、契約の結果と仮定できるようなものである場合にのみ、正統だとされます。そしてそのプロセスとは、完全な自由と平等の状態――つまり、すべての人が王であるという意味での、平等な権利の状態――である自然状態をもってはじまるものなのです。私たちはこのプロセスを「理念的歴史」と呼ぶことにします。このような定式化には、かなりの考察と説明が必要です。

2　第一に、正しくなされた歴史的転換のプロセス(もしくは理念的歴史)とは何でしょうか。それは、かなり異なった二つの条件をみたすような、歴史的プロセスのことなのです。

(a)　条件の一つは、すべての人格が自らの正統な利益を、つまり自然法の範囲内で許容できる利益を促進するという点で合理的な行為をするということです。ロックの言葉を使えば、こうした利益は、自らの生命、自由、そして資産に関する利益となります(6)。

(b)　もう一つの条件は、すべての人が理に適った仕方で、つまり自然法のもとにある義務や責務と一致する仕方で行為する、ということです。

簡単に言うなら、すべての人が、合理的にかつ正しい仕方で、もしくは理に適った仕方で、行為する、ということです。

このことが意味しているのは、理念的歴史において制度の転換(たとえば、貨幣の導入、部族間の境界線の確定)は、以下のような場合にのみ同意されるということです。

第一にそれは、当該の諸個人が、自分の現在と予測される未来の状況をかんがみると、こうした変化が自分にとって合理的な利益になる、つまり、自分の正統な利益を促進するものである、と信じるのに十分な理由がある場合にのみ、同意されるのです。そして第二にそれは、他の人の強制や、暴力や詐欺の脅威のもとにおかれるといった、すべて根本的自然法に反するようなことを、何人も被らない場合にのみ、さらには、根本的自然法のもとでの相互の義務をすべての人が尊重している場合にのみ、同意されるのです。

第一の条件は、個人と集合体の双方における、合理性の条件であります。第二の条件は、正しい、もしくは理に適った行為の条件であり、それは、根本的自然法が私たちの自然的自由に課している制限を受け入れるというものです。

ここにおいて、次のことにはっきりと注目すべきでしょう。すなわちロックにとって、強要と暴力という脅威は、同意を引きだすものとして利用することができないものなのです。このようなことを利用した状況下でなされた約束には、拘束力がありません(第一七六、一八六段落)。さらに言うなら、自分がもっていない権利や権力を、他の人に委ねたり譲ったりすることはできません(第一三五段落)。こうして、契約によって、自分自身を隷属状態に売り渡すことはできないことになります(第二三段落。第一四一段落も参照)。

要約しましょう。ロックにとって、理念的歴史における合意はすべて、自由で強制されていない、全員一致のものであると同時に、すべての人の観点からして理に適っており合理的なものなのです。

3　先ほど、第三節1で、正統な体制をめぐる社会契約的基準を述べる際、「仮定できる」という言葉を使っていたことに、注目してください。そこでは、政治体制は、それが歴史的転換の、もしくは私たちが「理念的歴史」と呼んだものの、正しくなされたプロセスの一部としての、契約の所産だと仮定できるような統治形態である場合のときだけ、正統なものとなる、と語られています。ここにおいて、理念的歴史には、長期にわたる一連の合意が含まれうる、と仮定されています。こうした合意の影響は累積的であり、いかなる時点においても社会の制度的な構造に反映されているのです。

このように、ロックの考えでは政治体制は、それが理念的歴史における契約の所産であると仮定するとき、正統になるのだ、と私たちは言っていないのです。そのような言い方は、あまりに強すぎる主張ですし、ロックがする必要のないものです。ロックは、理念的歴史において理に適っていて合理的であるものに、ある種の制約を課すことによって議論を進めています。おそらく、異なった種類の体制が契約の所産となりうるのであり、そのそれぞれが、このような制約と両立するのです。

しかしながらこのことは、絶対王政はそうした仕方での契約の所産とはなりえないことを示すという、ロックの目的に適合するのです。つまり、絶対王政という形態の体制は、排除されるのです。絶対王政に対抗する議論を提示することがロックの目標だということは、この問題を彼が取り上げている箇所が多くあるということと、彼の言葉遣いの激しさとによって、明らかになります。彼にとって、私たちが絶対君主に服従することは、自らの(自然的)義務に反することであり、非合理的なことなのです。なぜなら、そうすることで私たちは、自然状態よりも悪化した状態に自らをおくことになるのであり(第一三段落、九一段落以下、および一三七段落)、そんなことを合理的な存在ならしないからなのです。[7] この点に関して、第一三一段落における重要な言明を見てください。そこで彼は、諸々の法律と制約をともなっている社会に参加するために、自然状態においてもっている平等、自由、そして執行権力を放棄するとき、人はそれを「もっぱら、自分自身の自由と所有権とをよりよく保全しようという各人の意図のもとに」なすのであり、「理性的な被造物が、現在の状態よりも悪くなることを意図して自分の境遇をかえるとは思われない」と述べています。さらにつづけて彼は、誰であろうと権力をもつ者は、にわか仕立ての法令によってではなく、恒常的で確立された法律によって統治しなければならないのだが、「……これらすべては、国民の平和、安全、公共善以外のいかなる目的にも向けられてはならない」と述べています。ロックにとって法の支配がどんな役割を負っているのかを理解するためには、このことをこの文脈のなかにおかねばなりません。

これとは対照的に、混合政体は契約の所産となりえます。ロックにとって、イギリスの国制が混合政体であると同時に正統なものであるということは、疑問の余地のないものなのです。こうして、いったん彼の基準が受け入れられるなら、絶対主義は正統性を失うことになり、したがって、混合政体という政情においては、絶対主義を標榜する国王に抵抗することが許されることになるのです。

4　ここまで述べてきたことのなかには、正統な体制をめぐるロックの基準が、仮説的なものであることが暗示されています。つまり、ある形態の体制が正統であるかどうかを、それが理念的歴史のもとにおける契約の所産であるとみなすことができるかを検討することで、確かめることができるのです。それが実際に契約の所産である必要はないのです。つまり、それ以外の仕方で出来上がった体制であっても、正統なものになりうるのです。

説明しましょう。ノルマン人の征服は、たとえば征服の権利によって、ノルマン人による支配の正統性を確立していない、とロックは認識しています(第一七七段落)。征服のとき以来、さまざまな制度上の変化が生じており、それによってもともとのノルマン体制は(ロックが理解しているような)混合政体に変容したのです。したがって、現行の体制は、社会契約の基準をみたしているのです。それは契約の所産とみなすことのできるような体制の一形態なのであり、したがって、正統なものとして受け入れることができるのであり、実際に受け入れられているのです。

しかしながら、ロックの基準は仮説的なものであっても、それは非歴史的なものではないのです。つまり、理念的歴史は、歴史の変化がたどることのできるプロセスなのであり、そこでは、人間存在は理に適った仕方で合理的に行為することができる、と想定されています。このような想定は、非常に非現実的かもしれませんが、不可能ではないのです。これとは対照的に、私が「公正としての正義」と呼んできた正義の政治的な構想において、原初状態は非歴史的なものである、と私は想定しています。つまり原初状態は、私たちの熟慮された確信をより一般的にモデル化するための、表象の装置であるとみなされているのです。(8)

5　結論はこうなります。正統な政治体制をめぐるロックの基準は、消極的なものなのです。つまりそれは、ある種の形態の体制を、非正統的なものとして排除するのです。つまり、理念的歴史における一連の合意からなる、契約の所産であると仮定できないものを排除するのです。この基準は、最善の、もしくは理想の政治体制、それどころかより善い政治体制を、特定しないのです。そのような特定化をするならば、唯一最善の体制が存在する、もしくは、社会契約の所産となる同じくらいに善いとされる最善の体制が少数ながらもいくつか存在する、とロックは述べなければならなくなります。このようなことを述べるには、さらにもっと一般的な教説が必要になるでしょう。さらに言うなら、そうしたことはロックに対して、彼自身の政治的目標をはるかに超えたことを要求することになるのです。彼が、自分に必要なことを論じ、それ以上をしていない、ということは、きわめてまっとうなことなのです。

第四節　個々人の政治的責務

1　ここまで私たちは、正統性――正統な統治がとることのできる形態――をめぐるロックの基準について、論じてきました。正統性に関する説明と、個々の人格の政治的義務や責務に関する説明を、区別することが重要です。この後者の問題に、ここで取り組むことにします。そして、いかにして(個々人としての)私たちが、ある時点において存在しておりかつ自分が服することになる、ある特定の体制に拘束されるようになるのだろうか、という問いに取り組みます。

この点に関して、フィルマーとの対照がはっきりしています。[9]フィルマーの出発点は、神の息吹を受けた作品としての聖書でした。聖書は、すべての本質的事項に関して神の意志を明らかにしていましたし、世界と人間社会の本性に関する、重要な真理を含んでいたのです。フィルマーによれば、私たちは何らかの権威のもとに生まれ落ち、それにつねに服従しなければならないのです。これは、自然的服従という考えであり、ロックが第一一四、一一六、そして一一七段落において言及しているものです。すべての人が平等に自分自身の主権者であるという、平等の権利の状態としての自然という考えや、政治的権威は同意に由来するものとみなされなければならないという考えは、フィルマーにとって完全な誤りなのです。彼によれば、聖書が示しているのは、人間社会はただ一人の男性、アダムに起源をもつということなのです。そしてイヴが創造される以前、全世界、つまりそのすべての土地と被造物は、アダムによって独占されていたのです。世界はアダムの所有物であり、彼は神にのみ服従していたのです。こうして、アダム一人によって、そして二人以上の男性によってでもなく、あるいは男性と女性という平等なメンバーからなる多数の人々によってでもないという、このやり方で世界がはじまったということは、ほかならぬ神の意志だったのです。

　こうしてフィルマーは、人間存在のすべてが最初の男性、つまりアダムに服従することになっている、と考えたのです。結果として非常に巨大なものとなった家族（彼は九〇〇年以上生きたとされています）の、父親、もしくは族長となることによって、アダムは支配者となったのであり、すべての人が彼に服従したのです。彼の死により、家族もしくは国家を支配する権力は、長子相続権のルールによって彼の息子に移譲しました。そしてすべての人はアダムを祖先とするのですから、すべての人は互いに、自然的および生理的な意味で関係づけられていることになります。このように、人間社会は同意にではなく、自然による絆によって基礎づけられることを、そして、その社会の形態が、階層的なものとなり、自然的服従によるものとなることを、神は意志していたのです。

2　第一一三から一二二段落にかけての重要な段落において、自然的服従という考えに対する批判をロックが展開しています。個々人の政治的責務に関するロックの考えは、父性や、出生、居住の場所が、私たちの政治的責務を決定するうえで十分な理由とはならない、というものです。父親はその息子を義務づけることはできません(第一一六段落)。そして各人は、理性使用の年齢になるとき、何らかの形で同意をしなければなりません。この同意を私たちは、参加する同意と考えてよいでしょう。つまりそれが、ロックが「明示的な同意」と呼ぶものである場合、それによって私たちが現行の政治社会に編入されるような同意です。人が成年になるとき、その同意を「大勢で一緒に」(第一一七段落)するのではなく、各人が個々にするのだ、とロックは述べています。したがって、こうした同意に私たちが気づくことはないので、彼らは自然に服従しているというように、間違った結論を下してしまうのです。こうした議論のすべては、ロックがフィルマーに向けて提示したものであります。

さて、問題は次のようになります。いかにして個々人は、「参加する同意」をするのでしょうか。この点に関してロックは、同意について「明示的」と「黙示的」という区別を導入しています（第一一九―一二二段落）。ロックの文章は、この点に関しては、あまりはっきりしたものではありません。しかしながら、いくつかの主要な論点として、以下のようなものが考えられるでしょう。

（a）明示的な同意は、「明示的な取り決め、明白な約束と契約」（第一二二段落）によってなされるもの、たとえば、国王に対する忠誠の誓い[10]（それは、第六二、一五一段落において触れられています）を意味するのですが、黙示的同意はそのようなものではないのです。

（b）明示的な同意は、自らの人格をコモンウェルスの一部とするという意図をもって、そして自分をその社会の一員とし、その政府の臣民とするという意図をもってなされるのですが、黙示的な同意にはそのような意図はともなわれていません（第一一九、一二二段落）。

（c）明示的な同意によって私たちは結果として、社会の恒久的な一員となり（第一二一段落以下）、その社会に変更不可能な仕方で服従することになり、（私たちが生まれ落ちるところである）自然状態における自由を再び享受することがなくなるのに対して、黙示的な同意にはこのような結果はともないません（第一二一段落以下）。黙示的同意によって私たちは、コモンウェルスに住んでいる間、そしてその土地(等々)を享受している間、そのコモンウェルスの法律を遵守するように義務づけられるだけなのです。

(d) 明示的な同意は、私たちの人格を社会の一部とするという点で、創設する同意に似ているのですが、黙示的な同意はそうではありません。

要約しましょう。明示的な、参加する同意によって(通常は生粋のイングランド人として)私たちはコモンウェルスの完全な市民となるのですが、黙示的な同意によって私たちは、(居住外国人として)ある政体の領地内に住む間、その法律を遵守する責務を負うことになる、というのがロックの考えなのです。

3　すでに見てきたように、ロックの教説には二つの部分があります。その一つが正統性をめぐる説明であり、もう一つが人格の義務と責務をめぐる説明です。両方とも、神権とアダムの族父権力にもとづくとされ、自然的服従という考えをともなっている、絶対王政の正統性に関するフィルマーの説明に、向けられたものであります。

ここで、この二つの部分の間にある関係性をめぐる、新たな問題が浮上することになります。ロックの立場からすると、主要な論点の一つは、明示的な同意によって私たちは正統な体制によってのみ義務づけられるのであり、不正な体制に義務づけられることはない、というものです(黙示的な同意は、ロックにとってあまり重要ではありません)。

こうして、ある体制の正統性というのは、その体制の法律を遵守するという政治的な責務の必要条件なのです。第二〇段落においてロックは、もし法律が不正な仕方で執行されるならば、「被害者に対して戦争が行われる」と述べています。つまり、明白に不正で暴力的な体制に対して、私たちが政治的な義務や責務を負うことはない(否それどころか、できない)ことになります。ここで私は、明白に不正で暴力的、もしくは少なくとも十分なほどにそのような体制、と表現しますが、それは、どんなものであれ人間の体制が完全に正しいものになると期待するのは道理に適うものではないし、政治権力を行使する者が、道徳的もしくはその他の、普通にある間違いを犯すことに対して、適切な考慮がなされねばならないからであります。

体制の正統性が、政治的責務の必要条件である、というのは、ロックの教説の目的に適うものです。というのも、思い出してほしいのですが、混合政体において国王に対して抵抗することを正当化したいとロックは望んでいたからです。この考えは、信託権力としての政治的権威、という考えと一致します。そして、権力を理に適った仕方で行使しており、自分たちの基本的な権利と自由を侵す恐れのないような場合には、現行の体制に反抗することを、人民は嫌がるのだという、(第二二五段落で述べられている)ロックの考えとも一致するのです。ロックはまた、政治的権威をもっている人々にとって、この必要条件をみたすことは比較的簡単である、と考えています。不正な支配者は、叛逆と革命を、自分自身に呼び寄せているのです(第二二七―二三〇段落)。

　こうして、この条件がみたされているかぎり、人は成年になるとき、すすんで自由で明示的な同意をすることになるのです。政治的権威を行使する際の自らの理に適った行為が、その臣民がその正統性を受け入れるように義務づけるための必要条件であることを、国王がよく承知することが肝要である、とロックは考えています。このような認識は、国王の行動に対する制約として機能するでしょう。自分の臣民は、どんなことであっても、自分に対して服従する義務を負っているのだ、という間違った信念ほど、国王に自制心を失わせるものはないのです。

4　しかしながら、正統性のない体制に対して、私たちは政治的責務を負わないという事実があるからといって、その他の理由があるので、その体制の法律に遵守する義務が免除されるわけではないし、その体制への抵抗を和らげてはならないというわけでもないことに、注目してください。とはいえそのような理由が、自らの同意に由来する政治的な義務や責務から導出されるわけでもありません。
　むしろ、私たちが抵抗を避けるべきだとするなら、それは効果的でないからなのかもしれません。実際、そのような場合、その体制はさらに圧政的になるでしょうし、罪のない人々に必要のない害悪を与えることになるでしょう。重要なことは、ある体制とその法律に従うことに関して、ロックの考えのなかにはさまざまな理由があるのであり、その多くが、政治的義務や責務に基礎づけられてはいない、という点なのです。そうした理由のなかに、それが自国のものであれ他国のものであれ、正統で正義に適う現行の体制に反抗してはならないという義務がある、と私は考えています。しかしながら、すべてを考慮したうえで、次のような場合には、正統性を欠き、十分なほど不正な体制に対する抵抗権があることになるでしょう。つまり、抵抗が実効的なものとなる可能性と、抵抗の後に正統な体制が、罪のない人々の生命という多大な損失がない形で、樹立されるという可能性が十分に高い、というような場合です。

ここにおいて、もちろん私たちは、計り知れない事柄について、比較考量しなければならないのです。そのような可能性は、どれくらい大きいのでしょうか。この体制は、どのくらい不正なのでしょうか。その他多くのことを考慮しなければなりません。こうした問いには、厳密な解答はありませんし、いわば、判断力に依存するものなのです。政治哲学には、判断力の詳細な手順を定式化することができません。そしてこのことは、明示的に、繰り返し、主張されるべきことなのです。政治哲学にできるかもしれないことは、熟慮を反省によって検証する際に指針となるような枠組みを提供することなので す。そうした枠組みに含まれるものには、より関連性のある考察は何であるのかに関する、ある程度定まったリストがあるでしょうし、そうした考察の間で、当然のことながら、対立が生じた場合に、それらの相対的な重要性を示す何らかの示唆もあるでしょう。したがって、理に適った人格であるなら意見の相違があるに違いない、多くの計り知れない事柄について、その重要性を計るという、複雑な判断にいたらざるをえない、というのが避けがたいことなのです。これは、私が「判断の重荷」と呼んでいるものの、典型的なケースであります。つまり、理に適った人格の間で生じる、理に適った非合意の源泉なのです(11)。

第五節　憲法制定権力と政府の解体

1　ロックのなかには、非常に急進的な考えが三つ、潜在しています。その一つを私たちは検討してきました。つまり、完全な自由と平等な政治的統治権の状態としての自然状態という考えと、この考えを正統な政治体制の基準に導入するという考えです。

第二のものは、人民がもつ憲法制定権力という考えで、この権力によって人民は、自らの政治的生活を公共善のために規制することを信託する、立法権力という制度形態を樹立するというものです。この考えのなかに、さらなる考えが含まれています。つまり、混合政体において、その政体を構成する主体——つまり国王であれ議会であれ——のいずれかが、その信託に違反したときはいつでも、その政府は解体する、というものです。

そのような場合、新しい形態の政府を設立して、彼らの信託に違反した者を退ける権力を、人民がもつことになります。

2 ここで、立憲的政府という考えの基礎としての、憲法制定権力という考えについて、いくつかの論点を検討することにしましょう。

(a) 立憲的政府は、憲法制定権力と通常権力(もしくは、『聖俗政体論』のなかでローソンが述べている、真正権力と人的権力)の間に、根本的な区別を設けます。憲法制定権力とは、政府の形態を、つまり憲法そのものを決定する権力(権利)を意味します。通常権力とは、憲法のもとにある政府の官吏によって、政治的業務の日常的な過程において行使される権力(権利)を意味します。立憲的政治とは、憲法制定権力の行使(たとえば、改憲のために選挙人を動員すること)を意味します。通常政治とは、通常権力の行使(たとえば、立法のために議会や国会を説得すること、もしくは判決を下す裁判官を説得すること)を意味します。(12)

(b) この教説のなかには、統治契約、つまり、一方における国王および議会と、他方における人民との間で交わされる契約は存在しません。ロックにとって社会契約は、個々人としての人民が、互いの間で交わす合意を意味しています。各人が他の人々と合意を交わすのですし、この合意は全員一致のものなのです。すべての人が、ある政治体制によって統治される、一つの社会へ一緒に参加することに合意するのです。この体制の形態は、この参加者のなかの多数が、社会の現在と予想される未来の状況を基にして、適切だと決定したものに、それがどんな形態であろうと、決まることになります。

(c) この多数者がその体制に、通常政治の権威を信託するのです。かくして、ロックにおいて政治権力は、信託権力、つまり一つの信託である、ということが強調されるべきなのです。通常権力を行使する者が彼らの信託に違反しているかどうかを、誰が判断するべきなのか、と問われるならば、ほかならぬ人民が決定しなければならない、というのがその答えでなければいけません(第一四九、一六八、二四〇―二四三段落)。

3　最後に、チャールズ二世はその大権と他の権力を濫用することで、事実上政府を解体したのだ、とロックは考えたのですが、人民(つまり社会全体)がどのように行為すべきか、もしくはどの制度を通じてその憲法制定権力を行使すべきかについて、彼は何も述べていません。私たちは、「人民とは誰なのか。彼らはどのように行為することができるのか」と問うことができるでしょう。こうした問題について、ロックは何の説明もしていません。

再びローソンを見るなら、彼は『聖俗政体論』において、憲法制定権力を行使して正統な体制を再び樹立しようとする意志が、人民のなかに十分に残っているかぎり、人民としての共同社会(コミュニティ)――ネイション――が内戦によって解体されることはない、と主張していました。ローソンは、憲法制定会議(コンスティテューショナル・コンヴェンション)としてはたらくような、人民の代表者よりなる集会を地方レベルで組織する、カウンティ(州)の裁判所を通じて、共同社会が活動すると考えていたように思えます。もちろんこのような会議は、議会の形式と手続きを利用することになるでしょう。でもこの会議は、議会ではないのです。共同社会の代表者による会議として、それは新しい形態の体制を樹立するという憲法制定権力をもつのであり、この新しい形態の体制は、もしも共同社会によって受け入れられたなら、正統なものとなるのです[13]。

おそらく、ロックの考えもこれに似たものであったでしょう。しかしながら一六八九年において、こうした考えは彼のウィッグ派の仲間たちから、あまりにも急進的だとして拒絶されていたのでした。ここで、この問題をさらに追求するつもりはありません。私たちの目的にとって興味があるのは、人民の憲法制定権力という考えと、政府の解体という考えは、そうした考えが制度のなかにしっかりとした仕方で組み込まれるまでは、あいまいな考えに、いやそれどころかかなり意味の定まらない考えにならざるをえない、ということなのです。

たとえば、アメリカ合衆国憲法における次のような区別を考えてみてください。つまり、選挙で選ばれ、指名された官吏がもつ通常の権力と、憲法修正案を可決する際に選挙人によって行使される憲法制定権力や、憲法制定会議によって行使される憲法制定権力の区別です。そして、そうした会議が位置づけられている、手続きの総体のなかで設けられている区別について、考えてみてください。こうした取り決めは、人民の憲法制定権力という考えに、制度的な表現を与えるために必要なものなのであり、それらは、完全に発展させられた立憲政体において、その本質的な部分をなしているのです。しかしながら、これは後の時代の問題です。最初の憲法制定会議が開かれたのは、一七八〇年のマサチューセッツであったと思われます。それは、アメリカの発明なのです[14]。

ロックのなかには、第三の急進的な考えが潜在しています。つまり、所有権という権利が、労働にもとづいている、という考えです。この考えを、次の講義で取り上げます。

注

(1) 長年にわたって、『統治二論』第二篇は一六八八年の革命後、革命を正当化するものとして書かれたと想定されていた。しかしながらラズレットによれば、『統治二論』第二篇の原稿の多くは、一六七九年から八〇年にかけて書かれたのであり、そこには第二章から七章、一〇章から一四章、そして一九章が含まれている。それに後に追加されている部分があり、一六八一年と一六八三年に書かれたものや、一六八九年に書かれたものがあるとされている。ラズレットによる、Introduction to *Locke: Two Treatises of Government*, p. 65 を参照。

(2) 法律の規定なしで、そしてときには法規に逆らって、公共善のために行使される、自由裁量による権力が、大権と呼ばれている。第一六〇段落を参照。

(3) 革新的思想家であるローソンについては、以下の優れた研究を参照のこと。Julian Franklin, *John Locke and the Theory of Sovereignty* (Cambridge: Cambridge University Press, 1978), Ch. 3〔前掲『ジョン・ロックと主権理論』〕。この問題に関してはとくに、pp. 69-81 を参照。

(4) このような考えの一例は、注意深い解釈が必要だが、T・M・スキャンロンの契約論である。以下の著作に含まれている、スキャンロンの論文を参照のこと。Amartya Sen and Bernard Williams ed., *Utilitarianism and Beyond* (Cambridge: Cambridge University Press, 1982)〔後藤玲子監訳『功利主義をのりこえて』ミネルヴァ書房、二〇一九年〕。スキャンロンによる、次の著作も参照のこと。Scanlon, *What We Owe to Each Other* (Cambridge, Mass.: Harvard University Press, 1998).

(5) ロックの考え方にある特徴の一つは、彼がしばしば女性を男性と平等のものとして扱っているということであり、その考え方はたとえば、夫人を夫と同等に扱っている『統治二論』第二篇の第六五段落に見られる。スーザン・オーキンは、その著作 Susan Okin, *Women in Western Political Thought* (Princeton: Princeton University Press, 1979)〔田林葉・重森臣広訳『政治思想のなかの女』晃洋書房、二〇一〇年〕, pp. 199ff において、ロックはそのような考え方を、フィルマーの家父長制主義に対抗するという自らの企図と合致するときにだけ、採用していたのだ、と論じている。たとえば、家庭内において夫婦の意見が一致しない場合、夫にこそ権威がある、とされている。つまり「……より有能で有力な者であるので、そうした権威が男性に帰属するのが自然である」というのである。『統治二論』第二篇第八二段落を参照。第一篇の第四七段落も参照。そこでは、女性には対等な政治的権利があるかどうかということが、考慮さえされていない。

(6) この種の利益は、ロックの契約論に出てくる人格に関する、彼の標準的な見解に含まれているものである。この種の何らかの標準的な見解を、契約論は必ず含むものであるということを、私たちは見てきた。こうした見解は、全員一致の合意にとっての合理的な基礎を形成するために、契約の当事者を標準化するという営みの一部になっている。

(7) この点でロックはホッブズと意見を異にする。ホッブズは自然状態を、あらゆる意味で最悪の状態だとしている。

(8) *Restatement*〔『再説』〕第六節3—5を参照。

(9) Robert Filmer, *Patriarcha and Other Writings.* さらなる引証として、「ロック講義I」における注(5)を参照。

(10) John Dunn, *The Political Thought of John Locke*, pp. 136–141 を参照。

(11) 判断の重荷という考えについては、*Restatement*, pp. 35–36〔『再説』六九—七〇頁〕と、Rawls, *Political Liberalism* (New York: Columbia University Press, 1993), pp. 54–58 を参照。

(12) 立憲的政治と通常政治の区別については、ブルース・アッカマンの重要な著作、Bruce Ackerman, *We the People* (Cambridge, Mass.: Harvard University Press, 1991) を参照。この著作の第一巻の第一章から三章が、一般的な考え方を示しており、それは全体として優れたものである。アッカマンの考えでは、アメリカ合衆国における三つの主要な立憲的政治の時代は、建国期、南北戦争による憲法修正の時期、そしてニューディール期となる。解釈の問題を除けば、こうした三つの、もちろん関連しているのだが、異なった三つの憲法が存在するのである。

(13) この点を論じているのが、Julian Franklin, *John Locke and the Theory of Sovereignty* (New York: Cambridge University Press, 1978), pp. 73ff である。

(14) レオナルド・レヴィが編者で序論を書いている、*Essays on the Making of the Constitution*, 2nd ed., ed. Leonard Levy (Oxford: Oxford University Press, 1987), p. xxi を参照。

講義Ⅲ　所有権と階級国家

第一節　問題の提示

1　ここで私は、所有権に関するロックの説明と、それが生みだす問題を取り上げます。この問題は、次のように述べることができるでしょう。つまり、ロックの社会契約論は、法の支配と、国王と至高の立法権威を共有する代議政体をともなった、立憲主義国家を支持するものであると、彼は考えていました。しかしながら、この国家においては、ある程度の財産をもった人々だけが、投票することができるのです。このような財産所有者たちを、(受動的市民と対比して)能動的市民と呼ぶことにします。市民のなかでも彼らだけが、政治的権威を行使するのです。

さてここで、この立憲的であるが階級的でもある国家は、ロックの社会契約論と矛盾しないのか、という問題が浮上します。私たちの解釈によれば、階級国家が理念的歴史の過程のなかで、自由な同意の結果として生じることが可能なのか、という問いが浮かぶことになります。理念的歴史の出発点が、平等な統治権の状態であり、そこですべての人が理に適った仕方で、合理的に行動するという、自然状態である、ということを思い起こしてください。いかにして正統な政治的権威が生まれることができるのか、を説明するロックの教説と、階級国家は矛盾するというように、何人かの人々、たとえばC・B・マクファースンには思えたのです。[1]

議論を進める前に、私的所有権を正当化するというのが、ロックの関心ではない、ということを述べておくべきでしょう。そのように言えるのは、彼が相手にしている読者の間に、そのような論争がなかったからです。財産所有が正当化されるということは、当然視されているのです。この広範に認められている社会制度が、彼自身の社会契約論の内部で、いかにして説明され、その正しさを示されることができるのか、ということの説明が、ロックの課題なのです。『統治二論』第二篇の第五章における詳細な議論の多くが、この説明をしているのです。つまり、フィルマーの言っていることに反して、契約論的考え方が普通の意見と調和していることを、論証しているのです。

2 マクファースンについてコメントしておきましょう。ロックにおいて不平等な政治的権利が生じているのは、財産所有がない人々を、原初契約の参加者としてロックが考えていないということに、まさしく起因しているのだ、とマクファースンは思い込んでいるのです。財産所有のない人々は、野蛮で思いやりのない者たちであり、理に適った合理的なことができないのであり、したがって、自らの同意を与えることができないのだ、という考えが、ロックにあると彼は考えています。〔しかし〕こうした解釈を支持するようなテクストは、『統治二論』のなかにほとんど存在していません。では、なぜマクファースンはこのような主張をしているのでしょうか。おそらくその答えは次のようなものでしょう。つまり、もしも財産所有のない人々が原初契約の参加者だったとすれば、彼らが理に適っており合理的であると仮定するなら、階級国家における不平等な政治的権利に同意を与えるはずがないということは、あまりにも明白だと彼が考えたのです。こうしてマクファースンは、ロックがこうした人々を、能力に欠け、理性使用のできない者として、排除したに違いない、と考えたのでしょう。

さて、もし以上の推論がマクファースンのものだとするならば、それは、社会契約から日常生活においてなされる契約にまでいたる、あらゆる合意をめぐる中心的な論点を見過ごしていることになります。つまり、一般的に言って、合意が特定する内容は、契約の内容が論じられている状況の外部において参加者がもっている、取引上の相対的位置関係に依存している、ということを見過ごしているのです。契約の参加者が、ある基本的な点において平等である(自分自身に対する平等な統治権、つまりいわゆる平等な主権をもっている)という事実は、その社会契約の内容もすべて、平等なものとならなければならない、ということを含意しないのです。むしろ、こうした内容は不平等なものでもおかしくないのであり、それは、参加者の間での財産所有の分配関係や、合意に参加する際の彼らの目的や利害に依存するのです。(2) これこそまさしく、ロックの考える社会契約論のなかで起こっていることのように思えます。

3 もしも私たちが、ロックの階級国家をよいものだと思わず、しかも何らかの形態の社会契約論を肯定したいと思うのなら、この教説を修正し、基本的権利と自由に関する望まれざる不平等を取り除くような、何らかの方法を見つけなければなりません。こうしたことをする方法を、公正としての正義はもっています。つまり、原初状態を、表象の装置として利用するのです。無知のヴェールが、契約状況の外部における交渉上の有利さに関する情報を制限してくれます。(3) もちろん、もっとよい方法が他にあるかもしれません。あるいはまた、社会契約論に関するどんな修正も、いったんそれを私たちが徹底的に検討したなら、結局どれも不満足なものと証明されるかもしれません。

この講義において私は、少数ながらも政治的構想のいくつかを、可能なかぎり徹底的に、検討するように努めています。このことが、私たちの焦点が絞られていることを正当化するのであって、私たちが検討する特定の事柄そのものがその狭さを正当化するのではないのです（もっとも、こうした事柄が、取るに足らないものではないことを願ってはいますが)。政治的構想を徹底的に考察する、という考えは、数学や物理学、経済学における構想を徹底的に考察するという考えに比べるなら、私たちにとってあまり馴染みのないものなのです。しかしながら、こうしたことはおそらく可能なのです。なぜできないと言えるのでしょう。できるかどうか、まず試してみるしかないのです。

4　ここまでが、ロックの階級国家という問題に関する、準備的な考察です。これからまず最初に、所有権に関する彼の説明をめぐるいくつかの主要な論点を描き出すのですが、その際、『統治二論』における二、三の重要な論点にみなさんの注目を集めるつもりです。『統治二論』の第一篇の第四章と、第二篇の第五章におけるいくつかの段落が、とくに注目されることでしょう。そのうえで、いかにしたら立憲的な階級国家が、理念的歴史の経過において生じてくると考えられることが可能になるのかを示します。こうしたことをする目的は、このような国家が、ロックの基本的な考えと整合的であることを明らかにすることなのです。

ここで考えられていることは、ロックを批判するということではありません。彼は、偉大なる人物でした。彼は、用心深い人であり、人によっては臆病であったとさえ言われていますが、それにもかかわらず、絶対王政に逆らって立憲的統治の大義を護るために、長年にわたって自らの生命を大きな危険にさらしていたのです。彼は、進んで危険な立場に身をおいていたのでした。彼の考えが、私たちがいまそうであるほどに、民主主義的ではないからといって、彼に対して、高慢で批判的な口をきくとしたら、それは不当なことになるでしょう。

したがって私たちの目標は、明晰化であることになります。もしロックによる社会契約論の定式化が――たとえば、それが階級国家と両立してしまうという理由で――満足のいくものでないとすれば、その場合、どのように修正されるべきなのでしょうか。ロックの考えにおけるいくつかの基本的な特徴に光を当てるために、このような国家がいかにして理念的歴史のなかで生じることができるのかを私たちは検討するのですが、その際、こうした基本的な特徴を明晰化するならば、ロックの考えを修正する最善の仕方が明らかになるかもしれない、ということを私たちは望んでいるのです。

第二節　問題の背景

1　選挙権の問題というのは、『統治二論』第二篇において明示的には取り上げられていません。一六七九年から八一年にかけての排斥法危機の間、選挙区画の改定をめぐって論争が起こりましたが、選挙権そのものは、中心的な問題ではありませんでした。ロックが階級国家を受容していると考えるのは、『統治二論』第二篇第一四〇段落以下で彼が言っていることが基となっています。そこで彼は、選挙権が当時存在していたルールによって、四〇シリング相当(土地という観点から見ると、だいたい四・五エーカーの耕作地)の自由保有権保持者に限られていることを、正当なものとして受容しているように見えます。これは膨大な量ではないのですが、さまざまな計算によるとこれにより成人男性の大部分、ひょっとすると排斥法危機の時代の五分の四相当の人々を排除することになります。もっとも、これよりはもっと排除数は少なく、だいたい五分の三近く、もしくはそれ以下だと考える人もいます。(4) こうした数の違いは、ロックの教説における階級国家の正統性を検討するという、私たちの目的には関係のないことです。

国王に対するロックの不満は、適切な比率になるように議会の代表者数を調整するための、選挙区画の改定を国王が妨害している、というものです。第一五八段落で次のように言っています。「立法部を召集する権力をもつ執行権者が、代表に関して、現行の様式ではなく真の比率を守り、旧い慣行にではなく正当な理由によりながら、それぞれ別個に代表されるべき権利をもつすべての地域について、「いかに一体化しているとはいえ、」国民のいかなる部分も自分たちが公共に対して提供しうる援助に比例してしか要求しえない〔立法部の〕成員の数の調整をはかったとしても、それ〔執行権者〕が、新しい立法部を設立したとは判断されず、むしろ、……時間の経過のなかで……不可避的にもちこまれてきた混乱を修正したものと判断されるであろう」。

さて、この箇所を、第一五七から一五八段落、および一四〇段落を加えての全体と合わせて読むならば、「それぞれ別個に代表されるべき権利をもつ」人々(これは、たとえば、事実上という仕方で代表されるべき権利をもつ人々、と対照される人々です)によって、投票権をもつ人々を意味しているように思えます。しかしながらこの箇所を、財産保有が選挙区画改定の唯一の基盤として受け入れられているもの、と読むべきではないのです。むしろ、第一五七から一五八段落と合わせて、「公正で平等な」代表(第一五八段落)は、「富と住民」(第一五七段落)の両方にもとづいており、この(財産と人口の)各々には、ロックがはっきりとはさせていない仕方で重要性が付与されていると述べている、と読むべきなのです(5)。

こうして、ロックは階級国家を、自分の考えと整合的なものとして受け入れている、と私は仮定しています。すでに述べたように、どのようにすればロックがそうすることが可能になるのかに関する説明を見出し、マクファースンの説明を退けることが、私たちの課題なのです。

第三節　ロックによるフィルマーへの返答Ⅰ——第四章

1　ここで『統治二論』第一篇を取り上げ、そこでロックが、政治的権威の基礎としての所有権を拒絶していることを検討してみましょう。まずはフィルマーの考えの要約からはじめます。そこで、フィルマーの著作集を編纂したラズレットに従うことにしますが、その本の序論で彼は、その内容を次のように要約しています(6)。

王政以外に、正統な統治は存在しない。
父権的な王政以外に、正統な王政は存在しない。
絶対的な、つまり専断的なもの以外に、父権的な王政は存在しない。
正統な貴族政や民主政といったものは、存在しない。
正統な統治は、暴政とはなりえない。
私たちは自然によって自由なわけではなく、つねに義務のもとに生まれ落ちる。

ここでの私たちの目的にとって、おそらく最後の命題が最も重要です。そして『統治二論』第一篇の第六段落を読むなら、このことにロックが同意しているように思えます。そこで彼は次のように述べています。「……フィルマーに顕著な見解は、人間は生まれながらに自由ではないというものである。彼の絶対王政は、この立場を基礎として成り立っている。……けれども、もしこの基礎が崩れれば、それとともに、その上に建てられた建築物も倒壊し、統治は、理性を行使しつつ社会へと結合する人間の創意と同意……とによってつくりだされるという旧来の方法に再び委ねられなければならない」。こうしてロックは、基本的で根本的な違いが、彼とフィルマーの間にある、と語っているのです。そして、自らの見解は、より旧くから存在する社会契約の伝統に回帰するものだと主張しているのです。

2 所有権をめぐるロックの考えを論じる前に、所有権という観念について簡単に述べておきましょう。所有権とは権利の束からなっており、それには、そうした権利がいかにして行使されるべきかに関する、ある種の条件が課されている、とよく言われています。私的であろうとなかろうと、所有権をめぐる異なった構想は、この権利の束を異なった仕方で特定化しているのです。

ロックにとって所有権――あるいは(彼がよく使う言い方では)「……に対する所有権」――とは、ある条件下において何かをする権利、もしくは何かを使用する権利のことであり、私たちの同意なしに私たちから取り上げることのできない権利のことを意味しています。[7] 私たちは権利そのものとその基礎を、私たちが行ったり使用したりする権利をもっているような種類の行為や事物から、区別すべきです。たとえその権利が、土地や自然的資源を使用したり、その管理を専有したりする権利だとしても、所有権は土地や資源を意味するのではありません。もっともロックは、しばしばそのような仕方で語っているように見えるのですが。権利の束としての所有権に関して、一つの意味が存在しています。(束としての)権利は、私たちの同意なしに取り上げられることはできない、というものです。異なった権利が、私たちが所有権をもつことのできる、異なった種類の行為や事物と結びついているのです。

さらにまた私たちは、問題となっている権利の束と結びついた事物の種類に従って、「所有権」に関して少なくとも二つの――意味ではなく――語法を区別すべきでしょう。

(a)その一つが、ロックによる広義の語法であり、そこでは権利に、生命、自由そして資産が含まれます。これは、第八七、一二三、一三八、一七三段落に見られるものです。

(b)もう一つが、ロックによる狭義の語法であり、そこでは権利として次のようなものが含まれています。つまり、土地の果実(第二八―三二段落)、土地(第三二―三九、四七―五〇段落)、資産(第八七、一二三、一三一、一三八、一七三段落)、そして富(第一三五、二二一段落)です。

(c)そして不確定な事例が存在します。つまり、それが広義なのか狭義なのかが判別できないものがいくつかあるのです。たとえば、第九四段落でロックは、「……統治の目的は所有権の保全以外にない」と断言しています。これは、統治の目的についての非常に強い宣言なのですが、「所有権」に関する両方の語法が適用できるように思えます。

より広い文脈がわかるなら、他の広義もしくは狭義の語法に、まったく明確な仕方で結びつく事例が他にもあります。

3 先に進みましょう。事例によるロックの議論の目的が、フィルマーに抗して、所有権という権利が政治的権威の基礎とはなりえないことを示すことなのだ、ということを思い出してください。彼はこれを、二つの論点を提示することで行っています。

(a)『統治二論』第一篇の第四章において彼は、土地と資源に対する所有権のみから、政治的権威が生じることはありえない、と主張しています。つまり、所有権をもたない人々よりも大きな所有権をもっているということが、その人々に対する統治権を生みだしたりはしない、というのです。

(b)『統治二論』第二篇の第五章において彼は、土地と資源に対する所有権は、政府が存在する以前に生じることができるし、実際に生じていた、と主張しています。そして実際、政府を樹立する理由の一つは、すでに存在している所有権の保全のためである、と主張しているのです。

こうしてロックによれば、所有権は政治的権威を確立するものでもなければ、政治的権威を必要とするものでもないのです。そしてこのことは、フィルマーの見解や封建制的見解と対照的なものなのです。

第一の論点からはじめましょう。その最も明白な提唱は、『統治二論』第一篇第四章の第三九、および第四一から四三段落にあります。神はアダムに対して世界を、アダムの所有物として与えた、とフィルマーは主張していました。この章のなかの多くの議論は、『統治二論』第一篇の他の箇所の多くと同様、非常に単調で退屈な内容なのですが、いくつかの箇所はロックの考えにとって根本的なものなのです。第一篇の第三九段落においてロックは、長い議論をしたのち、次のように述べています。「……というのは、人間は、相互に関しては、被造物のうちの各自の分け前に対する所有権を許されてはいるが、全世界の唯一の主にして所有権者であり、天と地との創造者である神との関係では、被造物に対する人間の所有権とは神が許したそれらを利用する自由以外のものではなく、したがって、ここに見られるように、以前には認められなかった被造物のより広範な利用が認められた洪水以後には、人間の所有権は変更され拡張されたと言いうるからである。以上のすべてのことから、アダムもノアも、彼らの子孫が被造物を必要とするまでに次々と成長し、それを利用しうるようになっても、子孫をそこから排除するような被造物への私的支配権や所有権をもっていなかったことは明らかであろうと思う」。第一篇の第四一段落における議論とならんでこの箇所は、所有権に関するロックの構想における、いくつかの中心的な特徴を含んでいます。

一つには、何物かに対する所有権(ここでは、「被造物に対する所有権」)は、その何物かを、私たちの必要と要求をみたすために利用する自由なのです。神はつねに、この世界そのものの、つまり生物と自然的資源の支配者であり所有者なのです。しかしながら、人類の保全を、しかも(自分自身を含んだ)その全成員を、できるかぎり多く保全することを意志している根本的自然法を前提にするなら、私たちには二つの自然的義務があることになります。一つが、自分たち自身を保全すべきという義務であり、もう一つが、人類を保全すべきという義務です。

4　この二つの義務の観点から、私たちには二つの自然権があることになります。これらは、権能付与的な権利なのです。つまり、その権利をもつことによって、根拠の序列においてそれよりも優先性をもつ、ある種の義務を遂行することができるようになる権利なのです。そしてこうした義務によって、私たちは第三の自然権をもつことになります。この権利を、この箇所でロックは、より下位の事物や自然的資源を、人類とその成員としての自分たち自身を保全するのに不可欠の手段として「利用する自由」、というように描いています。第一篇第四一段落では次のように述べています。「……人類に増殖せよと命じた神は、彼らのために豊かに供給した衣食その他の生活の有用品や素材を利用する権利を彼らすべてに与えたと考える方が、意のままに彼らすべてを絶滅させる権力[権利]をもつ一人の人間の意志に彼らの生存を依存させたと考えるよりも、理に適っている」。

所有権に関するロックの考えがもっているもう一つの特徴は、この利用する自由が排他的な権利ではない、ということです。つまり、それに私たちが訴えることができることで、自分のあとに来る他の人々が、彼らの正統な利益のために自然の恵みを利用したり、その利用の手段を得たりする必要があるとき、彼らのその利用する自由を制限することができる権利ではないのです。要するに、世界という広大な共有物によって提供される生活の必需品を、それが二つの但し書きのもとで私たちが自分の所有物としたものでないかぎり、利用したりすることや、その利用の手段を得たりすることを、何人も禁じられないのです。保全の手段に対するこの第三の自然権は、私たちが他のすべての人とともにもつ、この広大な共有物を利用したり、その利用の手段を得たりする権利のことなのです。

以上の所見は、第一篇第四一から四二段落を、私たちが検討するための準備となります。この箇所においてロックは、所有権が政治的権威の基礎となりうるという考えを、完全に否定しているのです。このことは、先に見てきた第一篇第四一段落からの引用によって、すでに明白なことのように思えます。しかしながらロックはつづけて、神は私たちを他者の言いなりになるような状態においていない、と述べており、さらに、神は何人にも、必要性をもつ人々が、他人の財産の剰余物に対して権利をもつことを排除するような所有権を与えていない、とさえ述べているのです。「したがってまた、いかなる人間も、土地あるいは所有物への所有権によって、他の人間の生命を支配する正統な権力をもちえない。なぜなら、資産をもつ者が、そのあり余る財産のなかから援助を与えることをしないで同胞を死滅させることは、いかなる場合にも罪であるからである。正義が、すべての人間に、彼自身の誠実な勤労が生みだした物と、彼が受け継いだ祖先の公正な取得物とに対する権原を与えるように、慈愛は、……極度の欠乏から免れさせるだけの物を他人の剰余物に対して要求する権原をすべての人間に与える。より大きな力をもっている者が弱者をとらえて無理やり服従させ、喉下に短剣を突きつけて、死か然らずんば隷従かと迫るのが正当ではないように、……[ある]人が、他の人の困窮を、援助を与えないことによって、強制的に自分の隷従者とするために利用することも、およそ正当化できることではないのである」(第一篇第四二段落)。

　これは強力な宣言です。そして、第一篇第四三段落でも、同じ論点が提示されています。最初第四三段落は、こうした極端な状況においてでも、同意が政治的権威を確立するものなのだと言っているように見えるかもしれません。ロックは次のように述べています。「たとえ、神の惜しみのない手によって注がれた祝福をこのうえなく邪(よこし)まに利用する者がいるとしても、そして、極端なまでに残酷で無慈悲な者がいるとしても、そうした場合ですら、これらはすべて、人の身体への権威が土地に対する所有権に由来するということを証明するのではなく、ただ契約によってのみそれが与えられるということを証明するにすぎない。なぜならば、豊かな所有者の権威と窮乏した物乞いの服従とは、土地所有そのものからではなく、餓死することよりも臣民となることを選んだ貧者の同意からはじまったからである」。

所有権をもつ者を、彼の祝福を邪まに利用する者や、残酷で無慈悲な者としてロックが描いているのは、私の考えでは、そのような場合における同意には、拘束力がないとロックが考えていることを意味します。彼が言っているのは、どんな政治的権威がそのような場合にあるとしても(そして政治的権威が存在していないかもしれないのですが)、それは契約に由来する、つまり貧者の同意に由来する、ということです。どのくらいの権威があるのかということに関して、ロックはさらに次のように述べています。つまり、もし私たちがそのような同意を妥当なものとみなすなら、次のように言ってもよいことになります。すなわち、飢饉の際に私たちが蓄えた穀物がたくさんあり、自分たちのもとに金銭があるときで、他の人々が飢え死にしそうな場合、あるいは、海で他の人々が溺れていて助けを求めているときで、私たちが船上にいて泳ぐことができるような場合があるとして、これらの場合および他のそのような場合に、他の人々に対して、私たちが彼らを支配するという政治的権威への同意を、同様に要求することが可能となります。しかしながら、ロックはそのように考えていないのです。そして、神がアダムに対して、どのような私的支配権を与えたとしても(そして彼は、そのような私的支配権を神がアダムに与えていないことを証明した、と言っています)、それが主権となることは不可能である、と結論づけています。ある種の条件のもとでの自由な同意のみが、そのようなことを可能にするのであり、以上のケースではこの条件がみたされていないのです。

5 ここまでの議論から、理念的歴史に作用するさらなる三つの制約が引きだされます。

(a) 慣行や習慣は、それがいかに原始的なものであろうとも、すべての人がもつその誠実な労働の成果に対する権原を考慮する、もしくは保証するに違いないのです。これは正義の原理の一つです(こうして私たちには、各人に対しては、その誠実な労働の成果に応じてという正義の教えがあることになります)。

(b) 破滅的な状況を招かないために、慣行や習慣は、極端な窮乏に陥る人がいないように、あるいは、自らの自然権を行使したり、自らの義務を聡明な仕方で果たしたりするうえでの、能力や権能を失ってしまう人がいないように、しなければなりません。これは、慈愛の原理の一つです。

(c) 第三の自然権が尊重されなければなりません。つまり、世界というこの広大な共有物を利用したり、その利用の手段を得たりする自由を、すべての人がもっているのであり、その結果、自らの誠実な勤労の対価として、このすべての人は生活の手段を得ることができるのです。これは、理に適った機会の原理の一つです。ここでこれを、機会均等、もしくは公正な機会の原理と言えないのは、それでは、ロックが考えていることよりも強すぎる意味をもつように思えるからです。それにもかかわらず、この理に適った機会には、多大なる重要性があるのです。

これらの制約から次のことが言えるように思われます。つまり、理念的歴史においては、成人男性の全人口の大部分（投票権をもたない部分）が、非常に野蛮で人情味のない者となり、社会契約の参加者となる能力を失い、それゆえ――つまり、十分に理に適っていないか、合理的でないので――、社会契約の参加者となるには不適格である、ということは単純に不可能となるのです。というのも、もしそれが可能だとすれば、次のいずれかを私たちは認めなくてはならなくなるからです。すなわち、政治権力が、財産所有（土地と自然資源）の大いなる不平等から、同意を経ることなく生じることができる、というロックが否定していることになるか、もしくは、理念的歴史に作用する制約が守られないことになり、貧者は、自らの神への義務を遂行し、自らの自然権を聡明な仕方で行使するのに必要な手段を、他の人々の剰余物から得ることを否定されていることになるのです。

結論を述べましょう。『統治二論』第一篇におけるロックの見解は、所有権という権利は、条件的なものであるということです。それは、自分自身の物を使って好きなことをする権利ではないのです。つまり、自分自身の物を利用することによって、他人にどんな影響があってもよい、というようなものではないのです。私たちの権利——利用する自由——は、何らかの背景的条件がみたされていることを前提にしているのです。こうした条件は、正義、慈愛、理に適った機会の三原理によって、示唆されるものです。最後の原理が示唆しているのは、財産をもたない人々には、理に適った雇用の機会がなければならない、ということです。つまり、彼らには、誠実な労働によって生活の手段を獲得し、出世していく機会があるべきなのです。

第四節　ロックによるフィルマーへの返答Ⅱ——第五章

1　『統治二論』第二篇に戻りましょう。第五章におけるフィルマーに抗するロックの議論は、だいたい次のようなものです。(第二五段落で述べられている)彼の目的は、世界の最初の時代において、「神が人類に共有物として与えたもののある部分に対して」正統な所有権が、いかにして私たちのものとなることが可能なのかを示すことなのです。ここでロックはフィルマーに返答しなければなりません。なぜなら、あらゆる立場から承認されている所有権という権利を、いかにして彼の見解が、正当化しないながらも、説明することができるのかを、証明しなければならないからです。

神は世界を、すべての人類に共有物として与えたのであり、アダムに与えたのではない、とロックは主張しています。しかしながら、この所有権の授与をロックは、集合的な排他的所有資格——集合体としての人類がもつ排他的な所有の資格——の授与として理解していません。むしろ、自然によって提供される生活に必要な手段を利用するためにすべての人がもつ自由であり、自分の必要と要求をみたすために、そうした手段を誠実な労働によって占有する権利だと理解しているのです(8)。こうしたことはすべて、人類の保全と、人類の成員としての自分たちの保全という、私たちがもつ二つの自然的な義務を遂行するためになされるのです。

この構想には、二つの但し書きが暗示されています。

(a) 第一の但し書きが、他の人にも、十分な善きものが残されているということです(第二七、三三、三七段落(9))。これは、利用の権利が排他的な所有権ではないことから導出されます。他の人も、同じ権利をもつのです。

(b) 第二の但し書きが、腐敗条項です(第三一、三六段落以下、四六段落(10))。これは、神がつねに、大地とその資源の唯一の所有者であることから導出されます。たとえば、自分の必要分以上の量の魚を捕ることは、神の所有物の一部を無駄にし、破壊することになります。

2 次に、「所有権の偉大な基礎」(これは第四四段落でロックが使用している表現です)に取りかかりましょう(第二七、三二、三四、三七、三九、四四段落以下、五一段落を参照)。この基礎とは、自分自身の身体に対して私たちがもつ所有権であり、この自分の身体に対しては、他の誰も権利をもっていないのです(第二七段落)。私たちの身体の労働と、手のはたらきは、私たちに固有のものです。このことはまた、正義の教えの一つを示唆しています。つまり、各人に対しては、その誠実な労働の成果に応じて、です(第二七段落)。

再び第四四段落です。そこで言われているのは、私たちが自分自身の主人であり、自分自身の身体と、その行為と労働の所有者であるので、私たちは自らのうちに「所有権の偉大な基礎」をもっている、ということです。自分自身のために私たちが改善したものは、真の意味で自分のものなのであり、共通の所有物ではないのです。したがって初期においては労働が、事物に対する権利を与えていたのです。

第四〇から四六段落にかけてロックは、価値に関する労働代価理論の一形態を提示しています。たとえば、土地の価値の九〇から九九パーセントは、労働が源泉である、といったようなことです。これらの段落の論点は、適切な制限が課されている、土地に対する所有権の制度は、すべての人の利益になる、ということの論証なのです。土地をもっていない人々が、この制度によって不幸になる必然性はないのです。第四一段落においては、広大で、潜在的に実り豊かな領地をもつアメリカの王は、広い土地をもってはいるがその土地を労働によって改善していないので、イングランドにおける日雇い労働者と比べて、食事、住宅、そして衣服の点で劣った生活をしている、とロックは述べています。土地に関する私的所有権の制度は、理念的歴史に作用する諸制約によって、適切な仕方で防御措置が講じられるならば、個人的にも集合的にも合理的であることになります。この制度がないより、ある方が私たちの暮らしはよくなるのだ、と彼は主張しているのです。

3　最後に私たちは、貨幣の導入と政治的権威への移行の議論にまで、たどり着くことになります。これらの問題をロックは、第三六段落以下、四五、四七から五〇段落において論じています。

(a)　ここにおいて決定的な論点は、自然の恵みから、腐らせてしまう前に自分で使用できる量以上のものを、私たちは取り去ってはならない、と述べる腐敗に関する但し書きを、貨幣の導入が事実上無効にしてしまう、ということです。というのもいまや、勤労によって私たちは、自分が使用できる以上のものを獲得することができるのですが、余った分を貨幣(あるいは、さまざまな種類の価値ある事物に対する請求権)と交換することが可能となり、それゆえ、土地や自然の資源、もしくは何でもよいのですが、そうしたものに対する保有をますます蓄積していくことができるのです。たとえば、貨幣によって私たちは土地を、その所産を使用できる以上の量で「公正に所有する」ことが可能になるのですが、それは「誰の権利をも侵害せずに貯蔵できる金属である金や銀を、余剰生産物との交換を通して手に入れる」からなのです(第五〇段落)。

(b) 貨幣の使用に対して(契約なしに)暗黙の仕方で同意するとき、人々は「土地の不均衡で不平等な所有に合意した」のであり、こうした合意を「暗黙の、しかし自発的な同意」によってしたのです(第五〇段落)。

(c) 所有権と貨幣の双方とも、政治社会が生まれる前から、社会契約なしに存在しており、このことは、「金や銀に価値をおき、貨幣の使用に暗黙の合意を与える」ことによって起こるのです(第五〇段落)[11]。

4 このように私の考えでは、所有権に関してロックは二段階の説明をもっているのです。第一の段階は、政治社会が存在する以前の、さまざまな局面をもつ自然状態、というものです。ここにおいて私たちは、三つの時期を区別してもよいでしょう。

(a) 世界の最初の時代(第二六—三九、九四段落)

(b) 同意によって、部族間の境界線が定められる時代（第三八、四五段落）

(c) 同意によって生じる、貨幣と商業の時代（第三五、四五、四七―五〇段落）

第二の段階は、政治的権威の段階であり、そこには二つの時期があるように思えます。

(a) 父権的王政の時代（第七四段落以下、九四、一〇五―一一〇、一六二段落）

(b) 社会契約による政府が存在し、所有権が制限されている時代（第三八、五〇、七二段落以下）

第二段階において、ロックが主として関心をもっているのが、社会契約による政府が存在する時代にほかなりません。この段階において、所有権は協約にもとづいています。つまり所有権は、社会の実定法によって特定化され、制限されているのです。これらの法は、私たちが論じてきた根本的自然法の制約をすべて、尊重するものと私は想定しています。これらの法はまた、政治社会における「所有権の基本法」とロックが呼ぶものも尊重します。つまり、何人においても、当人の同意もしくはその代表者の同意なしに、その所有物が取り去られることはないのであり、それはたとえ、政府を維持するために必要であってもそうなのです（第一四〇段落）。

私の考えでは、政治社会における所有(財産)権が協約的な本性をもつことから生まれる重要な帰結の一つは、リベラルな社会主義体制[12]が、ロックの言っていることと両立不可能なものではないことになる、ということです。実際のところ、ロックの階級国家における議会(代表者)が、社会主義的な制度に特徴的な法律を立法するなどということは、あまりありそうにないことでしょう。おそらくそうなのですが、それはまた別の問題です。重要なのは、ロックが定義したような所有(財産)権という権利が、そのような体制において侵害される必然性はない、ということだけです。

さらに言うなら、いったん政党が形成されたなら、投票の獲得をめぐって諸政党は、たとえば、財産資格要件に関する制限を弱めたり撤廃したりすることで、有権者の数を拡大するように努めることによって、競争するようになる、といったことも完全にありうるのです。実際、こうしたことはロックの時代に起こっていました。つまり、自らを国王から護る方法の一つとして、議会は、とりわけ都市部において、選挙権の拡大に対して積極的になる傾向があったのです[13]。理念的歴史においては、政治と経済の状況が進化するという前提があるとすれば、財産をもつ人々がこのような立法を支持するのに十分な理由があるでしょう。このような類の立法がなされたとしても、私の理解するかぎり、所有権に関するロックの説明によると、何も侵害されたりはしないのです。すると、時間がたてば、ロックの階級国家から、現代の立憲民主政国家に似たものが浮上してくることになるでしょう。これと似たことが、現実に起こったのではないでしょうか。

第五節　階級国家という問題

1　最後に、ロックにおける階級国家という問題を取り上げましょう。これは、すべての人がいわば平等の主権者であるという点で、平等の統治権の状態である自然状態からはじまりながら、階級国家へといたるような社会契約に参加するなどということが、ロックの考えと整合的な仕方で、いかにしたら起こりうるのだろうか、という問題であることを、思い出してください。

この問題を、うまく提示されたものではないとして、拒絶したいと思う人もいるでしょう。つまり、実際のところロックは階級国家を受け入れていないのであり、せいぜいそのように見えるだけなのだ、と言う人もいるでしょう。すなわち、私たちはすべての政治的な闘争を同時に戦うことはできない。したがって彼はそうした闘争をそれが生じるままに受け取り、最も緊急性のあるものからはじめるのである。最も緊急性のある問題として、彼は絶対王政と戦っている。したがって、ロックは階級国家を受け入れている、と言うべきではない。本当のところ、この問題に関して彼は、何の立場もとっていないし、それは女性の平等に関しても同様である。

さて、このような返答に、私は納得を覚えます。この立場は正しいかもしれません。私たちの目的を考えて、私はたんに、ロックは次のような弱い意味で階級国家を受け入れているのだ、と仮定しているだけなのです。つまり、彼の時代のイングランドの混合政体において、こうした国家が生じ、存在していくことが可能であるし、実際本当にそうであった、とロックは考えているのです。階級国家の価値を完全に是認しており、それに満足しているのだという意味で、ロックがそれを受け入れている、と私は言っているのではありません。

2 また一方この問題を、必然性という理由への訴えをロックに許していないということで、拒絶する人もいるかもしれません。つまり、階級国家を受け入れているとき、少なくともそのように見えるかぎりにおいて、彼が考えていることは次のようなものであるかもしれないのです。すなわち、理念的歴史においても、社会状況が非常に過酷で制限の多いものになる可能性があり、したがって、階級国家が正当化されるとしても、そして彼の考えと整合的な階級国家が生じることができるとしても、それはほかならぬ過酷で制限の多い状況のみが、その理由なのかもしれない。時がたつにつれて事態がより良好になると、階級国家はもはや、ロック自身の原理によって正統なものとなることはないだろう。もっと平等な選挙権と財産の分配にもとづいた体制のみが、正統性に関するロックの要求をみたすことになるのである。やがて、彼の教説における自由と平等の観念に完全に一致する、正義に適った立憲制国家が生じることになるだろう。

先ほどと同様に、この反論にも納得を覚えます。私はロックに、必然性への訴えを認めないわけではありません。なぜなら、政治哲学は可能性の限界を承認しなければならないからです。政治哲学は、ただ世界を非難するだけではだめなのです。ロックのなかに自由と平等の観念があり、それらが、私たちが正義に適う平等な民主政体とみなすものの構想の基盤を、すべてにわたってとはいわないまでも、かなり多くにわたって提供することができる、ということも、私は否定しません。

ただ、問題は次にあります。ロックが階級国家を受け入れるには、理念的歴史において、彼の考えと整合的な仕方で階級国家が生じてくるいくつかの条件が存在するはずだ、とするだけで十分なのです。このことが正しいことを示すには、そのような条件に関する妥当性のある物語を一つ語るだけでよいのです。つまり、列挙された制約をすべてみたすような物語です。そのような仕方で、イングランドの国制が生じてきた可能性がある、とロックが考えたかもしれないと推測することができます。もちろん、実際はそうでなかったのですが(征服王ウィリアムについて、私たちが先に述べたことを思い出してください)。私たちがしているのは、正統性に関するロックの説明を検証することです。ここでは、他の条件を想定することが可能であり、その条件下では階級国家ではなく、現在の私たちの理想にずっと近い国家のみが生じることができる、ということを強調しておくべきでしょう。

以上のような考察をする論点を、きちんと覚えておく必要があります。つまり、ロックの教説において、社会契約の条項と体制の形態が、契約状況の外側において人々がもっている取引上の有利さを含むさまざまの偶然性に、いかにして依存しているのかを明らかにする、という論点です。こうなるのは、こうした知識が排除されないからです。この社会契約の基本原理を決定することになる参加者は、公正としての正義の場合のように、「無知のヴェール」の背後にいるわけではないのです(14)。その結果、契約状況に参加する人格は、ただたんに自由で平等で、理に適っており合理的なだけではなく、何らかの特定の状況において特定の量の財産を所有していることになるのです。彼らの正統な利害はこの状況に従って形成されており、それによって争いが起こるかもしれないのです。社会的協働の条項と体制の形態がこうした偶然性に依存しないような政治的構想をつくりあげたいと欲するなら、私たちは社会契約論を修正する方法を見つけなければならないのです。

第六節　階級国家の起源に合わせた物語

1　結論として、いかにして理念的歴史において、階級国家が生じることが可能になるのかを、簡単に描いておきましょう。すべての人が、理に適った仕方であると同時に合理的に行為するものと仮定されていることを、私たちは見てきました。根本的自然法による自らの義務を無視する人や、自分の正統な利益を促進するうえで合理的に行為することのできない人は、いないのです。こうした利益とは、広義の意味での彼らの所有権に対する利益のことなのです。つまり、彼らの生命、自由、そして資産のことであり、それは彼らが保有する土地(財産)に対する所有権が、どれほど小さかろうとも、かわりのないことなのです。

ジョシュア・コーエンにならって、社会契約は三つの基準をみたさなければならない、としましょう(15)。

(a)　個別的合理性…各人は、社会契約が生みだす社会において、最低限、現在自分がいる自然状態のなかでの状況よりもよい暮らしになる、と理に適った仕方で信じることができなければなりません。よい暮らしであるかどうかを決める際に使用される基準は、彼らの正統な利益であり、それは先に、広義の所有権への引証によって定義されたものです。

(b)　集合的合理性…社会契約(それには社会契約が確立する体制の形態が含まれます)に関して、問題となっている合意についてすべての人が選好するような、他の代替的な選択肢が存在してはなりません。言い換えれば、ある人々の暮らしを、他の人々の暮らしをより悪くすることなく、よりよくすることができるような合意が、他に存在していない、ということです(これは簡単にいえばパレート最適のことです)。

(c) 連合的合理性…数多(あまた)ある複雑性を無視して、単純にただ二つの連合体のみがある、と仮定します。その一つは、選挙権資格(たとえば、四〇シリングの自由保有権としましょう)をみたすだけの財産を保有する人すべてを含みます。こうした人々を、(十分な)財産をもった人々と呼びましょう。もう一つの連合体は、この選挙権資格をみたすことはできないが、四〇シリング以下の財産をもっているかもしれない人々を含みます。こうした人々を、(十分な)財産をもたない人々と呼びましょう。さて、連合的合理性が意味するのは、両方の連合体と、その個々のメンバーが、提示された社会契約よりも、そのもとでの暮らしがよくなると考えるような、両方の連合体にとって相互に受け入れ可能な他の合意がない、ということです。両方の連合体のメンバーが、両方の合意にいたる方が、片方だけでやっていったり、合意が決裂したりするよりも望ましい、と考えていなければなりません。

再び複雑性を無視して、選択肢が四つしかない、と仮定します。

(i) 階級国家(四〇シリングの選挙権資格付き)

(ii) 普通選挙制をもった民主政国家

(iii) 二つの国家への決裂
(a) (十分な)財産をもった人々の国家
(b) (十分な)財産をもたない人々の国家
(iv) 自然状態、もしくは現状維持

いま一度複雑性を無視して(私たちはこれをやりつづけねばならないのです!)、国家の形態それ自体について、何の選好も存在していない、と仮定します。人々は体制を、自分たちの正統な利益(つまり、根本的自然法のもとでの義務と両立し、広義の意味での自らの所有権によって特定される利益)に関して期待される満足のみを基準にして、判断するのです。

2　さて、少しばかり説明しましょう。階級国家と民主政国家の両方とも、立憲制国家です。つまり両方とも、ロックが第一二四―一二六段落、一三六段落以下、一四二段落において定義している、法の支配の基準をみたしているのです。したがって、選挙権資格をみたしていない人々であっても、自然状態に比べるなら、自らの生命、自由、そしてどんなに小さなものであろうとも財産に関して、より大きな保護を期待できるのです。すると個別的合理性に従って、階級国家は自然状態よりも望ましいことになります。
しかしながら、階級国家と民主政国家の間には、利益の対立が存在しています。財産をもった人々は階級国家を選好しますし、財産をもたない人々は民主政国家を選好します。財産をもつ人々は、もたない人々が、民主的な選挙権を利用して、自分たちの資産を再分配するのではないか、と恐れるのです。

(a) 財産をもつ人々は、民主政国家に同意せず、分裂か、もしくは自分たちだけでやっていくことを選好する、と仮定してみましょう。この選択を彼らは、慈愛の原理が侵害されないという前提で、自然法のもとで行うことができます。このような状況において協働を保留することを、ロックの考えは許容するものだと私は理解しています(第九五段落)。

(b) すると、財産をもたない人々は、民主政国家において自分たちだけでやっていくのか、もしくは、財産をもつ人々とともに階級国家に参加するのか、のいずれかを決断しなければなりません。もし彼らが、階級国家への参加が実際のところ自分たちにとって合理的なのだ、と決断するのなら、階級国家が連合的に合理的なのです。両方の連合体が、他の相互に受容可能な選択肢よりも、階級国家を選好することになります。

さて、ロックが要求するように、階級国家が以下のような原理をみたしている、と想定してみましょう。

(a) すべての人が、法の支配の保護を受ける市民であるということ(第一二〇段落)。もちろん市民には、受動的な市民(選挙権に必要なだけの財産をもたない人々)も含まれます。

(b) 市民権には、努力と勤勉さがあれば、選挙権資格に必要なだけの財産を獲得できるようにする、理に適った機会の保障がともなっています。つまり、利益のある雇用への機会が、保障されていなければならないのです。

(c) さらには、こうした機会は正義の原理によって確保されているのであり、その原理は、何にもまして、すべての人に対して、その誠実な労働の成果を保障するのです。

(d) 最後に、慈愛の原理によって階級国家は、すべての人を極端な窮乏から救うために使うという、社会の剰余物に対してなされる要求を承認することになります。

こうした原理は、財産をもつ人々がもたない人々に対して提示する条項のなかに含まれています。こうした条項は、いったん受け入れられたなら、尊重されることになる、つまり、厳密に遵守されるのであり、そのことをすべての人が知っていることになる、と私たちは前提しています。財産をもたない人々は、財産をもった人々が約束に背いたり、そのようなことをしたりすることが、どれほどありうるのかを、予想する必要はないのです。

3　以上のような規定すべてを前提にするなら、階級国家がいかなる仕方で生じうるのかを、以下のように理解することができるのです。

受容の諸条件。Xを提示された社会契約としましょう。Xは、次の三つの条件をみたすとき、同意されることになります。

(a) 個別的合理性…すべての個人が、自然状態よりも、Xを選好する場合。

(b) 集合的合理性…すべての個人が、XよりもYを選好するような、Yという選択肢が存在しない場合。

(c) 連合的合理性…AとBという二つの連合体に関して、AもしくはBがXよりもYを選好するというような、あるいは、AもしくはBが、自分たちだけでやっていく、もしくは分裂するという選択をすることで、Yを強要できるというような、Yという選択肢が存在しない場合。

ロックによって推測された社会契約は次のようになります。

(a) 選択肢の内容は、階級国家、民主政国家、分裂、自然状態です。

(b) 財産をもつ人々の選好順位は、階級国家、分裂、民主政国家、自然状態です。

(c) 財産をもたない人々の選好順位は、民主政国家、階級国家、分裂、自然状態です。両方の連合体は、ともに分裂よりは階級国家を選好します。そして財産をもつ人々は分裂を強要できるのですから、階級国家が選択された社会契約となります。財産のない人々は分裂を阻止できないので、階級国家に参加するのです。

4　以上の物語が妥当なものであるならば、四〇シリングの選挙権資格をともなうロックの混合政体が、生じることができることとなります。しかしながら、これ以外の物語もまた可能なのです。多くの異なった形態の体制が生じることが可能になるというのが、ロックの考えにおける重要な側面なのです。彼の考えが、階級国家を要請する、というのではないのです。ただ、それを許容するだけです。コーエンは、他の条件も記述しています。たとえば、一九世紀の条件で、そこにおいては、民主政が同意されることが妥当になるような条件です。ロック自身は第一〇七から一一一段落にかけて、かつての「黄金時代」において、いかにして王政が生じてきたのかを記述しています。その時代には、所有は少ない量で、だいたい平等だったのであり、しかもその時代は、無益な野心が人々の精神を腐敗させる以前の時代だったのです。

以上のことに関して重要なのは、ロックの考えの基礎にあるのが、それが政治的制度のために提示するある特定の正当化である、ということです。人々が社会契約に同意するとき、彼はこの人々を、社会のなかにおける自分の位置や身分だけでなく、自分に特定の社会的・経済的利益も知っている諸個人とみなしています。このことは、社会契約にいたる際に市民が互いに提示しあう正当化は、こうした利益を考慮に入れたものになる、ということを意味しています。

階級国家をめぐる物語を私たちが提示した目的の一つは、マクファースンの誤読からロックを擁護することでした。しかしながら、こうしたことをすることによって、ロックの考えのなかに、見過ごすことのできない特徴があることを、明らかにしてしまいました。ロックの考えでは、市民の権利と自由が、私たちが避けたいと思う仕方で、歴史の偶然性に依存しているだけではありません。政治的・経済的権力の分配における、重要な変化が生じるごとに、立憲的合意事項が再考されるべきであるかどうか、という問題も、ロックの考えから生じてくるのです。立憲政体にある基本的自由と機会は、もっと厳格に固定化されるべきであり、そのような変化を被るべきではないように思えるのです。

したがって、すでに述べたように、ロックの契約論を修正する何らかの方法をみつけなければならないのです。ルソーとカントの双方とも修正をほどこしていますし、公正としての正義がそれに続いているのです。結論として、私はロックという人物を批判しているのではない、ということを強調しておくべきでしょう。すでに述べたように、彼は偉大な人物でありましたし、彼の社会契約論は、排斥法危機の時代において彼の目的を果たすように、うまく形づくられていたものなのでした。私たちは彼の考えを丹念に吟味しているのであり、それが、私たちの目的を果たすには、うまく形づくられていないことがわかっているのです。これは驚くべきことではありません。なぜなら、コリングウッドが述べているように、私たちの問題は彼の問題ではないのであり、彼とは異なった解決を必要としているからです。

注

（1） C. B. MacPherson, *The Political Theory of Possessive Individualism* (Oxford: Oxford University Press, 1962)〔前掲『所有的個人主義の政治理論』〕を参照。

（2） 以上の論点は、以下の論文に拠っている。Joshua Cohen, "Structure, Choice and Legitimacy: Locke's Theory of the State," *Philosophy and Public Affairs*, Fall 1986, pp. 310f.

（3） *Restatement*〔『再説』〕第六節を参照。

（4） さまざまな算出法が存在する。J. H. Plumb, *The Growth of Political Stability in England, 1675-1725* (London: Macmillan, 1967), pp. 27ff においては、二〇万人という、ウィリアム三世の時代における選挙民のサイズとしては控え目な数が提示されている。この数字はおそらく、国民の三〇分の一ほどに相当するものだが、この場合の国民には、政治的権利をもつとはみなされていなかった人々である、女性、子ども、貧困労働者が含まれている(pp. 28f)。J. R. Jones, *Country and Court* (Cambridge, Mass.: Harvard University Press, 1979)という著作においてJ・R・ジョーンズは、アン女王の時代の選挙民のサイズを、だいたい二五万人だとしている(p. 43)。Richard Ashcraft, *Revolutionary Politics and Locke's Two Treatises of Government* (Princeton: Princeton University Press, 1986)という著作においてリチャード・アシュクラフトは、選挙民の数に関して以下のような二つの理由から、増加する傾向にあったと指摘している。つまり、第一の理由は、この時代に恒常的に見られるインフレーションであり、それは、財産資格制限に付された実質的な価値を低減したのである。第二は、国王に対抗して自らを防御する方法として、議会が選挙権を拡大するという傾向性があったということである(pp. 147f)。シャフツベリが率いるウィッグ派は、商人、熟練工、小売商人、貿易商人、そして(中規模地主や小規模ジェントリーの代わりに勃興してきた)自由保有権保有者(フリーホルダー)のほとんどからなる選挙民に、期待していた(p. 146)。さらに言うなら選挙民は、場所によって異なっていたのである。たとえばロンドンでは、議会代表者や市職員の選挙において、事実上男子のすべてに選挙権があったと、アシュクラフトは考えている(p. 148)。一六四一年において選挙民数は、全男性人口の五分の二ほどになっていたかもしれないと、デレク・ハーストを引きながらアシュクラフトは想定している(pp. 151f)。*Authority and Conflict: England, 1603-1658*(Cambridge, Mass.: Harvard University Press, 1986)という著作においてハーストは、一六四七年から一六四九年にかけてなされたアイアトン(Ireton)の提議以降、代表の比率は、一九世紀にいたるまでのいかなる時代と比べても、公平なものであったと述べている(p. 330)。

(5) この点に関しては、John Dunn, *The Political Thought of John Locke* を参照。

(6) ピーター・ラズレットが、自ら編集した *Patriarcha and Other Political Writings of Sir Robert Filmer*, ed. Peter Laslett (Oxford: Blackwell, 1949)で書いている「序論」を参照のこと。

(7) James Tully, *A Discourse on Property* (Cambridge: Cambridge University Press, 1980), pp. 112-116 を参照。所有権の定義に関しては、p. 116 を参照のこと。

（8） Richard Tuck, *Natural Rights Theories* (Cambridge: Cambridge University Press, 1979), pp. 166–172 を参照。

（9） ロックは次のように述べている。「少なくとも、共有物として他人にも十分な善きものが残されている場合には、ひとたびそれ[労働]がつけ加えられたものに対する権利を、彼以外の誰ももつことはできない」(*Second Treatise*, ¶27, p. 288)。

（10）「人は誰でも、腐敗する前に、自分の生活の便益のために利用しうるかぎりのものについては自らの労働によって所有権を定めてもよい。しかし、それを超えるものはすべて彼の分け前以上のものであり、他者に属する。腐敗させたり、破壊したりするために神が人間に向けて創造したものは何もない」(*Second Treatise*, ¶31, p. 290)。

（11） この暗黙の合意が、どのような形であれ、いかにして第一一九から一二二段落において言われている暗黙の合意と関係づけられているのだろうか。おそらく両者は異なっているのであるが、その場合それはどのように異なっているのだろうか。

（12） これは、イギリスの労働党や、ドイツの社会民主党によって思い描かれていた体制である。

（13） 本講の注(4)を参照。

（14）『再説』第六節「原初状態の観念」を参照。

（15） Joshua Cohen, "Structure, Choice and Legitimacy: Locke's Theory of the State," pp. 311-323 を参照のこと。これにともなう仕方で、これらの基準は、協働的ゲームの核心を定義づけている。

ヒューム

LECTURES ON HUME

講義I「原初契約について」

第一節　序　言

ここまで私たちは、ホッブズとロックについて語ってきました。[1] そして、かなり急いで彼らの検討を終えています。これは、この講義の範囲と目的を考えるなら仕方のないことで、このことについて弁解するつもりはありません。もちろん彼らのそれぞれに関して、私たちに語れることがもっとあると、みなさんがお気づきになっていることを私は望むだけです。今日、私たちが直面している課題は、ともに社会契約の伝統に属する著述家であるホッブズとロックについて語ることから、ともに功利主義の伝統に属する著述家であるヒュームとミルについて語ることへと、何らかの仕方で自然な移行をとげることです。二つの伝統の間にある対照的で重要な論点に光を当て、両者を分かつもので、それをめぐって論争が提起されている哲学的差異を明らかにするような見地を、私たちは求めているのです。

それが政治思想であろうと他の思想であろうとも、主要な哲学的伝統というものは、自らを何らかの直観的観念の上に基礎づけていることが多く、こうした観念を精緻化し発展させることを必要としていることが多いのだ、と言われています。そして、時代をこえてさまざまな著述家たちがそうしたことを異なった仕方で行っており、その結果さまざまな変種が生まれている、ということがわかるのです。社会契約の伝統における直観的観念とは、合意という概念です。つまりそれは、最低限合理的である平等な人格の間での合意であり、そうした人々はとにかく何らかの仕方で統治されることに合意しているのですが、それは、ホッブズの場合は、主権者を権威づけすることへの合意であり、ロックの場合は、共同体に参加し、そのうえで立法権力や憲法を設立するために多数派の意志をどうにかして組織化することへの合意となっているのです。このような合意の概念は、私の考えでは、直観的な魅力をもつものです。もし私が何かに合意するなら、私は合意の条項によって拘束されるのであり、そしてこのことは、同意、もしくは約束といった基本的な観念にまでさかのぼるものだと言ってよいでしょう。ロックは約束という概念を所与のもの、私たちすべてが理解している何かとしていると、私は考えています。この観念を根本的自然法から引きだそうとする試みを、ロックはまったくしていないのです。

もちろん、合意という概念をさまざまの詳細において理解する仕方に応じて、社会契約論には多くの種類が生まれてきます。合意の条件は何であるか。誰が合意するのか。合意する人々はどのように記述されているか。彼らの意図は何であるのか。彼らの利害は何であるのか。他の多くの事柄が展開され、解決されなければなりません。私たちはホッブズとロックを対比しましたが、ホッブズの場合、すべての人に対して、実効的な主権者が存在しつづけるように望むことがなぜ合理的なことなのか、ということに関する、各人の利益に訴えるような決定的な理由を提供することに、彼が関心をもっているように思えるという論点を、私は強調しました。かくしてこれは、義務を人々の合理的な根本的利害関心に基礎づけようとする考え方なのです。ホッブズにおいては総じて、過去への訴えはありません。もし現在主権者が存在しているならば、その主権者が存在しつづけるよう望むことにすべての人が利益をもつのであり、過去においてその主権者の権力が実際にどのように生じてきたのかは、まったく関係がないのです。私たち各々は、自らの根本的利害関心の観点から、現行の実効的な主権者を支持するように義務づけられているのです。

もちろん、ロックの考えはこれとまったく違うものです。それは、自然状態における平等の権利という状態から出発します。そして、時を経るなかで一連の合意がなされるのですが、合意の各々において一定の条件がみたされなければならないとされ、そして体制が樹立される、と想定するのです。ロックによれば、正統な体制は、一定の仕方で樹立されているという仮定が可能なもので、一定の条件をみたしている体制です。この基準は、歴史のなかで体制が実際にこうした仕方で生じてきたことを証明できるかどうかに関係なく、妥当することです。したがって、ロックの場合、正統性は体制の形態に依存しているのであり、その体制がどのように生じてくると仮定できるかということ、それが一定の正統な権利を実際に保護しているということに、依存しています。

ここで、ロック主義的議論とホッブズ主義的議論の対照性を――たとえば、一六八八年と一六八九年の公共的な論議において、それらがなされていたであろう形態で――詳しく説明するならば、以下のような議論の応酬になると思います。ホッブズ主義者であればこう述べるでしょう。ウィリアムとメアリーの治世が確立されたのち、彼らの体制に服従する義務がすべての人にあったのだが、それは、その体制が実効的な主権者であったからである、と。もしも主権者が実効的であれば、その体制を支持する義務があるのです。一方、ロック主義の議論は、これといささか異なったものに実際のところなるでしょう。それによれば、同じ状況にロックの議論を適用すると仮定するなら、以前の体制は人民の権利を侵害していたことになります。それゆえに政治権力は人民のもとに回帰したのであり、革命と復古の過程を通して、人民の権利を尊重する新しい体制が樹立されたのです。「人民の権利を尊重する」という意味は、その体制が正統なものであるということ、平等な権利の状態から契約を通じて参加するものだと仮定できるものであるということです。このように、ホッブズとロックの議論はかなり異なったものであるのですが、両者とも、合意の概念を含んだ、一種の社会契約論をもっていることに変わりはありません。

これとは異なった種類の直観的観念を、功利主義の伝統はもっています。そこには、社会の一般的な利益、または一般的な福利、公共善、公共利益といった観念が含まれています。こうした異なった表現のすべてを、ヒュームが使っていることがわかるでしょう。そして、最大限度の社会的(ないしは公共的)善の創造という観念から、功利主義の伝統ははじまるのです。この考えによれば、私たちに政府を支持したり、体制を支持したりする理由があるのは、次のような場合になります。つまり、だいたいにおいて、その体制の継続的な存在と実効性が人民の福祉を促進している場合か、もしくは、そのときの体制の代わりとなる体制が樹立されるとしても、そうしたもののいずれと比べても、より多くの福祉や、より多くの福利をその体制が生みだすとされる場合です。すると功利主義者は、社会の一般的な福利や一般的な善に訴えるような議論をすることになります。ここにおいても同様に、福利という概念について洗練されなければならない多くの点があり、ヒュームとミルの議論のより深層に迫ることで、そうした作業をする際に含まれる問題のいくつかを、私たちは探究していくつもりなのです。約束や起源、契約といった概念が、功利主義者の考えにまったく入ってこない、ということに注目すべきです。功利主義者が実際に行っているのは次のようなことです。つまり、現在と未来を見据え、体制の現行の形態や社会制度の現行の組織が、最善で最も実効的な仕方において、一般的な福祉を促進するようなものであるかどうか、ということを単純に尋ねることなのです。

功利主義者の考えはホッブズと、とりわけ以下の三つの点において異なっています。(a) 功利主義は心理学的利己主義を拒絶し［ベンサムは例外となる］、情愛や仁愛といった感情の重要性について強調しています。ただしこの点において、限定された寛大さというヒュームのテーゼが、正義と政治に関する彼の説明において重要となります。(b) 正－不正の区別に関するホッブズの相対主義的な規約主義を功利主義は拒絶し、効用の原理の適理性(リーゾナブルネス)と客観性を強調しています。(c) 政治的権威は実力に依拠しているというホッブズの考えを、功利主義は拒絶しています。功利主義の主張は、政治的権威は(社会の福祉のためにある)社会全体の善に対する政府のはたらきに基礎づけられており、それは、異なった功利主義者が異なった仕方で定義している、効用の原理によって定義されるというものなのです。

実際にヒュームに向かう前に、ヒュームが功利主義者の著述家からなる長いリストの一人であり、そのリストのなかのごく少数の人しか、私たちは論じることができないということを指摘しておきたいと思います。英語圏の道徳哲学において功利主義は、最も影響力があって、最も長い継続性をもつ伝統であったのであり、おそらくいまだにそうです。たぶん功利主義には、アリストテレスやカント(彼らの倫理学の著作は、それ自体で比類のないものです)のような名声をもった著述家が属していると主張することはできませんが、その伝統を全体として見るならば、そしてその適用範囲と継続性や、その見解の一定の部分を次々と洗練していくさまを見るならば、功利主義はおそらく、それが集合体として優れたものであるという点において、唯一無二の存在なのです。功利主義は、少なくとも一八世紀の初めの頃から現在にいたるまで存在してきましたが、長いリストを形成するすばらしい著述家たち(彼らは互いから学んでいました)によって特徴づけられています。このリストに含まれるのが、フランシス・ハチスン、ヒューム、アダム・スミスといった人たち、そしてジェレミ・ベンサム、F・Y・エッジワース、ヘンリー・シジウィックという主要な古典的功利主義者たち、そして、その思想には多くの非功利主義的特徴が含まれる思想家である、ジョン・ステュアート・ミルです。結果として、約三世紀間にわたって継続的に進化してきたので、功利主義はおそらく道徳哲学において最も印象的な伝統となったのです。

功利主義は、歴史的に言うと社会の教説の一部なのであり、社会から分離されたたんなる哲学的教説ではない、ということを忘れてはなりません。功利主義者は政治理論家でもあったのであり、心理学理論ももっていました。そして功利主義は、経済学の一部にもかなりの影響を与えてきたのです。この影響を部分的に説明するのは、次のような事実です。つまり、一九〇〇年以前の英国の伝統に属する重要性の高い経済学者と、有名な功利主義哲学者を見るならば、彼らが同一の人物であることがわかります。リカードだけが例外です。ヒュームとアダム・スミスは、功利主義哲学者であると同時に経済学者でしたし、同じことは、ベンサムやジェイムズ・ミル、ジョン・ステュアート・ミル(もっとも彼が功利主義者であることには、後に論じる理由から、疑問の余地がありますが)、シジウィックにも当てはまります。エッジワースの場合、彼は主として経済学者として有名ですが、ひとかどの哲学者、少なくとも道徳哲学者でした。一九〇〇年になって初めて、功利主義の伝統におけるこの重なり合いが終わります。シジウィックと、偉大なる経済学者マーシャルの両者は、ケンブリッジ大学で同じ学科にいましたが、おそらく一八九六年頃彼らは、経済学に関する別々の学科を設立しようと決めました。そのとき以来、分裂が存在してきたのです。もっとも、功利主義はいまだに経済学に影響をふるっていますし、厚生経済学は、歴史的に言って功利主義の伝統と密接な関係をもっています。ただ、一九〇〇年以来この伝統は、事実上相互に無視しあう二つのグループ、経済学者と哲学者に分裂してきましたし、それは両者に相互的な不利益を生んできました。これは、経済学者が政治経済学やいわゆる厚生経済学に関心をもち、哲学者が道徳、政治哲学に関心をもっているかぎり、少なくともそうなのです。専門化への圧力やその他の事情を考えると、この分裂を矯正することは容易ではありません。現代では、一人の人物が、両方の学問におけるテーマを十分に理解し、それらを知的な仕方で議論するということも、きわめて困難なのです。

もちろん、私には、重要な功利主義者のすべてを取り上げるだけの時間はありません。したがって、私はヒュームとミルについて述べ、この社会契約論に取って代わろうとする考えと、この考えの背後にある直観的観念について、その特色のいくつかを伝えるつもりです。ヒュームについては、「原初契約について」(Of the Original Contract)と『道徳原理研究』(*Enquiry Concerning the Principles of Morals*)(一七五一年)、とりわけ第一章から第五章、そして第九章、そして付録三(これで、だいたいオックスフォード版で八〇頁分、全体の半分を少し超えた量になります)を読むことをお勧めします。(2)

最初に、ヒュームという人物について説明しましょう。

(a) 生没年…一七一一—一七七六年。

(b) 彼は、エディンバラから南方へさほど離れていないベリック州で、スコットランドのジェントリー一家に生まれました。

(c) 一一歳のとき、エディンバラ大学に入学し、数年間通いました。

(d) 一八歳のとき(一七二九年)、『人間本性論』を書く考えが彼にひらめきました。

(e) ヒュームの人生において重要な年として次のようなものがあります。

(ⅰ) 一七二九―三四年…自宅で読書をし、思索に励んでいました。

(ⅱ) 一七三四―三七年…フランスで生活し、そこで『人間本性論』を仕上げました。

(ⅲ) 一七三九―四〇年…ヒュームがイングランドに戻ったとき、『人間本性論』が出版されました。

(ⅳ) 一七四八年、一七五一年…それぞれの年に『人間知性論』(*Enquiry Concerning Principles of Understanding*)と『道徳原理研究』が出版されました。

(ⅴ) 一七四八年…「原初契約について」が、ヒュームの『道徳政治論集』(*Essays Moral and Political*)の第三版に、新たなエッセイとして掲載されました。


ヒュームのイマジネーションを捕らえ、一〇年間にわたって事実上、孤立しながらその創作に骨を折ることになった、『人間本性論』における主導的な観念とは何だったのでしょうか。私たちにできることは、その作品そのものから推測することだけです。

(a) 私の考えでは、その鍵は副題にあります。『人間本性論――道徳の主題に推論の実験的方法を導入する試み』(*A Treatise of Human Nature: Being an Attempt to Introduce the Experimental Method of Reasoning into MORAL SUBJECTS*)。

(b) 「道徳」(moral)という言葉の意味について一言。これは現代と同じ意味ではありません。というのも、それには心理学や、社会理論に関するテーマも含まれているからです。

(c) 「実験的」(experimental)という言葉もまた、その意味がもっと特殊的になったという点で、意味が変わっています。ヒュームにとってそれは、科学の方法――経験と観察への訴え――を、そして思考実験と理論を意味したのです。ニュートンが偉大なる模範でしたが、そのことは『人間本性論』の序論において明らかになります。ヒュームは彼の方法を、道徳の主題に適用することをめざしています。道徳の主題とは、次のような事柄を説明する第一原理の理解に関連する主題のことです。つまり、人間の信念と知識（第一巻）、人間の情念、つまり感覚や情緒、願望や感情、性格や意志（第二巻）、（もっと狭い意味での）道徳感情（それには、道徳的な判断をする私たちの能力と私たちが道徳的判断をする仕方が含まれます）（第三巻）、こうした判断によって、どれほどまで私たちが行為するように動かされるか、等々です。

(d) ヒュームは、以上のようなテーマを、ロックとまったく異なった仕方でアプローチしていました。

(i) ロックは、まるで根本的自然法によって定義された法システムの範囲内ではたらく、憲法専門の法律家のような人物です。そしてロックは、国王に対する抵抗というケースを、この枠組みの内部にある混合政体の枠内で論じています。その議論は、根本的自然法という道徳システムの内部で行われています。それは、いわば法的で歴史的な議論なのです。

(ii) ヒュームの思想は、自然主義者のものです。それは、人間の制度と慣行という現象を観察、研究し、そうした制度や慣行を支え、人間の行為を規制する際に、道徳の概念や判断、感情が果たす役割を観察、研究するというものです。

(iii) こうした現象(そこには道徳的な現象――判断や是認等々――が含まれるのですが)を支配し、説明するような第一原理を、ヒュームは突きとめたいと願っています。運動法則の第一原理をニュートンが突きとめたように、ある種の連合の法則の存在を、知識と信念に関する第一原理として、ヒュームは強調しています。そして彼は、『人間本性論』において道徳的判断をさかのぼり、それが共感という私たちの能力――これは『道徳原理研究』において、人間性の原理におきかえられます――から引きだされるという、重要な論点を提示しています。「賢明な観察者」に関するヒュームの説明(これは次の講義IIで論じる予定です)は、道徳哲学において最も重要な考えの一つです。

(iv) 以上の議論の詳細について、ここで取り上げることはできません。強調すべき論点は、ヒュームの議論の背景と哲学的見地が、ともにロックのそれと異なっているということです。彼は、道徳という主題を、観察する自然主義者の見地からアプローチしています。ロックとヒュームが同じテーマについて論じているときでも、彼らはそれぞれ異なった見地から論じているのです。一般的に言って彼らは、同じ問いに対して答えているのではありません。

第二節　ロックの社会契約に対するヒュームの批判

ここで、ロックの社会契約論に対する、ヒュームの批判に向かうことにしましょう。こうした議論は、少なくとも一カ所、非常に有名なところに見られます。それは、ヒュームの「原初契約について」というエッセイで、一七四八年の『道徳政治論集』第三版に掲載されました。エッセイは四つの部分に分かれています。段落ごとに分けるのが便利だと私はよく思います。第一段落から一九段落までが第一部、第二〇段落から三一段落までが第二部、そして第三二段落から四五段落が第三部で、そこで、ロックの社会契約を批判するヒュームの哲学的議論が提示されています。そして、第四六段落から四九段落が結論部です。

ヒュームがエッセイを書いている仕方を見ると、どこに切れ目があるのかは判明ではありません。そこで、そこに何が書かれているのかについて、予備的な考察を行うのが便利だと思われます。第一部では、王権神授説というトーリーの見解と、政府は人民の同意にもとづくというウィッグの見解の両方に、何らかの真理が含まれていることを――もちろん、彼らが意図しているのとは違った意味で――認めることで、ヒュームは議論をはじめています。ヒュームが認めている真理が、これらの見解を支持している人々が望んでいるような種類の真理だということは、ほとんどありえないことです。たとえば、トーリーの見解に関して彼は最もそっけないのですが、それはいささか意図的に侮辱的なものである、と私は思っています。国王は神が与えた権利によって支配しているのかもしれないが、それでは力というのはすべて至高の存在に由来するのだから、私から財布を取り上げる盗賊も、同じような権利によって支配していることになる、と彼は言っています(第三段落)。この言い方は明らかに、まじめなものではありません。しかしながらこれは、議論の過程において読者に注意を喚起するという意図があるように思えます。

そしてヒュームは、ウィッグの見解のパロディを書いています。その見解が想定しているのは、「一種の原初契約が存在しているのであり、その契約によって臣民は、彼らが……自発的に自分たちの国王に信託した権威によって虐げられたと感じた場合にはいつでも、国王に対して抵抗することができるという権力を、暗黙のうちに保留している」(第一段落)ということなのだ、と彼は言っています。ここでのヒュームの議論の標的、もしくは標的の一つが、ロックとその社会契約論であると私は想定しています。もっとも、もしも原初契約によって意味されていることが、たとえば森林や砂漠において人々が初めて協働したときのような、統治の最初の起源だとすれば、すべての政府が最初は同意にもとづいているということは否定できない、とヒュームが言うとき(第四段落)、実際のところロックについては言及されていないのですが。そのような時代、人々は身体的な力と精神的な力能においてほとんど平等だったのであり、文化や教育が不平等を生むようなこともまだありませんでした。するとそのような状況において、同意が政治的権威にとって必要だったのは、平和と社会秩序が人々に与える有利さの感覚にとって同意が必要だったのと同じことだったのです。しかしながら、彼はつづけて次のように言っています。「この同意は長い間きわめて不完全なものだったのであり、秩序だった行政の基礎とはなりえなかった」(第五段落)。つまり、ロックが提示しているような社会契約、もしくは原初契約という考えは、その最初の時代の人々にとって理解することのできないものだったのです。そしてこの時代は、統治が最初に生まれた時代だったので、ロックの教説——それは「人間はすべていつも平等に生まれついており、約束による義務と制裁とに束縛されるのでなければ、国王や政府に対してけっして忠誠の義務を負わない」(第六段落)と断言している、とヒュームは言っています——は、この統治の最初の起源に関してでさえも、厳密な仕方ではほとんど適用不可能なものであるか、または、厳密に言うとほとんど不正確なものである、とヒュームは考えているのです。もちろんそこには、ヒュームが言うように、何がしかの真理は含まれているのですが。

そのうえでヒュームは、現代において同意を政府の土台や義務の基礎とみなすことがほとんど不可能であることを示すと彼が考えている、いくつかの反論の列挙に進みます。

たとえば、世界のほとんどの場所において、社会契約論は認められていないか、知られてさえもいないのだと彼は述べます。「臣民を自分の財産であると主張し［これは、当時実際になされていた］、国王がもつ主権という独立した権利は征服や継承にもとづくものであると主張する国王たちを、私たちはいたるところに見出すことだろう」（第七段落）。ヒュームはつづけて次のように述べています。同意の理論の支持者を為政者は、危険で煽動的な人々として投獄するだろうが、「ただそれは、その前に私たちの友人が、そのような馬鹿げたことを主張するのは、気が変になったに違いないとして、あなたを監禁してくれなかったらのことである」（第七段落）（これはいささか極端な言い方に見えるかもしれませんが、これがこの問題に関する彼の考え方なのです）。もしこの教説がほとんどの場所で受け入れられておらず、そして、もしこの教説が現在理解されていないのならば、どうして同意が拘束力をもちうるのでしょうか。彼の論点は、同意が、ロックが言っているような種類の効果をもつためには、同意が公共的な仕方で承認され、政治的責務の基礎であると理解されなければならないということです。そのような可能性についてヒュームは、即座に否定するようなことをしていません。彼はただ、そのようなことは現在の状況では起こっていない、と言っているだけです。したがって、同意は政府や権威の基礎とはなりえません。とにかく、彼がさらに言うには、原初契約は古代のものなのです。つまりそれは「あまりにも旧い話であるため、現代の世代にはわからないものなので」(第八段落)、現在において拘束力をもてないものなのです。というのも両親が、何世代も下った自分たちの子孫を拘束することなどありえないからです(第八段落)。

ヒュームが提示するもう一つの反論は、次のようなものです。つまり、現在存在しているほとんどすべての政府が、簒奪や征服(彼は一〇六六年における征服王ウィリアムについて言及しています)にもとづくものであったのであり、そしてとにかくそれらは、軍事力や暴力によって生まれてきたのであり、「人民の公正な同意、ないし自発的な服従を口実とすることはなかった」(第九段落)、というものです。政府が、結婚や王家の都合などで生まれることもありましたが、そのような場合国民は、持参金や遺産の一部として扱われています(第一一段落)。さらに、選挙は少数の有力者の連合によってコントロールされていることが多いゆえに、それほどの重要性がないということや、同意や、特定の原初的同意という社会契約的な考えは、事実と何の対応性もないことなどが、もう一つの反論として挙げられています(第一二段落)。ヒュームの考えでは、一六八八年から一六八九年の革命においてなされた同意も、これと変わらないのです。一〇〇〇万に近い全国民ではなく、約七〇〇人(議会のメンバー)の多数派が、そのときに政治的権威がどこにあるのかを決めたのだ、と彼は述べています(第一五段落)。したがって結論はこうなります。同意がなされたことはほとんどなかったのであり、たとえ実際に同意がなされるときも、ヒュームの考えでは、それは非常に不規則で、少数の人々に限られているものなので、ロックがそれに帰しているような権威を、同意がもつことはほとんどありえないのです。このときも、ヒュームはロックの名前に言及していません。

第二〇段落から三一段落にかけての第二部のはじめで、同意以外に、政府の基礎として何かがなければならない、とヒュームは述べています。この議論についてここで簡潔に説明したいと思います。彼は、同意が「政府の一つの正統な基礎」であることを否定していません。そして、もしそれがある場合、それは「たしかに何にもまして最善、かつ最も神聖な基礎である」と彼は言います(第二〇段落)。しかしながら、同意は実際にはめったに基礎とはならないので、それが唯一の基礎となることはありえない、と彼は主張するのです。同意が拘束力をもち、政府の基礎となるためには、一定の条件が守られる必要があると言いながら、なぜそうした条件が守られることはないのかについて、彼は一連の理由を挙げています。その一つが、社会契約論は、正義に関する知識と配慮がある状態を前提にしているが、そのようなものを人々は実際にはもっていない、というものです。ヒュームの考えでは社会契約論は、人間本性に過大の要求をしています。それは、私たちの過去もしくは現在の状態よりもはるかに優れている、一種完璧な状態を求めているのです。

同様に、人民は政府に対する自らの責務が、自らの同意に依拠していると信じている、という前提が社会契約論にはあります。しかしながら、常識によれば、こんな想定があるところはどこにもありません。人民が実際に考えていることは、君主——「長期にわたる占有により、人民の選択や意向とは関係なしに、その資格を獲得してしまった」(第二二段落)君主——に対する自らの忠誠は、自分が生まれた場所によって決まっている、というものです。そして、過去の同意が政治的責務の重要な基礎だと主張することは、その同意をしたとされる人民自身が、その忠誠が自らの合意に依拠していないと信じているような場合、馬鹿げたことになるのです(第二三段落)。そして第二四段落という、よく引用される、非常に強力な議論をもつ段落において、ヒュームは次のことを述べています。つまり、貧しい農民が外国語も知らず、外国に出て新たな生活をはじめる資金ももっていない場合に、彼に国を離れる自由な選択権があると想定することは、眠っている間に船に乗せられて、そのあとに船が出発したので、もし船の外に出るならば海に落ちて溺れ死にするしかない人が、海の上の船に残っていることによって、彼が船長の支配権に自由に同意しているのだ、と想定することに等しいのです。したがって、ヒュームが言っていることは、農民や他の労働者——体制の形態を決定するおそらくほんの数百の人々以外の者たち——が、何らかの仕方で拘束力をもつ同意をしていると想定することは、眠っている間に船に乗せられた人は乗船の同意を与えたのだ、と言っているのに等しい、ということです。受動的同意ないしは暗黙の同意の最もありえそうなケースは、ヒュームの考えによれば、あらかじめその政府や法律についてよく知っているような国に滞在している外国人を義務づける同意がそれだ、というケースです。この場合、ヒュームの見解によると、その国で生まれた臣民の場合と比べるなら、この外国人の忠誠はより自発的なのですが、政府が実際のところこのような忠誠に期待するものはあまりないし、それに依存するところも少ないのです(第二七段落)。

第二八段落において、ヒュームは次のように述べています。もし、かりに一世代の人々がいっせいに死んでしまい、そのあとに別の世代が、突然理性使用の年齢になって、自らの政府を選ぶうえで必要なだけの分別をそなえたとき、集団としていっせいに取って代わるとするならば、その場合この新しい世代の人々は、先人への配慮をすることなく、一般的同意によって自分たちの形態で市民的政体を樹立するでしょう。しかしながら、人間の生の条件はこのようなものではないのであり、「いまこの世を去る者があるかと思えば、この世に生まれてくる者もある」というその条件によって、世代ごとの新しい同意というものを、実効的に行うことは不可能である、ということがわかるのです。安定性(統治に不可欠なもの)を達成するためには、「新しい世代が、確立された政体に順応するべき」で、「手荒な革新」などを行うべきではないのです(第二八段落)。

最後に、「合法的な政府はすべて人民の同意から生ずる」と言うことは、「それは彼ら[政府]に、それが値する以上の、あるいはそれどころか、彼らが私たちに期待し欲するよりもはるかに大きな敬意を与えている」ことになる、とヒュームは述べています(第三〇段落)。

第三一段落からはじまる部分でヒュームは、ロックの見解に対する哲学的批判、と私が呼ぶものを導入しています。彼は、自然的な義務、たとえば子どもへの愛情、自分に恩恵を施してくれた人への感謝などのような義務と、責務感覚にもとづく義務——つまり、社会の一般的利益と必要性の認識と、そうした義務が無視されるなら通常の社会生活が不可能になることの認識を前提にするような義務——とを区別することで、議論をはじめています。後者の義務を、彼は「人為的な義務」と呼んでいます。「人為的」(artificial)という言葉はもちろん、ヒュームの時代の後、意味が変わっています。当時それは、理性の巧妙さ(artifice of reason)を意味しており、そのような義務は重要な意味で合理的である、という考え方を伝えていました。ロンドンの大火ののち、クリストファー・レンの設計によって再建されたセント・ポール大聖堂にチャールズ二世が初めて入ったとき、ドームの下に立っていたレンは、横にいるチャールズが何を言うだろうかと考えて、不安のうちに待っていました。チャールズが建物を見上げ、「崇高で、人為的である」(awful and artificial)と語ったとき、レンは大いなる安堵感を覚えたのです。この表現は、現在ならあまりよい褒め言葉ではありませんが、当時それは、畏敬の念を惹き起こすという意味と、合理性を感じさせるという意味の両方をもっていました。

人為的義務に含まれるのは、(a) 正義の義務、つまり他人の財産の尊重、(b) 誠実、つまり約束の履行、そして(c) 政府への忠誠という市民の義務です。こうした義務、つまり正義、誠実、忠誠という義務は効用の概念によって、つまり、「社会の一般的必要と利益」を引証することによって説明され、正当化されるということが、ここにおける、ロックに対抗するヒュームの哲学的議論です(この点にとくに関係するのが、第三五段落から三八段落、そして第四五段落です)。もしも正義と誠実の義務が、社会のメンバーによって一般的に承認されず、尊重されないならば、ヒュームの考えによれば、秩序だった社会生活は不可能になります。「社会は、為政者の権威なしには、おそらく維持されえない」(第三五段落)のです。以上が、彼の考える、人為的義務についての哲学的説明です。

したがって、政府に対する私たちの忠誠を、誠実の義務や約束の履行に訴えることで、つまり、個人の同意に基礎づけられている、何らかの仮定された、もしくは現実にある社会契約を引証することで正当化したり、説明したりすることを試みてもまったく無意味である、とヒュームは考えているのです。なぜなら、私たちが結んだ契約や合意をなぜ尊重しなければならないのか、もしくは、なぜ私たちは個々の同意を拘束力のあるものとして扱うべきなのか、を問うならば、その説明として効用の原理に訴える以外に方法はない、とヒュームは主張するからです。したがって、政府に対する私たちの忠誠の根拠が求められるなら、仮定された契約に対する誠実の原理に訴えるという余計な手順をとらず、直接効用の原理に訴えたらよいのではないか、ということになります。忠誠の義務を、誠実の義務のうえに基礎づけるという、哲学的な正当化をわざわざしても、何も得ることがないのです。この意味でヒュームは、ロックの社会契約論をいわば不必要な混乱であると、さらに言うなら、すべての義務の正当化は社会の一般的な必要に、あるいはヒュームが別の文脈で「効用」と呼ぶものに訴えなければならないということを、わかりにくくしてしまう傾向をもったごまかしであると、みなしているのです。

したがって、ヒュームの結論はこうなります。哲学的な教説として、社会契約は妥当性が低いだけではありません。それは、人々が実際に信じているような種類の事柄のすべてと矛盾しており、このエッセイのはじめの部分で彼が主張していたように、広くいきわたった世論とも矛盾しているという点で、常識に反してもいるのです。そして社会契約論は、政治的責務の本当の基盤に違いないもの、つまり、社会の一般的必要と利益を明晰に論じることができないという点で、皮相的でもあるのです。

このエッセイの終わりの部分、第四八段落においてヒュームは、道徳において何か新しいことの発見は不可能であり、新しい意見というのはほとんどつねに間違っている、というコメントを残しています。道徳の問題においては、人類の一般的な意見と慣行こそが、それが存在する場合、決定的に重要なのだ、と彼は信じているのです。「新しい発見は、このような問題においては期待することができない」、と彼は述べています。

言い換えれば、彼は、ロックの考えが歴史的に不正確なものであると判断しているのですが、それを新発見の教説だと、つまり、それゆえに人類の一般的慣行と意見に反するものだとみなしているのです。

ロックに対するヒュームの批判を、どのように評価したらよいのでしょうか。彼の批判は強力で、説得力のあるものですし、とにかく多くの点において非常に妥当性の高いものなのですが、妥当性の低いところもあります。歴史的に言って、ヒュームのエッセイ(そして後の時代のベンサムのエッセイ――ただし、ベンサムの言っていることは本質的にヒュームが言っていることと同じなのですが)は、社会契約論を弱体化するという点において、きわめて影響力のあったものだと言ってよいと私は考えています。少なくともイングランドにおいては、ロック的な教説を引き継ぐ者が現れるような気配はありません。このことが示しているように、ヒュームのエッセイは歴史上、非常に影響のあったものでした。

しかしながら、現在存在している政府に対する私たちの忠誠が、原初の同意に、もしくは、何世代か昔になされた原初契約に依拠しているのであり、この同意こそが、私たちを現在義務づけているとロックは言っている、というようにヒュームがロックを読んでいるように思えます。しかし、実際のところ、ロックはこのようなことを言っていません。祖先の同意がその子孫を拘束できると彼は信じていませんし、このことを彼は

『統治二論』第二篇第一一六段落ではっきりと述べています。「人が、どんな約定や約束であれ、自分自身が結んだものに義務を負うことは確かである。しかし、人は、いかなる契約によっても、子どもたちや子孫まで拘束することはできない」。各人は現在でも、自然的自由をもって生まれてくる、とロックは考えています。そしてこの自然的自由の状態から、私たちは、理性使用の年齢になったあとの自分の行為によってのみ、離れることができるのです。したがってヒュームは、ロックのなかに私が「創設する同意」と対比して「参加する同意」と呼ぶものの概念があることを、見過ごしてしまっているのです。

同様にヒュームは、ロックが設けた、明示的な同意と暗黙の同意の間にある対照という、重要な差異に注目していません。誰であれ、現実の合意によって政府の臣民となる同意をした人は、その臣民でありつづけねばならないのですが、ある政府の保護のもとで土地を所有し享受していること(暗黙の同意)のみを理由に政府に服従している人々は、もしも彼らがその土地の保有や享受をやめるなら、他の政府に加わるという自由を取りもどすのだ、とロックは述べています。後者の人々は、法律に従っており、法律の保護を受けているのかもしれませんが、明示的な同意によって参加しないかぎり、彼らはコモンウェルスの本当のメンバーではないのです(第一一九―一二二段落)。

ヒュームが理解しそこなっている、あるいは少なくとも彼の議論において考慮に入れそこなっている、ロックの教説におけるさらに重要で基本的な側面が一つあります。それは、ロックの教説が二つの部分をもっているということです。ロックの社会契約論的基準について語っていたとき、その一部、つまり最初の部分について、私は次のように述べていました。つまり、正統なものとなるために政体は、平等な政治的統治権をもつ状態のなかにいる各人が、契約を通じてその一部となるものだと仮定できるようなものでなければならない、というものでした。契約を通じて「その一部となる」という概念について、私は論じていたのです。これはもちろん、あまり精密な概念ではないのですが、ロックの考えにおいてけっして無視することのできない、重要な要素となっているものです。

ロックが社会契約論的基準を語るもう一つの部分は、いつ、現行の正統な政体が、特定の個々人、つまりそのときにその体制の完全な市民で臣民である人々を拘束することになるのか、という問いを扱うものです。ここでロックは参加する同意について論じており、上記の、明示的な同意と受動的な同意という区別を立てています。しかしながら重要な論点は、もしこの参加する同意に拘束力があるとすれば、その場合当該の体制の形態が(社会契約論的基準の最初の部分に照らして)正統なものであることが必要となる、ということにあります。上位者の無理強いで強要された約束は無効である、とロックは注意深く述べているのです。このことは、『統治二論』第二篇の、第一七六、一八六、

一八九、そして一九六段落で語られています。正統性を欠く体制のケースでも、彼は同じことを言うであろう、と私は思います。受動的な同意は、もしくは明示的な同意であっても、それがいわば強要されたものであるなら、約束に関する段落でロックが述べているのと、同じ評価を受けることになるのです。

ロックの考えを首尾一貫したものとする部分として、各個人には正統な体制を支持するという自然的義務が、そうした体制が存在し実効的にはたらいている場合、存在するという考えをつけ加えるべきでしょう。この義務は、根本的自然法に由来するものであり、誰かの同意に依拠しているものではない、と言ってよいでしょう。ロックは、革命について自分の考えを述べるなかで、国王にどのようにすれば抵抗できるのかを説明しているとき、正しい政体を転覆したり、変更したりすることは、人が犯しうる甚大な犯罪の一つだと述べています。このことを正当化するには、根本的自然法に対する暗黙の訴えがあるであろう、と私は仮定しています。したがって、ロックにおいては、正しい体制がある場合、私たちが同意しているかどうかに関係なく、その体制の法律を守るという義務を私たちすべてが負う、という考えがあり、それは根本的自然法からの帰結なのである、と私は想定しています。

そこで、ある時点におけるイングランドの人民が、たとえ自らの体制の起源が過去のある時点における軍事力や暴力にあったとしても、その現行の体制に対して義務を負うということがどうすればありうるのか、ということに関するロックの説明について考察してみましょう。彼がこのようなことに関する説明をするのは可能です。彼の説明はこうなるでしょう。つまり、現行の体制は、たとえそれが実際はほとんど偶然や、歴史を経たさまざまの変更を被ることでいまの形態になったのだとしても、それが、平等の権利の状態にいる人々が自由な契約の結果、参加するものと仮定できるような形態であるなら、正統なものなのです。もしそれが現在、正しい形態――契約の所産と仮定できるもの――であるなら、その場合人民は個々に、根本的自然法に由来する正統な体制を支持すべきだという自らの自然的義務によって、この体制に義務づけられるのです。

もし以上の事柄がすべて正しいとしたら、ロックとヒュームの間にある、本当に重要な実質的問題は次のような問いになります。つまり、政治体制に適用される仮説的な基準であるロックの社会契約論が、正しくて正義に適うものとして選びだす政治体制や政体のタイプは、社会の一般的必要と利益、もしくはその言い換えである効用といったヒュームの概念によって選びだされるタイプと同じかどうか、という問いです。ロックの社会契約論的基準が、しかもその最初の部分が正統とみなす体制の形態は、ヒュームによる効用の原理が正統とみなすものと同じものになるのでしょうか。それとも、それらは異なったものになるのでしょうか。これが、ロックとヒュームの間にある、本当に実質的な問題を理解する一つの方法です。そしてこの問題を、ヒュームは実際に論じてはいないのです。事実として、この基本的な問題に、彼は気づいていないように思われます。ヒュームは、政治的責務に関するロックの一般的説明の一部をなすものである、個々人がなす参加する同意という概念を、非常に効果的な仕方で批判しています。もしくは少なくとも、彼の批判が効果的であるかどうか、みなさんも考えてみるべきだと思います。しかしながら、平等の権利の状態からはじまる合意というロックの基準と、一般的利益というヒューム自身の基準が、同じ形態の体制を正統なものとする結論にいたるものであるかを、ヒュームはまったく論じていません。一見したところ、この二つの基準はまったく異なっています。たしかに、これらは同じ事柄を意味していませんし、それゆえ異なった結論にいたるものであると想定してもおかしくないでしょう。少なくとも、効用の概念が何を意味するのかということを含む、この二つの基準に関する多くの説明がなければ、そして、両者がたんに異なっているだけでないということに関する多くの議論がなければ、この二つが異なった基準であると仮定することは可能です。私たちはこの論点を、次の講義で考察する予定です。それまでに、正統な体制に関するこれら二つの基準が同じものであるかどうか、平等な権利という考え方が、効用に関するヒュームの考えと異なったものに帰結するどうか、自分で考えてみてください。

注

（1）［以下の二つのヒューム講義は、ハーバード大学で開講された近代政治哲学のクラスで、一九八三年の三月四日と一一日にロールズが行った講義の録音テープを文字化したものに拠る。ロールズの手書きの講義ノートのなかで、関連のある箇所がさらにつけ加えられている。――編者］

（2）［ロールズによる一九七九年の講義ノートには、以下のような段落が付されている。そこで言及されているシジウィック講義は、本書に補遺としてついている。――編者］

「ここにおいて私がめざしていることは限定されています。私が関心を向けるのは、私が歴史的な伝統と呼ぶものだけですし、そのなかで三種類の功利主義が区別されています。つまり、

(a) ヒュームの功利主義であり、これについて今回と次回において論じます。次に、

(b) ベンサム‐エッジワース、そしてシジウィックという、一連の古典的な功利主義を取り上げ、最後に、

(c) J・S・ミルを論じます。

私たちの課題は、これからの議論において、これら三つの功利主義を何らかの仕方で関連づけることなのです」。

講義Ⅱ　効用、正義、そして賢明な観察者

第一節　効用の原理についての所見

前回の講義で述べたように、「原初契約について」を読み進めるなかで明らかとなった、ヒュームとロックの間にある本当に実質的な問題とは、ロックの社会契約論は、政治体制の形態に関する一つの基準として適用されたとき、ヒュームの効用の原理が選択するのとまったく同じタイプの政体もしくは体制を、正統で正義に適ったものとして選択するかどうか、ということです(1)。私が述べたように、この基本的な問題についてヒュームはまったく論じていませんし、実際、気づいてもいないように思えます。さらに言うなら、このエッセイにおける効用に関する彼の説明は、非常に曖昧なものです。それはただ、社会の一般的な利益と必要を意味しているだけです。

さて、ある意味で、ロックの基準はこの原理を内包するものと言えます。つまり、自然状態から、強制なしに、といった条件で、同意によって政治社会に人々が移行すると

すれば、自由な参加によるこうした合意は、ヒュームの一般的原理を含んでおり、社会の一般的利益を促進するものである、と想定されるでしょう。したがって、「では、いったい何が違うのですか」と問いたくなってもおかしくありません。

自然状態からはじまるロックの制度変化のシステムにおいて、合理的な人格が自由かつ自発的に同意する、一連の保証事項があることを思い起こしてください。ロックの考えでは、この変化の各々は集合的に合理的であり、災難や破局的な事態などを防ぐようになっています。したがって、このような契約的合意に関して、ある種の理想化された過程を、私たちは想定していることになります。たとえば貨幣の導入や、その他多くの変更に同意することは、すべての人にとって集合的に合理的なものであったと、ロックが想定しているのは明らかです。したがって、自然状態からはじまった、正統な体制をともなったよく秩序づけられたコモンウェルスは、ロックの考えでは、最初は自然状態に関して、そしてその後はそれに続く段階の各々に関して、すべての人の状況を改善しなければなりません。したがって、ロックの体制は、社会の一般的利益と必要に呼応するという、ヒュームの条件をみたしているように思えます。それゆえ、ヒュームとロックの両者の原理は、とても曖昧で一般的な仕方で述べられているので、それらが異なったものとなっていくのかどうか、そしてどんな点において異なったものとなっていくのかを、はっきりさせることが難しいのです。ただし、前に述べたように、この二つの原理が同じことを意味していないのは確かですし、これらの基本的な前提は、非常に異なったものであると言ってよいのですが。

私たちが効用の原理により厳密な意味を付与し、その意味を、体制は、可能性のある体制の形態のなかで、もしくは、ある時点においてあるいは歴史上のある時代において実現可能な体制の形態のなかで、もしそれが最大限の社会的利益の総量(「社会的効用」という用語を使ってもよいでしょう)を、少なくとも長期的に結果としてもたらすか、もしくはつくりだす可能性が最も高いような体制である場合にかぎり、正統なのである、というものとすると想定してみましょう。

何らかの仕方で、「社会的利益の総量」という概念を定義できる、と私たちは思い描いています。ヒュームの言う「社会の一般的利益と必要」について語る代わりに、現在ならびに未来における最大限の利益の総量という概念を、私たちは導入したのです。これは、ロックの考えと同じになるでしょうか。前のときと同様、同じには思われません。『統治二論』第二篇において、最もロックの関心を惹いたケース、つまり、絶対王政、もしくは混合政体における国王の恣意的な支配というケースを考えてみましょう。そのような体制を正統でないとすることが、つねにロックの意図することでしたし、彼の議論はその目的のために設定されているのです。こうした形態の体制に、契約して参加することなどありえない、と彼は主張しています。私たちがいまここで定めた効用の原理は、絶対王政を許容するでしょうか。それは事実として許容しうるものである、と言う人もいるでしょう。しかしながら、そのためには多くの議論が必要です。その議論は、状況やさまざまな偶然事に依存するでしょう。そして、絶対王政が退けられるのか、もしくは許容されるのかは、けっして明白なことではないのです。

「原初契約について」の終わりに向かうところで、ロックを批判する議論を展開するとき、そして、約束に対するロックの訴えは不必要だと想定しているとき、ヒュームはただたんに、ロックの主張していることを否定しているだけなのだ、と前回の講義で述べました。社会契約を、体制を検証する道具として使用するという可能性にまで、ヒュームの考えはいたっていません。これとまったく同じやり方で、ロックの場合、彼はただたんにフィルマーの主張していることを否定しているだけなのです(ロック講義Ⅰの、フィルマーに関するところを参照してください)。契約や約束、そしてその他の概念は、根本的自然法の概念から引きだされるべきものではないとロックは想定しています。もしくは、少なくとも、彼はそのような試みをまったくしていません。こうして、二つの考えが、最も基本的なレベルでは本当は対立していないというケースが、ここにもあることがわかります。

ここで、ヒュームについてさらに語る前に、少なくとも「社会の一般的利益と必要」という、ヒュームの一般的な表現よりは正確にその原理が理解できる仕方で、功利主義という見解の明確化に努めたいと思います。このために私は功利主義を、ベンサムやエッジワース、そしてシジウィックらと結びつけられている、この原理の古典的な意味において考察するつもりです。

正(right)の概念から独立した、善(good)の概念を定義する、というのが基本的な考えです。つまり、たとえば快楽、苦痛の欠如、ある種の快い感情、もしくは、欲望の充足、個々人の利益の実現といった善の概念が導入されるのです。善とは、個人の合理的な利益の、もしくは合理的な選好の実現であるというように、理想化して言うことも、お望みならすることもできます。正の概念から独立しているということが意味するのは、快楽、苦痛の欠如、快い感情の概念や、欲望の充足という概念、合理的な選好の実現という概念を私たちが説明できるということ、つまり、これらの概念をすべて、正-不正について何も語ることなく、導入したり、説明したりできるということなのです。私たちはこうした概念を、正-不正に関係していると直観的に特徴づけられるような、あらゆる概念から独立した形で導入することができます。したがって、欲望の充足を最大化すると私たちが言う場合、そこには、善い欲望だけでなく、悪い欲望も含まれているということになります。そうした欲望がどのようなものとなるかに関して、正-不正の概念に由来する制約が課されることは、まったくないのです。

そうすると、第一段階は、独立した形で善の概念を導入するということになります。そして第二段階は、正を、善を最大化するものとして定義するということになるのです。伝統的な功利主義の考えを手に入れるためには、善の概念は私が示した形態をとらねばなりません。つまり、快楽、欲望の充足、もしくは合理的な選好の実現といったものです。もしも、これ以外の善の概念、たとえば、人間の完成、人間の卓越性、もしくはそういった種類のもの、を導入するとすれば、私たちは伝統的な功利主義ではなく、卓越主義の考えと呼んでよいものを手に入れることになるでしょう。

効用の原理を採用し、それを社会制度に適用するとすれば、次のようなことになるでしょう。制度や政体は、快楽や欲望の充足といった功利主義的な意味で理解された善において、現在と未来の両方における、社会のすべての個人の善を総計する場合、それを最大化していると認められるなら、正しくて正義に適ったものとなります。私たちは現在から出発しているのであり、現在の制度がどのようになるのかを考察しているのであり、こうした仕方ですべての個人の善を総計しているのです。このように定式化するとき、平等に関するいかなる原理もそこに組み込まれていないということ、そして、分配に関するいかなる原理もそこに含まれていないということ、それゆえ、善がいかにして分配されるのがよいのかについていかなる制約もないし、いかなる権利の概念も含まれていないということに、注意してください。ただたんに、その総計が最大化されるよう試みられているだけなのです。以上のような仕方で、私が「ベンサム－エッジワース－

シジウィック的見解」と呼んでいるものにおいて、功利主義は理解されています(もっとも、彼らの見解に関する記述をさらに発展させ、そこに善の概念に関するもっと快楽主義的な特徴づけを含ませることで、それを完成させることも可能ですが)。後の講義でミルを取り上げるとき、彼の効用の原理が、このような功利主義の見方と適合するかどうか、あるいは、彼は何かもっと複雑な概念をもっているのかどうかを検討したいと思います(もっとも、私はミルがそうした概念をもっているはずだと思っているのですが)。

第二節　正義という人為的徳

ここで、その第一章で述べられている、『道徳原理研究』(一七五一年)におけるヒュームの目論見について簡単に見てみましょう。その後、第三章と付録三およびその他の箇所においてなされている、正義という人為的徳に関するヒュームの説明に向かうことにします。第一章の第一―二段落を要約しましょう。道徳的区別は実在的なものであり、それは私たちの判断においてつくられるものであるということ、そしてこのことは、否定するならその誠実性を問われるような事実であるということを、ヒュームは主張しています。第三―八段落において彼は、現在の論争のなかに含まれている、以上の事実を説明する三組の二者択一論について述べています。そして第九段落で彼は、自分自身の教説を予見的に語っているのですが、それは、その二者択一の各々において後者を選択するものなのです。そして第一〇段落において、実験的(もしくは経験的)な研究(現代の私たちなら、一種の心理学と呼ぶようなもの)としての、彼の道徳理論について論じています。

第三―八、九段落において予示されているヒューム自身の考えは、次のようなものです。(i) 第一に、道徳的区別は、理性のみによって知られたり、事物に適用されたりするものではありません(これは、カドワースとクラークらとは反対の考えになります。第三章の第三四段落における、ヒュームの注一を参照してください)。むしろ、特定の感情に依拠するものなのです。(ii) さらに特定して言うなら、私たちによる道徳的区別の認知や適用は、演繹的、帰納的もしくは確率的議論を通じてではなく、何らかの内的な感覚によってなされます。道徳的判断が表現しているのは、ある事実に関するある観点からの知覚に対してなされた、私たちの道徳的感受性の反応なのです。(iii) さらに言うなら、道徳的判断における私たちの是認は、(カドワースやクラークが主張するように)たとえば幾何学の公理のような真理の把握の場合と同様に、合理的で知性をもった存在として、私たちがその真理を把握したことによるのではありません。むしろそのような道徳的判断の是認は、私たちが同じ道徳的感受性を共有していることによるのです。

以上の点について、ここでコメントしておきましょう。第一に、『人間本性論』(一七四〇年)においてヒュームは、私たちの道徳的感受性のはたらきについて、この著作の第三巻において提示されている、共感に関する複雑な理論を使って説明しています。しかしながら『道徳原理研究』で彼は、そのかわりに「人間性の原理」を使っています。このことに関する、第五章第一七段落の脚注における彼の説明を見てください［人間性の原理については、あとで論じます］。第二に、私たちの道徳的感受性に関するヒュームの説明は、第一義的に言って、認識論的なものなのです。それが説明するのは、道徳的区別を私たちがどのようにして知り、適用しているのか、ということです。どのようにして、こうした区別によって——もしくはこうした区別に従って——私たちが行為するように動かされるのか、というのはまったく別の問題です。したがって、認識の問題、つまり道徳的区別をいかにして知るようになるのかという問題を、動機の問題、つまり道徳的区別に関して私たちを行為するように動かすものは何かという問題から、区別する必要があります。ヒュームが主として関心をもっているのは、前者の問題です。

さてここで、ヒュームによる正義の説明に向かい、それについていくらか述べたうえで、ロックの考えと対比してみたいと思います。ヒュームが正義について論じているのは、『人間本性論』第三巻第二部の「正義と不正義について」という箇所と、その後に書かれた『道徳原理研究』第三章「正義について」という箇所です。「正義」という言葉のヒュームによる使用法は、注意深く理解されなければなりません。なぜなら、彼は、現代のような意味で、この言葉を使っていないからです。彼が語っているのは、政治社会の基本的な秩序と構造についてなのであり、とりわけ、所有の権利を特定化するような原理やルールについてなのです。ヒュームが「徳」と呼んでいるのは、人間の性格にある特質のことであり、人々がある種の仕方で振る舞ったり、行為したりする傾向性のことです。徳としての正義とは、所有権を規定するルールや、所有権の概念を取り囲む他のさまざまなルールを尊重し、それらにもとづいて行動する人々の傾向性のことなのです。彼は「正義」という言葉を、かなり狭い意味で使っています。それは数多ある徳の一つにすぎず、そうした徳のなかで、本能によってはたらくものが多くあるのですが、そそれを彼は「自然的徳」と呼んでいます。正義は、ヒュームが「人為的徳」と呼ぶもののなかで、おそらく誠実や正直と並んで、最も重要なものです。正義は、ヒュームが「人為的徳」と呼ぶもの類がおかれている状況や必要から生じる人為、あるいは考案によって快や是認を生むような」徳を意味しています。(2)

ヒュームの言う正義の原理は、要するに、政治社会のメンバーが自らの経済的利益を追求する際に彼らの間に生じる経済的な生産と競争を規制するための原理のことを、だいたいにおいて意味しています。ヒュームの考えでは、競争に関する基本的なルールは、本質的に言って三つあることになります。

第一のルールは、私的所有権についての原理です。この原理が要求していることを非常に大雑把に言うと、各人が、適切な仕方でその人が所有するものを享受する際に、じゃまされることのないようにするべきである、となります。「適切な仕方で所有する」ということを定義するために私たちは、所有の権利を規定する他の多くのルールを導入しなければなりません。『人間本性論』においてヒュームは、現在の所有、占有、取得時効（もしくは長期保有）、財産価値の増加、財産相続などと関係する、こうしたルールのさまざまなものを論じています。そして、こうしたルールは、一定の状況下において効果を発揮します[3]。たとえば、財産の所有者が死んだ場合、誰がそれを相続すべきかをめぐる論争を避けるために、遺産やその他のことに関するルールが存在していなければならないのです。

正義の第二のルールは、財産の取引と交換に関係します。それは、一定の条件下においてなら譲渡することのできる財産所有の権利が存在する、という考えです[4]。その基本的な考えは、譲渡は同意によってのみ可能となるというものです。社会内での各人の財産保有のあり方が、諸個人のさまざまな利益と能力によって、そしてこうした財産を使って諸個人がうみだすことのできるさまざまに有効な用途があることによって、時間の経過のなかで継続的に調整されることを可能にするという点で、この第二の原理をヒュームは不可欠のものと考えています。したがって、時を経たうえでの財産保有の調整や移譲を、私たちは考慮に入れなければならないのです。

ヒュームの言う第三の主要原理は、契約と、約束の遂行に関するものです。[5] 第三の原理は、こうした問題をある意味で扱っていると言える、取引と交換に関係する第二の原理よりも、さらに一般的で包括的なものであると彼は考えています。この原理は、将来の行為に関する合意を含む、あらゆる種類の合意に適用されます。

こうして三つの原理が明らかとなったのですが、これらをヒュームは、正義の原理だと考えています。次のように言ってもよいでしょう。第一の原理は、社会を財産所有者の結合体という形式において見ています。第二の原理は、社会を市場という形式において見ています。そして第三の原理は、契約と約束に関する一般的な原理を確認するものなのです。これら三つの原理が一緒になって、ヒュームの考えでは、社会のメンバーの間での経済的生産と競争のルールを制約し、規定しているのであり、そしてこれらの原理は、社会のメンバーの間にある経済的諸関係の基本的な規範を構成しているのです。

したがって次のように言うことができます。ヒュームの考えによれば(彼は徳を人々の特質――それは、制度的構造から人へと伝わると、言えるのです――と考えているのですから)、正しい人とは、こうした基本的なルールを尊重する傾向をもった人を指すことになります。その議論の全体を通じてヒュームは、社会の諸制度が彼の言う効用の原理を、いかにそれが大雑把で一般的なものであろうと、とにかく実際にみたしていると仮定しています。言い換えれば、諸制度は実際にこの原理をみたしているという仮定のうえで、ヒュームは正しい人を、こうした基本的ルールを尊重する傾向をもつ人と考えているのです。彼はさらに、「正義は人為的徳であり、コンヴェンションにもとづいている」と言っています。コンヴェンションの意味については、あとで説明します。

ヒュームが正義について論じている『道徳原理研究』の第三章における彼の論点は、公共的効用(これは、社会の一般的利益を意味するもう一つの言葉と私は理解していま す──彼は多くの異なった言葉を使用していますし、彼の言葉遣いはとても自由なのです)が正義の唯一の源泉であり、公共的効用がもたらす結果についての反省が、正義がもつ価値の唯一の基礎である、ということなのです。これは、自然的徳のケースと対照的な意味をもつと想定されています。自然的徳の場合、公共的効用はおそらくそれがもつ価値の基礎の一つですが、唯一の基礎でないことは確かです。

この論点を、ヒュームは次のような意味で理解しています。つまり、正義の諸制度(これを私は、所有権、移譲、契約と要約します)は、もし人々がその公共的効用を認めないなら、そしてもし人々が、こうした制度には一般的利益があるという感覚をもたないなら、存在しないか、もしくは支持されない、という意味です。私の理解では、すべての人、もしくは、とにかくほとんどの人々によって公共的に承認され、一般的に行動の指針とされているルールの一般的システムとして、こうした制度が社会に利益を生んでおり、公共善に奉仕しているとは認めないかぎり、こうした制度を私たちが是認することはない、とヒュームは言っているのです。

前回の講義で述べたように、ヒュームが正義を「人為的徳」と呼んでいるのは、それが、公共善のためになると承認された、ルールの一般的システムを支持する傾向性を意味するからです。このルールのシステムそれ自体は、いわば、理性の巧妙な作品(artifice of reason)なのであり、それがこの時代における「人為的」(artificial)という言葉の意味するものなのです。理性の巧妙な作品とは、理性によって、しかもそれによってのみ理解されることが可能なものでした。さらに言うなら、このルールの一般的システムが、一般的な善のためになるようなこうした結果を生みだすのだ、ということの認識それ自体が、理性の使用を必要とするのです。

正義という人為的徳を、仁愛のような自然的徳と対比することで、さらなる論点を提示してみましょう。仁愛という個人の行為――誰かに親切にすること、たとえば子どもや、助けを必要としている人々に親切にすること――には、ルールの一般的システムという構想は必要でない、というのが論点です。それは、ある個人が自分たちの助けを必要にしていると私たちが認めるから、そうしようと感じるようなことなのです。それは、所有権のルールの場合と同じ仕方で、何らかの社会的善の構想に関与するのではありませんし、社会的善をつくりだすためにルールの一般的システムがどのように必要になるのか、という考えに依拠するのでもありません。

さらなる論点として、次のことがあります。つまり、所有権、移譲、契約に関するルール、つまり公共的ルールのシステムとみなされているものすべてから帰結する公共善の存立は、ヒュームの考えでは仁愛のような自然的徳とは対照的に、そうしたルールが、たとえ個々人のケースではその遵守が善よりも悪を生むように思えるとしても、支持を受けているということに本質的に依存している、ということです。このことは、仁愛のような自然的徳の場合、当てはまりません。所有権のルールは、次の点に特徴があるのです。すなわち、そうしたルールができるだけよいものとなるように企図されているにもかかわらず、ある特定のケースでは、私たちにとって害になると思われることを要求するようなときがあるとしても、それにもかかわらず私たちは、それらをルールの公共的なシステムとして支持すべきである、という点です。たとえば所有権のルールは、吝嗇家が、ひょっとしたら自分の所有物を生産的な仕方で利用することができない、もしくはそのような気持ちがないとしても、それにもかかわらず、その人がその所有物を保持する権利をもつと要求するかもしれません。あるいは相続の場合、誰が財産を相続すべきなのかを相続のルールが特定化しますが、それは、たとえその相続人が、財産を生産的な仕方で利用することができない、もしくはするつもりがないように思えるときでも、あるいは、その相続人が悪人もしくは価値のない人で、その財産をもつべきではないと考えられることがあるとしても、そうなのです。こうしたことがあるにもかかわらず、ヒュームの考えによれば、所有権のシステムの便益は、このような一般的ルールがすべての人に適用されると相互に承認されて初めて、そして私たちがこうしたルールを事実上非弾力的に支持することによって初めて、獲得できるようになるのであり、それはたとえ、特定のケースでは、私たちの行為が善よりも悪を生むように思える場合でも、そうなのです。

したがって、ヒュームの考えによると、人為的徳の一般的な社会的背景は、だいたい次のようになります。第一に、所有権の移譲や契約を定義するような一般的な制度的ルールからなる一つのシステムが存在しており、このルールのシステムをヒュームは理性の巧妙な作品とみなしています。第二の特徴は、このルールのシステムが社会のメンバーによって、公共善と、社会の一般的利益と必要を促進するものとして公共的に承認されているということ、そして社会のメンバーによるこの承認そのものが、理性のはたらきだということです。「公共的に承認する」ということで私が意味しているのは、ルールのシステムが社会の一般的便益のためになると各人が承認しており、他の人もまたそのことを承認していることを、各人が承認している、というように続くということです。

第三の論点は、こうした制度的ルールの一般的システムの便益が守られるためには、つい先ほど述べたように、たとえ特定の場合には、そうすることが有害になるように思えても、あるいは、現行のルールを遵守するよりもうまくいきそうな他の選択肢があるように思える場合でも、このシステムが非弾力的に守られていることが必要だということです。こうしたルールを守らなかったり、あまりにも弾力的な仕方で理解したりすれば、それは正統な期待を蝕むことになる――つまり、他の人がこれからすることを当てにしてもよいという信頼性を、徐々に衰えさせることになる――というのがヒュームの考えだと、私は理解しています。社会的振る舞いが信頼のできる、予見可能なものになるためには、非弾力的に守られることが期待できる、何らかのルールの一般的システムをもつことが必要なのです。人は、ある種の例外(たとえば、目の前の災難を避けること)を考慮に入れることができますし、複雑なルールをある程度まで考慮に入れることもできます。ただし、ヒュームの考えでは、そうしたことができる程度には、限度があるのです。

最後に、第四の論点として、正義に従うという傾向性は、適切な程度の非弾力性をもってして、こうしたルールを支持するような性格であるという特質なのですが、それは、社会の他の人々が、こうしたルールを同じように遵守するという明白な意図をもっている場合に限ってのことである、ということがあります。そして、いったん私たちがこうしたルールの背景を理解するなら、人間の心理やそうした事柄にある法則を前提にすることで、人々にこうした正義に従う傾向性があるということは、人間に関するごく普通の事実であることになる、とヒュームは信じているのです。

次の事実に注目してください。『道徳原理研究』の最終章の終わりに向かうところ（第九章第二節）でヒュームは、自分自身の利益のために、こうしたルールの例外を自分のものにしようとする人物である、「賢い悪者」について語っています。このような人物に対して、その人自身の利益という観点から議論を提示することを、ヒュームはまったくしていません。彼はたんに、こうした人物は、私たちのほとんどのようには動機づけられない人であるとするだけです。つまり、賢い悪者は、自分は、たとえば公正でないやり方で、もしくは不正に、あるいはこのルールのシステムにいわばタダ乗りをする仕方で、行為しているのだ、と自分自身について考えてみても、不快になることがない人である、とみなしているだけなのです。

『道徳原理研究』の付録三「正義に関する若干のさらに進んだ考察」を読むことを強く勧めます。これは、ヒュームの人為的徳という概念が何であるかについて、非常に学ぶところのあるものです。そこで、正義は「共通の利益の感覚」として理解されている「コンヴェンション」にもとづくものである、と彼が言っているときの意味に注目してください。[6] 正義はコンヴェンションにもとづいていると言うとき彼が何を考えているのかを説明するために、一艘の船を漕いでいる二人の男の例を彼は利用し、この二人はそれぞれ、約束や契約の必要なしに、自らのオールを漕ぐうえで互いを頼っていると述べています。そこでヒュームが考えていることすべてに、私が先ほど検討した四つの論点が関係しています。

この説明に関して、さらに二つの論点を提起したいと思います。ヒュームはまるで社会の一般的利益のみが、所有権、移譲、契約という制度を説明するかのように語っていますし、また、いかにこうした制度が、正義や誠実、正直などのような人為的徳の背景を提供することになるかを説明できるのも社会の一般的利益であるかのように、語っていました。しかしながら彼は、私的所有権や、私的所有権の特定化や分配を説明するのが社会の一般的利益ではない、という事例が実際にありうる可能性について、考慮していないように見えます。むしろ、何らかの他の利益——おそらく、より多くの力をもっている人々の利益、あるいはたぶん、最も多くの財産をもっている人々の利益——が関与することで、所有権が説明されるかもしれないのです。彼はたんに、このことを考慮していないように見えます。しかし、ヒュームがこの可能性に気づいていない、と言うべきではないと私は思っています。彼はこの可能性に気づいている、と仮定すべきなのです。彼は、いかにすれば所有権の制度や、正義、正直その他の徳が生まれることができるのかに関する、一種の理念化された説明を提供しているのであり、私たちの道徳的な振る舞いの自然的な根源、心理的基礎を実際に説明する一般的な特徴や一般的な要素を述べているのである、と私は解釈しています。

言い換えれば、ヒュームに関して次のことを理解することが重要だと思うのです。つまり、私たちがもっている徳を、いったいなぜ私たちはもつようになったのか、そして、いったいなぜ私たちはこうした徳に従って行為するように動機づけられるのかについて、彼は説明を与えようとしているのだということです。そしてこの説明はだいたいにおいて、現実の心理の説明になるように意図されています。それは、ロックの考えのようなものではありません。つまり、根本的自然法や他の自然法からはじまる規範的な教義で、私たちの権利や義務が何であるかを語り、そうすることで正統な仕方で生じることの可能な体制の形態に関する説明を提供するものではないのです。こうしたことをヒュームはしていませんし、もしくは、少なくともこうしたことを自分がしていると彼は考えていません。私の理解では彼は、なぜ私たちは徳をもっているのか――なぜそうした徳が存在するのか、なぜそうした徳は賞賛されるのか、なぜそうした徳に従って行動するように私たちは動機づけられるのか――ということを、心理学においてなされる仕方で、もしくはもっと広い意味で、人間本性の科学においてなされる仕方で、説明しています。したがって彼の目的にとっては、他の利益の可能性を無視して、所有権の制度と、その制度に結びつけられた徳がいかにして生じてくるか、そしてそうした徳がどのようにして他の徳、たとえば自然的徳と異なるものになるのかを理解させる、こうしたいくぶん理念化された説明を提供するので十分なのだ、と私は考えています。

つまり、ロックの説明においては、所有権のシステムは根本的自然法から導出されているように思えるのであり、そこには、ある種の仕方で尊重されるべき所有権という権利が含まれていることになります。これは、すでに述べたように規範的な説明です。このような説明は、自然法という一種のシステムの内部で、その付帯的な意味のすべてと一緒になって成立することになります。他方、ヒュームの考えにおいては、権利のシステムは何であれ、制度的な、ルールのシステムにすぎないとされるのであり、そうしたシステムは、社会のなかで承認されているのであり、彼が説明しようとしているある種の心理的な諸力のせいで行為の基準となっているものなのです。ヒュームが提示しているのはきわめて異なった種類の考えであり、そこでは、権利に関する説明は何であれ、何らかの効用の概念と、また、社会制度のなかでいかにして効用が作動すると実際に期待できるのかに関する概念から、導出されるのです。

第三節　賢明な観察者

さて最後に、ヒュームの言う人間性の原理について若干のことを述べ、さらに「賢明な観察者」という彼の概念について述べることにします。「賢明な観察者」とは、『道徳原理研究』における最も興味深くて重要な観念の一つであり、『人間本性論』のなかにも見出すことができます。[7] これは、いかにして私たちは道徳的判断をするのかについての心理学的説明である、と考えるべきものです。ヒュームは道徳的判断の「メカニズム」を説明していますが、こうした判断はいかにしてなされるのでしょうか。そして、その内容を説明するのは何なのでしょうか。ヒュームがめざしたのは、道徳に関する私たちの判断と感情を、自然現象として説明するということです。彼は「情念のニュートン」になりたいというわけなのです。ロックとは対照的に、理性によって知られる神の法としての自然法に基礎づけられた原理の規範的システムを、ヒュームは提示していません。彼が探究しているのは、いかにして道徳性が自然現象として生じてくるかということ、社会生活のなかで、そして社会の統合と相互理解を確立する際に道徳性が果たしている役割、そして、道徳性を可能にしている人間の自然的な能力はどのようなものなのかということです。要するに、いかにして道徳性がはたらいているのか、人間の心理のどのような側面が道徳性を支えているのか、ということです。

「人間性の原理」とは、自分自身の利益が他者の利益と競合しないとき、他者の利益と関心に共感するという、私たちにある心理的傾向性のことです。『道徳原理研究』では人間性の原理をめぐる二つの主要な議論がなされていますが、それは第五章と九章にあります。[8] その場所は、第五章と第六章に、そしてまた第六章に、重要な箇所が一つあります。そして副次的な箇所として、第三かくに第一七段落、および第四一から四五段落です。

ら四段落(道徳が政治家の策略だという議論への反論)と、第一四から一六段落(心理学的利己主義への反論)があります。第九章では、とくに第四から八段落を見てください。そして第六章では、第三から六段落です。第九章の第二節でヒュームは、認識論的問題と対比される、道徳の動機づけの問題を考察しています。そしておそらく「賢い悪者」(第二二―二五段落)への応答において最も明確な形で、彼は「人類の連合体」(第一九段落)の立場を支持しています。この考えが『道徳原理研究』のなかで(たとえこの著作は自らを、心理学的で社会的な探究であると主張しているとしても)、暗示されているのは明らかです。

彼の言っていることを最も簡単に表現すると、次のようになります。性格の特質が有徳的だとか悪徳的だと言うとき、もしくは、行為が正しいとか間違っていると言うとき、こうしたことを私たちは、適切な程度に一般的な見地もしくは「共通の見地」(9)から、つまり「賢明な観察者」(10)の見地から、自分たち自身の利益をまったく引き合いにだすことなく、考察しているのです。そして私たちは、道徳的判断を下すことによって、自らの是認と否認を表現していることになります。性格の特質や制度について、私たちが是認したり否認したりする理由は、こうした一般的な見地からこれらの事柄を考察するとき、私たちの判断は、このような行為や特質、制度が、社会の一般的利益や社会の一般的な福利に影響を与える傾向性によって導かれている、ということに求められます。ヒュームがやろうとしていることは、私たちが合意する、という事実の説明なのです。人々が制度について判断するとき、それにもとづいて彼らが合意できるようになる基礎が存在するということは、いかにすれば可能になるのでしょうか。各人が独自の立場から見たとき、ある制度や行為が善いか悪いかに関して合意に達することは不可能になります。するど、こうした事柄について人々が合意する基礎の存在は、いかにすれば可能になるのでしょうか。ヒュームの考えによれば、そうした基礎の可能性がただ一つだけ存在し、それは、私たちの人間性の原理に訴えるものです。人間性の原理とは、再び述べますが、自分たち自身の利益が他者の利益と競合しないときに、他者の利益と関心に共感するという、私たちにある心理的傾向性のことです[11]。

賢明な観察者の見地とは、他者の性格の特質に対して、あるいは制度のルールに対して私たちがとる見地のことです。この見地のおかげで私たちは、こうした事柄を、それらが社会の一般的利益や一般的福利に対してもつ影響の傾向性ということのみに準じて、評価できるようになるのです。これによってどうしたら、私たちは合意にいたることになるのでしょうか。それは、私たちのいわゆる「分別ある本性」のなかで、賢明な観察者の見地をとるとき作動する唯一の要素が、私たちの人間性の原理、もしくは同類感情だからです。自分自身の利益と家族の利益が関連させられておらず、影響を受けていないとき、私たちの性格において唯一動機づけとなる観点で、私たちの判断を方向づけ、私たちが表現することになる観点とは、いかにしてある行為や制度、性格の特質が、その影響を受ける当の人々の利益や関心に影響を与えるのか、ということです。したがって、ヒュームの考えでは、道徳的判断に関する合意を可能にしているのは、賢明な観察者の見地を採用することと、自らがその見地をとっている様子をイメージすることができるという、私たちの能力なのです。こうした制度や性格の特質がもたらす影響に対して、それらによって利益を得ている人々に有益な影響をもたらしているがゆえに、私たちは応答し、いわば一種の共感をしているのだ、という仕方で、私たちは賢明な観察者の見地を採用できるようにしなければなりません。こうすることで私たちは、たとえば他の文化や他の国、そして他の時代における有徳な人物を是認することができます。なぜなら、この見地をとることで私たちは、それらの制度や性格によって利益を得ている人々に共感し同情することができるからです。

以上が、道徳的判断における合意を可能にするものであり、こうした考えをよく検討することによってこそ、効用の原理がなぜ、いまのような内容をもっているのかを理解することができます。つまり、次のような考えがはたらいていることになるでしょう。ある制度が効用の原理をみたす程度が大きければ大きいほど、それに応じて、賢明な観察者の見地をとる人物がその制度に感じる是認の程度が大きくなります。その制度が効用の原理をより多くみたせば、それだけ、この人物の道徳的感受性に対する影響や共感がより強くなるのです。

このような説明が、ヒュームの考えにおいて、いかにすれば私たちが道徳的判断を下すことができるようになり、道徳的判断に関する合意にいたることができるようになるのかに関する、心理学的な説明とされているものであると私は思っています。人間性の原理を通じて、というのが合意の唯一の基礎である、ということが彼の考えです。人間本性のなかに、合意を可能にする側面は他にない、というのです。この考えをよく検討するならば、彼が賢明な観察者の見地を設定しているそのやり方から、正‐不正の基準が最終的にあのようになる、つまり効用の原理となるのが、なぜ彼にとって自然であるのかが理解できるようになります。

ヒュームをめぐる議論を締めくくりましょう。賢明な観察者という観念は、道徳哲学において最も重要で興味深い観念の一つです。この観念は、ヒュームにおいて初めて登場しました。所有権と賢明な観察者に関する説明を含むヒュームの考えの総体は、私たちの道徳的思考の心理学的説明を与える試みとして理解されるべきです。この点に関して、ヒュームとロックの間に対照があります。ヒュームが説明しようとしているのは、いかにすれば賢明な観察者という観念を使って、私たちが道徳的な区別をすることができるのか、ということです。正‐不正の区別はどこからくるのでしょうか。彼は道徳の動機づけについて――なぜ私たちは、正しいこと、もしくは正しいと信じることをするように動かされるのかついて——語っているのではありません。むしろ、正‐不正の区別がどこからくるのかに、彼は関心をもっているのです。彼の問いは、「どのようにして私たちは、そのような区別をするように学んでいるのか、いかにして私たちは、正‐不正とは何かについての合意にいたるのか」というものです。彼の解答は、私たちは賢明な観察者の見地をとるように学ぶのだ、というものです。この見地から私たちの判断を動かしているものは、人間性の原理にほかなりません。このような仕方で同様に、私たちのすべてが事物に応答しているのです。

最後に、最初に述べた論点を繰り返しておきましょう。所有権に関するヒュームとロックの説明を対比するなら、神によって提示された法律からなる憲法の範囲内で議論しているという理由から、ロックを憲法専門の法律家として考えてもよいでしょう。彼はフィルマーと議論をしていますが、それはすべて規範的な考えであり、ある種の基本的な考えを前提としています。その憲法は、すべての人間からなる全人類のものです。その基本法は、根本的自然法と、神はすべての被造物に対して至高の権威をもつという原理です。この憲法の内部で、彼はフィルマーと議論をしているのです。ヒュームは、このような枠組みのなかで議論をしていません。以上のようなことのいずれも、ヒュームは信じていません。彼は宗教を嫌っているのです。彼はただたんに、なぜ所有権が存在するのかについて説明しようとするだけです。なぜ所有権は存在するのか。いかにしてそれは生じたのか。何がそれを支えているのか。それが奉仕する社会的目標とは何か。所有権の問題に向かっているとき彼は、ロックと同じ問題——全人類の憲法の内部における規範的な問題——に答えているのではありません。したがってヒュームにとって、所有権や政府の過去の歴史に関する事柄は、何の重要性ももちません。つまりそうしたことは、現在の所有権や政府が、正当化できるものであるかどうかということにとって重要ではないのです。ヒュームにとって、過去のことは過去のことでしかないのです。功利主義の考えにおいて重要なのは、制度が現在から未来にかけて、どのように作動しているのか、そして、私たちの制度が社会の必要に奉仕する可能性が高いというのは本当なのか、ということです。ヒュームの目論見は、こうした問題を、私たちが現在「社会科学」と呼んでいるものの立場から検討するということです。こうした問題に関する経験的な説明を、彼は提示しようとしています。

注

(1)〔本講は、一九八三年三月一一日の講義をテープ起こしして、それにロールズの手書きの講義ノートからの追加を加えたものである。——編者〕

(2) Hume, *Treatise of Human Nature*, Book III: *Of Morals*, Part II: "Of Justice and Injustice," Sec. I.〔大槻春彦訳『人性論』(四)岩波文庫、一九五二年〕

(3) Ibid., Book III, Part II, Sec. III.

(4) Ibid., Book III, Part II, Sec. IV.

(5) Ibid., Book III, Part II, Sec. V.

(6) Hume, *Enquiries Concerning the Human Understanding and Concerning the Principles of Morals*, ed. L. A. Selby-Bigge (Oxford: Oxford University Press, 2nd ed., 1902), p. 306〔渡部峻明訳『道徳原理の研究』哲書房、一九九三年〕を参照のこと。

(7) 〔「賢明な観察者」というヒュームの考えの役割に関するより詳細な説明については、Rawls, *Lectures on the History of Moral Philosophy*, Hume Lecture V, pp. 84-104〔『ロールズ 哲学史講義』一四一―一六六頁〕を参照。――編者〕

(8) 〔「人間性の原理」(p. 272)のほかに、『道徳原理研究』(*Enquiry Concerning the Principles of Morals*)のなかでヒュームは「人間性と共感の原理」(p. 231)や、「人間性や他者への配慮といった、私たちの本性に含まれている原理」(p. 231)、「人間性の感情」(p. 272)、そして「人間性の愛情」(p. 273)に言及しており、「それのみが道徳の基礎となりうる」(p. 273)と述べている。――編者〕

(9) Hume, *Enquiries*, Sec. IX, Part I, p. 272.

(10) 〔「賢明な観察者」という用語は、*Treatise of Human Nature*, Book III, Part 3, Sec. I (Oxford: Oxford University Press, 2nd ed., 1978), p. 581においてのみ使用されている言葉。これにつづく段落においてヒュームは、「彼自身の特定の見地」を「何らかの、安定していて一般的な見地」から区別している。*Treatise*, p. 591においてヒュームは、「共通の見地」

と「観察者」という用語を、相互に結びつけて使用している。──編者］

(11) ［たとえばヒュームは次のように述べている。「したがってもしも彼が、この人は社会にとって有害な傾向の性質を有する、ということを表現しようとしているのであれば、彼はこの共通の見地を選び、すべての人がある程度一致する人間性の原理に触れたのである」(*Enquiries*, p. 272)。──編者］

ルソー

LECTURES ON ROUSSEAU

講義Ⅰ　社会契約――その問題

第一節　序　論

1　残念ですが、私たちはルソーを翻訳で読まざるをえません。(1) ルソーのもとの文体(スタイル)はずいぶん損なわれてしまいますが、それでも彼の驚くべき文体はある程度残ります。(2) 私は最初の講義で、ホッブズの『リヴァイアサン』は英語で書かれた政治哲学の最高の著作であると述べましたが、まったくそうだと思います。おそらく同じように、『社会契約論』(*On the Social Contract*)はフランス語で書かれた最高の著作であると言えます。「おそらく」と言うのは、『社会契約論』は、ホッブズの『リヴァイアサン』の場合のようにはルソーの思想の幅の広さを示していないからです。けれども、『社会契約論』を『第二論文』(*Second Discourse*)(『人間不平等起源論』(*Discourse on the Origin and Foundations of Inequality*))と『エミール』(*Emile*)(道徳心理学と社会の教育に関する著作)と結びつけて考えれば、その見方は正しいように思われます。モンテスキュー、トクヴィル、コンスタンは第一級のすばらしい著作家です。しかし、著述の力強さと思想の力との結びつきでは、ルソーの上にでる者はいません。

ルソーの著述の力強さと思想の力のこの結びつきについて私が解説する理由は、それが際立ったものだからです。とはいえ、文体の力強さと華麗さは哲学的著作において良いのか悪いのか人は思い悩むかもしれません。それは著者が伝えたいと思う思想の明晰さを増すものでしょうか、あるいは損なうものでしょうか。私はこの問題を追究するつもりはありませんが、ただ文体はそれ自体に注意をひきつける危険がありうるとだけ述べておきましょう。まさにルソーの場合がそうです。私たちは幻惑されて取り乱し、十分に注意して見る必要のある複雑な議論の道筋を見落とすことがあります(3)。私がこう言うのは、ルソーの思想は深さと同時に一貫性をもっていると信じるからです。論調の変化、たしかに表面的な矛盾はありますが、思想構造全体は一つの統一した見方において結びついています。

おそらく最高の哲学的文体とは、明晰かつ明瞭で、偏ることなく思想それ自体を提示することをめざし、それでもなお一定の優雅さやラインの整った形式的な美をもつものです。フレーゲやウィトゲンシュタインはたいていこの理想に到達しています。しかし、ドイツの政治哲学の最高の著作——カント、ヘーゲル、マルクスの著作——は、とくにうまい文章で書かれているわけではありません。むしろ実際は、その多くは悪文です。

ニーチェは偉大な文体の持ち主です。しかし、彼の見解はたしかに政治哲学に関わりますが、彼の著作はそれに属するものではありません。

2　さて、『社会契約論』を書くようにルソーを駆り立てた疑問と問題とは何だったのかを理解するように努めなければなりません。ルソーの関心はホッブズやロックよりも広範です。私たちが〔前回までの講義で〕確認したように、ホッブズは分裂をきたす内戦の問題を克服することに関心があり、一方でロックは混合政体のもとで国王への抵抗を正当化することに関心がありました。これに対してルソーは、文化や文明の批判者です。つまり、現代社会の根深い諸悪と考えるものを診断することに努め、それが社会の構成員のうちに引き起こす諸々の悪徳と悲惨を描きました。これらの弊害と悪徳がなぜ生じるのかを説明し、それらが生じないような政治社会の基本的な枠組みを描こうとしたのです。

ルソーはヒュームと同じく、ホッブズやロックとは別の世紀の人間です。ルソーの生きている間は、古い秩序がなお力をもっていましたが、彼はこれを退け、来たるフランス革命への道を準備した世代を代表しています。既存の伝統は疑問に付され、諸学問は急速に発達していく最中にありました。

ルソーの生涯については多くのことが知られています。なぜなら、彼は三つの自伝的著作を著しているからです。一七一二年、ルソーは当時プロテスタントの都市国家だったジュネーヴ〔共和国〕に生まれました。彼の母親は知的にも社会的にもエリートで、そのため投票権をもつ市民の家系に育った人ですが、ルソーが生まれてまもなく亡くなったので、その後彼は一〇年間、時計職人だった父によって育てられ教育されました。一七二二年、父親はあるけんか騒ぎを起こしてジュネーヴを退去しなければならなくなり、ルソーは母親の兄弟のところに二年間あずけられ、あるプロテスタント牧師の寄宿学校に入れられました。それからさまざまな商いで見習い奉公をし、一七二八年一六歳のとき、一文無しでしたが一人で町を出てヨーロッパ中を放浪し、さまざまな種類の小間使い――徒弟、秘書、家庭教師、音楽教師――をしてはたらきました。ときにはかなり有力な人々のためにはたらき、ともに暮らし、友情を育むこともありました。その間ずっと本を読み、独学で勉強し、可能な場合は財政援助を得ました。一七四二年頃にパリに落ち着き、一七六二年まで暮らしますが、そこで彼は作曲家(二つのオペラを書きました)、詩人、劇作家、随筆家、哲学者、政治学者、小説家、化学者、植物学者でした。要するに、独力で大成した人物だったのです。

一七四九年以降、ルソーは後に彼を有名にすることになる著作を書きはじめました。一七六二年に『社会契約論』と『エミール』が出版されると、ルソーはフランスとジュネーヴで訴追されます。それらの著作が啓示宗教を攻撃していると思われたためです。

そしてルソーは、パリを退去せざるをえなくなりました。ルソーの残りの人生は、自分の著作の正当化に費やされることになりました。だから『社会契約論』は、後にロベスピエールによってフランス革命を正当化するために引き合いに出されましたが、実際には、バスティーユ監獄が襲撃された一七八九年以前はそれほど多く読まれることはなかったのです。(4)

3 ルソーの思想の広がりを伝える一つの方法は、彼の著作が多種多様であることに留意し、それらがいかに一つのまとまった思想体系に組み合わされているかを示すことです。『人間不平等起源論』は、人類の歴史全体に及び、不平等、政治的圧制、社会的諸悪の起源に関するもので、暗くて悲観的な著作です。これに対して、『社会契約論』はより明るく、完全に正義に適い実現可能であると同時に安定して幸福な体制の基礎を提示する試みです。この意味において、それは現実主義的にユートピア的なものです。おそらくその主題と目的から見て、それはルソーの主要な著作のなかでは最も雄弁さや情熱の少ない著作です。

ルソーの主著は、以下のように三つのグループに分けることができます。

(a) 第一に、歴史的・文化的批評を行った三つの著作があり、そのなかで彼は一八世紀フランス(ヨーロッパ)文明の諸悪とみなすものを提示し、その原因と起源を診断しています。

一七五〇年　『学問芸術論』（『第一論文』）

一七五四年　『人間不平等起源論』（『第二論文』）（刊行は一七五五年、ルソー講義Ⅰ「補遺B」参照）

一七五八年　『演劇に関するダランベール氏への手紙』

これらの著作でルソーは、啓蒙主義、その進歩の観念の批判者として現れ、学問芸術の発達が人間の幸福に寄与することを批判し、教育の普及を通じた社会改良の可能性を批判しています。そこにはルソーにおける保守的な傾向があり、同時代人だったディドロ、ヴォルテール、ダランベールは彼を自分たちとは異なる存在とみなしていました(5)。

(b)　第二に、三つの建設的な著作があり、そのなかでルソーは、正義に適う実現可能で幸福な政治社会の理想を描き、それをどう樹立し安定させられるかを検討しています。

一七六一年　『ヌーヴェル・エロイーズ』（牧歌的デモクラシーとしてのジェネーヴ共和国の山岳田園詩を多く含みます）

一七六二年　『社会契約論』

一七六二年　『エミール』

(c)　第三に、三つの自伝的著作があり、それらは文学において、ロマン主義の感受性に多大な影響を及ぼしました。

一七六六年　『告白』(第一部は、ヒュームと出会ったイングランド滞在の後、フランスへの帰路に完成しましたが、全部が出版されるのは一七八一年のことです)

一七七二—七六年　『対話——ルソー、ジャン゠ジャックを裁く』

一七七六—七八年　『孤独な散歩者の夢想』

実際これらの著作は、全一性(integrity)や真正性(authenticity)といった諸々の価値の近代的強調にとって重要です。自己を理解し、疎外を克服し、他者の意見のなかではなく自分で生きようとする努力など、その他多くの努力にとっても重要です。これは、ミルのところで後述するように、思想・良心の自由を正当化する場合にきわめて重要です。

第二節　政治社会前史の諸段階

1　ルソーが『社会契約論』で関心を寄せる問題の背景を明らかにする一つの方法として、私は最初に『人間不平等起源論』を論じることにします。ルソーは、一七六二年にマルゼルブに宛てた四つの自伝的手紙の一つで(『告白』第八巻(*Confessions*, 1749, trans. J. M. Cohen, 327f)のなかにもっと簡潔な説明がありますが)、一七四九年に(パリから六マイルのところにある)ヴァンセンヌの森に向かう途中で、突然おびただしい光に照らされたと語っています。(そこに拘留されていた)ディドロに面会するために外出したのですが、それは長い道のりで、暑い日でした。彼はふと『メルキュール・ド・フランス』の広告文を取り出してみると、ディジョンのアカデミーが提出した〔懸賞論文の〕課題が眼にとまりました。「学問と芸術の進歩は、習俗を純化することに寄与したか」という問いでした。ルソーは幻惑され、打ちのめされる思いがしました。喘ぎながら木陰に崩れ落ち、涙を流したときの様子を、次のように語っています。[6]

もし、突然の霊感のようなものがこの世に存在したためしがあるとすれば、この広告を読んだとき私の心のなかで起こった動きこそがそれです。突如として私の精神は、おびただしい光に照らされ、眼のくらむ思いでした。生き生きした無数の考えが、力強く、混沌として湧きあがってきて、私は名状しがたい困惑に陥ってしまいました。頭が酔っ払ったようにくらくらするのです。……歩いていてはもう息ができなくなり、並木の下に倒れこみました。……もし私があの木の下で眼にしたこと、感じたことのせめて四分の一でも文字に書きうつすことができたなら、どんなにはっきりと社会システムのいっさいの矛盾を示して見せたことでしょう。どんなに力強く、現今の諸制度のあらゆる弊害を説き明かして見せたことでしょう。人間は生まれつき善良であること、ただそういう制度のためにのみ悪人になるのだということを、どれほど単純明快に証明して見せたことでしょうか。(7)

ルソーは、この束の間の恍惚とした白昼夢を契機に著作全体の目的が定まった、と述べています。(8)

2　この引用文は、ルソーの思想の周知のテーマを見事に言い表しています。すなわち、人間は生まれつき善良である、ただ社会制度のために悪人になる、というテーマです。しかし、このテーマの意味は明らかではありません。というのもそこには、ルソーが何を意味してそう言っているのかを知るのは意外に厄介です。実際、ルソーが『人間不平等起源論』で述べていることと齟齬をきたす部分がかなりあるように思われるからです。この難問をどう解けばいいかを明らかにするために、『人間不平等起源論』そのものを検討していくことにします。

ほぼ同じ長さの二部からなるこの著作は、人類の歴史を説明したもので、自然状態の最も早い段階にはじまり、政治的権威と政治社会が生まれるところで終わります。文化と社会の歴史的変化が検討され、文明化によって生じる敵愾心と悪徳は、政治権力、社会的地位、富と財産における不平等の拡大につながるとされます。

冒頭でルソーは、自然的不平等と道徳的・政治的不平等を区別します。前者は、「自然によって定められるものであって、年齢や健康や体力の差と、精神あるいは魂の質の差から成り立っている」不平等です。後者は、ルソーが不自然な不平等とときどき呼ぶ慣習にもとづいた不平等のことで、「同意によって定められるか、少なくとも許容される」不平等です(SD, 101)。しかし、私たちがいま見ていくように、文明化においては、この二つの不平等は何ら本質的なつながりをもたないのは明白である、とルソーは考えます。そのように考えないとすれば、「命令する者の方が服従する者よりも必然的にすぐれているのか、そして肉体または精神の力、知恵または美徳が、つねに権勢や富に比例して同一の個人のなかに見出されるのか」と尋ねるようなものでしょう。「そのような問いは、主人が傍聴しているときに奴隷の間で論じるにはおそらくもってこいかもしれないが、真理を探究する理性的で自由な人々には適さない問いである」(SD, 101-102)。逆にルソーは、二つの不平等の間に本来あるべきだと彼の考えるような本質的なつながりのない状態がどうして生じたのか、またどうして現状のように、「子どもが老人に命令し[え]たり、愚か者が賢明な人間を指導したり、また多数の人々が飢えて必要なものにも事欠いているのに、ほんの一握りの人たちには余分なものがあり余っている」(SD. 181)のか、を示そうとします。

3　ところで、自然状態の観念は少なくとも次の三つの仕方で理解できます。

(1)　法律の観点から理解すれば、政治的権威の欠如した状態を意味します。ロックの場合がこれにあたります。諸個人は、いかなる政治的権威にも服従することはない、ないしは同一の政治的権威には服従していない場合に、自然状態のなかにいます。

(2)　時代区分の観点から理解すれば、その特徴は何であれ、歴史的には人類の最初の状態を意味します。教父の思想(原始キリスト教の教父たちの思想)では、自然状態――アダムとイヴの堕落以前――は、(神の恩寵の救いがなくても人間に可能なかぎりでの)道徳的な完全性と合理性をそなえた状態です。それは平等の状態でもありました。

(3)　文化の観点から理解すれば、文化の原始的な段階を意味します。それは、諸々の芸術と学問――政治的な要素をもたない文明――が生まれたばかりの段階です。

明らかに、これらさまざまな形態をなす社会と文化は、すべて同じ時期に現れるとは限りません。政治的権威の確立する前の期間は非常に長いかもしれません。実際、ロックにとってはそうだったように思われますし、ルソーによっては長いと言われていることは明らかです。というのも、ルソーは法律上の自然状態を四つの独自な文化段階に区分していますが、それらはどれも長く続くものだからです。そして彼の(『人間不平等起源論』における)用語法では、「自然状態」という用語は概して前政治的な状態を意味するものではなく、四つの文化段階の最初の、最も初期の段階にすぎません。

4 この最初の原始的人間の段階は、ルソーによって理想的な段階であるとみなされているわけではけっしてありません。彼が『人間不平等起源論』で理想の段階と考えるのは三番目の段階で、この頃には文化が相当に発展しているのですが、ルソーはこの段階が長続きしないのを悔やんでいます。ルソーは従来の著作家の何人かを引き合いに出して説明しますが、最初の文化段階はプーフェンドルフに依拠していますし、三番目の段階はモンテーニュの自然状態に似ています。また四番目の段階は、大きな衝突と無秩序が生じる段階で、最終的に財産をもつ人間の支配のもとで政治的権威が設立されることになりますが、ルソーはホッブズに依拠して説明しています。ただルソーが重要な点でホッブズと異なることについてはあとで触れることにします。

以上の説明が私たちにとって重要になるのは、次の点においてです。すなわちルソーが、人間は生まれつき善良であるが社会制度のために悪人になる、と言おうとしているという点においてです。けれども、文化や社会組織の発展と、そこで人間のさまざまな能力——なかでも理性、想像力、自己意識——が果たす役割に関する彼の説明を詳細に見ていると、ルソーの嘆く社会の諸悪と個人の悪徳が生じるのは避けられないように思えるかもしれません。

最初の文化段階では、私たちの能力が発展することはありません。そこで私たちは、自己愛(amour de soi)(私たち自身への自然な愛)と素朴な欲望、たとえば衣食住の欲求と性欲によって動かされています。さらに、他人に同情(compassion)(SD, 130–134)を感じることは社会的美徳の源泉ではありますが(SD, 131f)、それでもこの段階は獣の段階です。すなわち、誰も故意に他人に危害を加えることはしないという意味では幸福でまったく弊害のない段階ですが、怠惰で思慮することのないという意味では動物の段階です。

とはいえ、動物のようであるとは言っても、人間はきわめて重要な二つの点で他の動物とは区別されます。

第一に、人間は自由意志の能力をもち、よって妥当な理由に照らして行動する潜在能力をもっています。動物のように、本能だけに導かれることはありません(SD, 113f)。

第二に、人間は完成可能〔改善可能〕であり、すなわち時間をかけて自分の能力と文化表現を発展させることで、自己改善を行う潜在能力をもっています。私たちの言語に依存する完成可能性の一つの側面は(SD, 124)、私たちが歴史的存在であるということです。

これが意味するのは、完成可能性は個人と同じだけ種のなかにも存在し、それは文明の歴史的発展において見られるということです。私たちの本性の個々の現れ方は、私たちが暮らす社会の文化に依存しています。これに対して、動物の場合は比較的短い月日ですっかりありうる姿になり、今日の姿は数千年前と変わりません(SD, 114-115)。

5　とはいえ、文化が発展することで――言語と素朴な形態の社会組織(家族と小集団)によって――他の動物から区別されるようになるとき、私たちは二つのことに関心をもつようになります。一つは、私たちの自然な安楽と生活維持の手段について、もう一つは、他人が私たちについて考えていることと社会集団内における私たちの相対的な立場についてです。第一は、自己愛（アムール・ド・ソワ）(私たち自身への自然な愛)の目的で、すでに申し上げたように、人間と他の動物に共通する自然な一定の必要（ニーズ）によって生じるような自己の幸福への関心です。第二は、利己心(amour-propre)の目的で、社会のなかでのみ生じる独特な形式の自己関心です。それは、他人に対して安定した立場を維持することへの自然な関心で、彼らと対等に受けいれられることへの欲求を含みます(9)。

私が強調したいのは、利己心（アムール・プロプル）には、邪悪で不自然な目的をもつ不自然な形式のものと並んで、それ本来の目的をもつ自然な形式のものがあるということです。それ本来の自然な形式(人間本性に相応しい形式)の利己心とは、私たちが他人と対等な立場を自分に確保する欲求です。またそれは、私たちの必要や目標が、他のすべての人々の必要や目標と同じ基準で考慮されなければならないと認められるような構成員間の地位を確保するように私たちを導く欲求のことです。このことが意味するのは、私たちが必要や欲求にもとづいて行う要求が、他の人々の行動を正しく制限するものだと彼らによって認められうるということです。こうして他人から受けいれられることを必要としまた要求することは、逆に同じことを他人にも認めることを含意します。というのも、この自然な利己心によって動かされる私たちは、対等な立場が受けいれられ、社会的な取り決めによってそれが保証されるならば——これは不可欠な条件です——、他人にもまったく同じ立場を認め、彼らの必要と正しい主張が私たちを正しく制限することを進んで認めるからです。

　私たちの社会的な本性をあらわす利己心は、自然な傾向として互恵性の原理をそのうちに含んでいるのか、という問いが生じます。私は含んでいるとは思いません。互恵性の原理は、理性、想像力、良心によって定式化され把握されるものであって、利己心によって把握されるものではありません。だからその原理は、利己心だけによって知られたり従われたりするものではありません。とはいえ、利己心によって動かされる私たちは、文化によって互恵性の原理を利用でき理解できるようになるときにはいつでもその原理を進んで受けいれ、これにもとづいて行動することができます。そして社会の基本的な取り決めが、私たちと他の人々との安定した対等な立場を確立します。

これに対して、不自然で邪悪な利己心は(しばしば「虚栄心」(vanity)とも訳されますが)、虚栄や傲慢といった諸々の悪徳、他人に優越し支配したい、他人に賞賛されたいという欲求のなかに現れます。その不自然で邪悪な利己心の目的は、他人に優越し、彼らを自分より下の立場におこうとすることにあります。

しかしながら、利己心について先ほど申し上げた最初の解釈は、広く受けいれられたものではないことに触れておかなければなりません。はるかに広く受けいれられているのは、利己心とはただ私が不自然で邪悪な利己心と呼んだもので、それにすぎないという解釈です。それゆえ、利己心が互恵性の原理を含んでいるかどうかというような問いが生じることはけっしてありません。利己心に関する広い見方と呼べるようなものを私が受けいれるのは、(基本的にはＮ・Ｊ・Ｈ・デントがその著書と辞典で提案している考えから生じる[10])二つの理由のためです。

第一の理由は(それは私にとってははるかに重要な理由であると言わなければなりませんが)、カントが『たんなる理性の限界内の宗教』(*Religion*, Bk. I, Sec. 1, Ak: VI: 27)(『カント全集10』北岡武司訳、岩波書店、二〇〇〇年)のなかで広い見方を支持しているためです。

人間性のための素質は、……自然的ではあるが比較する自己愛という一般的項目にいれることができる。つまり他人と比較することでのみ自分の幸・不幸を判定する自己愛である。この自己愛から生じるのが他人の意見において自分に価値を与えようとする傾向性である。これは、もともとは平等へのたんなる欲求にすぎず、自分に対する優越を誰にも認めようとしない傾向性で、これには、自分に対する優位を他人が獲得したがっているかもしれないという懸念がたえず結びついている。しかしここからしだいに、他人に対する優越を得ようとする不当な欲望が生じてくるのである。この嫉妬や競争心という対をなす幹には、自分が疎遠だとみなすすべての人々への密かな、または公の敵意といった、きわめて大きな悪徳が接ぎ木されうるのであるが、元来、こうした敵意は自然を根としてそこからおのずと芽吹いてくるわけではなく、むしろ他人が自分に対して忌々しい優越を獲得するのではないかと懸念して、私たちのうちに刺戟される……傾向性である。……したがってこの傾向性に接ぎ木される悪徳は文化の悪徳だとも言えるし、それらは邪悪さの度合いが最高になると……、たとえば嫉妬や忘恩、他人の不幸を喜ぶ気持ちなどに見られる悪魔的悪徳と名づけられる。

このカントの記述と結びつけて『人間不平等起源論』を理解することで初めて、私は両者が言おうとしていることがようやくわかった気がしました。非常に多くの場合に、カントはルソーの最良の解釈者です。(11)

利己心の広い見方を受けいれる第二の理由は、ルソーの主な著作を一貫した矛盾のないものとして理解するためにはそれが必要だからです。利己心の広い見方を採用する場合のみ、ルソーが『社会契約論』で提示した人間の困難な状況に対する解決策は、『人間不平等起源論』と一貫したものとなります。これからその理由を明らかにしたいと思います。その広い見方を採用しなければ、ルソーの思想はそれだけいっそうひどく悲観的なものとなり、『社会契約論』で描いたような政治社会は完全にユートピアのように思えます。というのも、利己心は最初はカントの言うようなたんなる平等への欲求であるということはなく、またその平等が社会制度によって保障されるなら他人に同じ平等をお互い進んで認めるということがないとすれば、いったい人間本性のどこにルソーの構想するような社会を可能にする心理学的基礎が存在するでしょうか。理性と良心しかないのでしょうか。それではほとんど十分とは言えません。実際、ルソーの思想全体の計画は実行不可能になります。私たちは利己心の広い見方を失えば、ルソーは驚嘆すべきではあるが混乱した一貫性のない著作家である、というようなばかげたことを言わざるをえなくなります。そう信じてはいけません。

6　不平等と不自然な利己心にもとづいた社会的諸悪は、有無も言わさず避けられないもののように思える、と私は先ほど指摘しました。この理由は、その社会的諸悪は私たちの理性、想像力、自己意識に結びついたものだからです。反省、理性そして想像力は、同情(コンパッション)の敵になり、私たちが他人の苦痛に感情移入するような傾向を妨げる可能性があります(SD, 132f)。ルソーは、次のように述べます。「利己心を生むものは理性であり、それを強めるものは反省である。人間に自分を振り返らせ、また、人間を邪魔し悩ますすべてのものから人間を引き離すものは理性である。人間を孤立させるものは哲学である。人間が苦しんでいる人を見て、「お前は亡びたければ亡びてしまえ、私は安全だ」とひそかに言うのは、哲学のおかげなのだ。哲学者の安らかな眠りをかきみだし、彼を寝床から引っぱり出すものは、もはや社会全体に関わる危険の他にはない。……未開人はそんな結構な才能をもちあわさない。そして、知恵と理性とがないため、彼はいつも深く考えもしないで人類の最初の感情に身を委ねる」(SD, 132)。さらに少しあとでこうつづけます。「もし人類の保存が人類を構成する人々の推論にのみ依存していたとすれば、とうの昔に人類はいなくなってしまっていただろう」(SD, 133)。

ここでルソーは、より素朴な人々を動かす人間性の感情に対して文化と理性の発展が及ぼす影響について説明しています。しかしこれは、次に述べるような段階を踏んで人間が進化していく場合の一般的傾向の一例にすぎません。

一番目の段階は、怠惰で反省はしないが自由で、潜在的には完成可能で幸福な動物が孤独に生きており、自己愛と同情だけに動かされている段階です。ここでは道徳的問題はまったくなく、諸々の情念はほとんどなく穏やかです(SD, 142)。

二番目の段階は、生まれたばかりの社会の段階です。数世紀の間に、人間は素朴な道具と武器を使うことを覚え、粗野な言葉を発展させ、お互いが身を守るために集団をなし、きわめて限定的な所有制度を利用して恒久的な家族を発展させます。諸個人は自分たちの武器を所有し、各家族は自分たちの住処をもつようになります。自己の意識が発展し、選好の感情が愛情を生み、その結果として嫉妬という感情も生じます(SD, 142-148)。

三番目の段階は、人間社会の家父長的な段階で、そこで唯一の統治は家族のそれです。人々は緩やかな村落に暮らし、生活手段を狩りや釣り、植物採集によって得ます。娯楽は自然に集まって歌ったり踊ったりすることです。人間がお互いを評価しはじめ、礼儀作法(シヴィリティ)の義務がいくつか生じます。公の評価が価値をもつようになります(SD, 149)。

こうした次の段階への移行がどうして生じるのかと尋ねれば、ルソーはその理由が経済にあると示唆します。人口が増えるに従って、集団をなして狩りを行い、さまざまな活動を協働で行う方がより有効になります。しかし、早くもこの素朴な牧歌的世界において利己心に火がつきはたらきだします。ずうっと寄り合いで生活することで持続的な結びつきが生じ、いまや(より素朴な存在には知られなかった)愛や嫉妬という感情が刺戟されます。ルソーは次のように述べます。「最も上手に歌い、または踊る者、最も美しい者、最も強い者、最も巧みな者、あるいは最も雄弁な者が、最も重んじられる者となった。そしてこれが不平等への、また同時に悪徳への第一歩であった」(SD, 149)。

この三番目の、「獣の愚昧さと社会人の忌まわしい知識とから同じくらい離れた地点におかれた」(SD, 150)家父長的な段階こそ、ルソーが人間にとって最善であったに違いないと考える段階です。彼は次のように述べます。

人々は以前よりは我慢強くなくなり、自然の憐れみの情(ピティエ)はすでに多少の変質を蒙っていたけれども、この人間能力の発達の時期は、原始的状態ののんきさと私たちの利己心(アムール・プロプル)の手に負えない活動とのちょうど中間に位置して、最も幸福で最も永続的な時期であったに違いない。……この状態が最も革命の起こりにくい、人間にとって最良の状態であり、人間は、共通の利益のためにはけっして起こらないにこしたことはなかった何か忌まわしい偶然によらないかぎりこの状態を離れるはずはなかった……。未開人はほとんどすべてがこの段階において見出されたのであるが、彼らの例は、人類が永久にこの地点にとどまるように造られていたこと、この状態は真に世界の青年期であること、そして以後のいっさいの進歩は、表面上は、それだけ個の完成への歩みとなりながら、実際はそれだけ種の老衰への歩みであったことを確証するように思われる(SD, 150–151)。

しかしこの三番目の段階を後にして、不平等の最初の段階である四番目の段階への移行が起こりました。これは、冶金と農業の発達とともに生じました。それらが発達することで、人々はますます他人の援けが必要となり、だから土地と道具の私有財産の確立とともに、分業をもたらしました。そして最終的に、もともとは自然な不平等(体力、知力、独創力の差など)から生まれた人間間の不平等が生じました(SD, 151-154)。

私たちが生まれつきもつ格差は、躓(つまず)きの石です。というのも、人間の才能が平等であれば、相当程度に幸福な状態は続いたかもしれない、とルソーが示唆しているからです(SD, 154)。しかし冶金と農業の段階は、法と所有権が生まれ富者と貧者の区別が生じると、徐々に不平等の段階へと発展していきます。「最も強い者はより多くの仕事をし、最も器用な者は自分の仕事をより巧みに利用し、最も利口な者は労働を省く手段を発見したのであった。……そして同じようにはたらきながら、ある者は多くの儲けを得るのに、他の者はかろうじて生きていた」(SD, 154-155)。

第三節　政治社会と政治的権威の段階

1　ルソーにとって、政治的権威は部分的に富者の策略です。つまりそれは、より力の強い者が弱い者に優越することで生じるものではありません。むしろ最初の社会契約は、富者が貧者を騙し支配するという、実のところ詐欺だったのです。悪の中心は、富者は所有物を確保し、貧者はほとんど、あるいは何ももたないという経済的不平等にありました。しかし、貧者は先々どうなるかわからないので法と政治的権威に進んで従い、政府をもたない農業社会の衝突と不安定を防ごうとしたのです(SD, 158ff)[12]。

実際に樹立される政府の形態は、政治的権威を打ち立てるときに存在する個人間の不平等を多かれ少なかれ反映したものです。ある人が権力と富の点でずば抜けていれば、その人だけが為政者に選ばれ、国家は君主政になります。ほぼ平等な人々が何人もいて、それ以外の人々より優越していれば、貴族政になります。ただ、万人の財と能力がそこまで不平等でなければ、民主政になります。どの場合も、すでに存在する種類の不平等に政治的不平等を加えたことになります(SD, 171f)。

『人間不平等起源論』の終わり近くで、ルソーは彼の言う三つの時期における「不平等の進展」について描写しています。「私たちは、法律と所有権との設立がその第一期であり、為政者の職の設定が第二期で、最後の第三期は合法的な権力から恣意的な権力への変化であったことを見出すであろう。したがって富者と貧者との状態が第一の時期によって容認され、強者と弱者との状態が第二の時期によって容認され、そして第三の時期によっては主人と奴隷との状態が容認されるのであるが、この第三の時期が不平等の最後の段階であり、他のすべての時期が結局は帰着する時期であって、ついには、新しい諸変革が政府を完全に解体させるか、またはこれを合法的な制度に近づけるにいたるのである」(SD, 172)。

だから結局、一周してもとの地点に戻ることになります。つまり、人類は万人が平等な自然状態(政治社会以前の文化の四つの段階の最初の段階)からはじまります。そして最終的に、究極的な不平等の段階に達し、そこでは万人がふたたび平等になります。なぜなら、彼らは無であり、自らの欲情に支配された主人の意志以外にはいかなる法も存在しないからです。すなわち、「[統治契約とともに生じた]善の観念や正義の原理がふたたび消滅してしまうからである。ここでは、万事が……一つの新しい自然状態に帰結しているのだが、この自然状態が私たちの出発点とした自然状態と異なるのは、後者が純粋な形で自然状態であったのに対して、前者が過度の腐敗の結果だ、ということである」(SD, 177)。

2『人間不平等起源論』の最後の段落で、ルソーはちょうど描写したばかりの現代文明の虚飾、悪徳、悲惨を引き合いにだしながら、次のように主要な結論を述べます。「これ[上述の社会や文化の状態]は、けっして人間の原初的(オリジナル)な状態ではない……。そしてこのように一切の私たちの自然の傾向を変化させ、悪化させるものが、もっぱら社会の精神であり、また社会が生みだす不平等である……」(SD. 180)。そして、次のようにつづけます。「この〔不平等の起源と進歩、および政治社会の成立と弊害との〕説明の結果として、不平等は自然状態においてはほとんど無であるから、不平等は、私たちの能力の発達と人間精神の進歩によって、その力をもつようになり、また増大してきたのであり、そして最後に、所有権と法との制定によって安定し合法的なものとなる、ということになる」(SD. 180)。

ルソーにとっては、歴史を通じて二つの過程が結びついて進行していると言えます。一つは、人間の完成可能性が徐々に実現されていく過程です。つまり、学問芸術と諸制度や文化諸形式の長期的な発明とを漸進的に達成し洗練させる能力が徐々に実現されていく過程です。

もう一つは、不平等の増大によって分断された社会で人間同士の疎外が増大していく過程です。こうした不平等は、私たちの間に火のついた利己心の悪徳、支配する意志とともに高慢と虚栄という悪徳をもたらし、さらに下層階級のなかに卑屈で追従的な風潮を吹き込みます。これら二つの過程が結びつくと、恣意的な政治権力の支配が可能になり、大多数の人々は富者と強者への奴隷のような依存状態におかれつづけることになります(SD. 175)。

第四節　社会契約との関連

1　人間は生まれつき善良であり、社会制度のおかげで悪人になる、とルソーが当然のように述べるのは奇妙である、と私は示唆しました。というのも、私たちが見てきたように、原始的人間は幸福だとしても怠惰で思慮することのない獣であり、いったん社会集団が形成されるとますます自惚れ傲慢になり、より弱い者に対しては支配し、他方でより強い者に対しては奴隷のように追従しようとするように見えるからです[13]。私たちの理性は、私たちの欲望を際限なく広げ増やします。だから、人間がますます他人の意見のなかに生きるようになると、生まれつきの格差が虚栄と羞恥の直接の原因になります。この場合、根本的に悪いのはどうして人間本性ではないのでしょうか。社会生活のなかで明らかになるのは、実際には私たちの本性がどれほど悪いかということにすぎないのではないでしょうか。なるほど、私たち人間は完成可能です。すなわち、私たちの潜在能力は、明白な限界もなく長期的に文化を通じて発展させることができ、またこうして達成されたものを保持する制度は十分に尊重され維持されえます。しかし、悲惨と悪徳という代償を払うときだけ完成可能であるなら、どうして私たちの本性は善良であると言えるでしょうか。

なぜルソーが、私たちの本性は善良であると言いたいのか、その理由は少なくとも二つあると思います[14]。一つは、キリスト教のオーソドキシーの特定の側面、とくに原罪のアウグスティヌス的教義を彼が拒絶しているためです。教父たちの間にある奴隷制と私有財産制の一つの見方は、これらの制度は私たちの罪を犯す傾向性を矯正するものとして神がお認めになったものである、というものです。こういった傾向性は、アダムとイヴの原罪にはじまったものですが、いまや私たち人間の罪深い本性に埋め込まれたものです。そうした影響を緩和できるのは、神の恩寵をおいて他にありません。法と社会制度の役割は、その傾向性を囲い込むくらいのことにすぎないのです。

このアウグスティヌス的教義に対して、ルソーは次のように言おうとしています。それどころか、奴隷制と私有財産制は歴史的に発展してきたものであり、それは人間の傾向性が特定の状況下で社会的慣行の影響のもとに徐々に変化してきた結果として生まれたものだ、ということです。この長期的な発展はある特定の道をたどったわけです。ルソーにとっては、この発展は他の道を通ることも可能であったということがきわめて重要です。彼はさまざまな偶然事とありそうな異なる原因の結びつきに言及していますが(SD, 140)、私の理解では、そうすることで、ルソーはその発展が通った道は不可避ではなかったと言おうとしているのです[15]。

2　ルソーが拒絶している第二の見解は、ホッブズのものです。ホッブズの自然状態の特徴を(彼の著作のルソーの読解によると)なしている高慢と虚栄またそれ以外の諸々の悪徳は、人間に自然なものではない、とルソーは言おうとしています(SD, 128ff)。これらの悪徳とそれらがもたらす不幸は、不自然で邪悪な利己心の産物です。歴史のある特定のコースをたどった結果です。私たち人間に自然なのは、私たちがすでに見たように自然な利己心です。それは相互承認と互恵性の原理と矛盾することなく、他人に対して安定した社会的立場を確保することへの深い関心です。これは虚栄と高慢、支配する意志などとは非常に異なります。ホッブズが描いたような人間本性は、ルソーにおいては文化の最後の段階(ロックの法律的な意味における自然状態)でのみ見出せるものです。この段階は、以下のものが発展した後になって初めて生じるようなものであることを思い出しましょう。

(1)　冶金と農業。
(2)　土地財産を含む私有財産の大きな不平等。
(3)　何かしら他人の指導を受け、そうして他人に依存する分業。
(4)　生まれつき違いのある能力は訓練され教育されるものなので、他人より高度な訓練や教育を受ける人がいるとますます拡大する不平等。

これらの特徴はまさに、平等を維持するのに効果的な公共的制度のコミットメントがなければ、人々がお互いの関係を敵対的なものとみなすようにさせることにあります。彼らは社会を競合関係としてとらえ、各人が万人に対して競争する争奪状態にあるとみなします。ルソーの見解では、ホッブズの描く人々がもっている特性と目的は、このような社会的状況によって形成されたものです。

さらにルソーがホッブズを読解していくなかで対立する論点は、ホッブズの提示する戦争状態は、高慢と虚栄という情念に依存していることです。ところがルソーにとって、これらの情念は一定の文化と知性の発展を前提としており、同時にこの発展は一定の社会制度を前提にしています。ルソーにおいて原始的人間は、高慢と虚栄、また文明がもたらす他の諸々の悪徳をもちえなかったのです。この意味では、(衣食住のような欲求に現れる[SD. 116])自己愛と同情だけがルソーにとっては自然なものです。虚栄と高慢、利己心に火がついて生じる悪徳は、最初の段階で現れるものではなく、もっとずっと後の段階になって見られるものです。

3『人間不平等起源論』は、ルソーの最も悲観的な著作の一つです。『社会契約論』を書く頃(先ほど引用したマルゼルブへの手紙を書いていたとき)には、彼は過去のどこかに最善の時代があったなどとはもはや考えず、それよりは未来に期待し、いっそのこと可能なものに目を向けます。いまやルソーは一つの正統な統治形態を描写し、運がよければそれを相当程度正義に適い幸福で安定したものにするような諸制度の体系を描くことは少なくとも可能だと信じます。その構成員は、火のついた利己心、たとえば虚栄、虚偽、偽善、貪欲のような悪徳からは自由なことでしょう。私たちがますます悪くなっていくことは不可避ではなく、逆に善くなっていくことは可能なのです。

しかしながら、『社会契約論』が正義に適う実行可能な安定した社会のための政治的権利の諸原理を提示するものであるとしても、〔『人間不平等起源論』からの〕ズレはたいしてありません。人間は生まれつき善良であり、社会制度のために悪人になるというルソーの信念は、次の二つの命題に行き着きます。

(a) 社会制度と社会生活の諸条件は、どういった人間の傾向が時間をかけて発達し現れてくるかに多大な影響を及ぼします。これらの傾向が表に現れるとき、良いものもあれば悪いものもあります。

(b) 正統な政治制度に関して少なくとも一つは相当程度に実行可能な計画が存在し、それは政治的権利の諸原理をみたし、制度的安定性と人間的幸福の要件を両方ともみたします。

したがって、私たちの本性が善良であるという意味は、そのおかげで正義に適う安定した幸福な政治制度を設計することが可能であるということです。こういう社会が可能で、またそれがどう生じうるかをルソーが語っているのは『社会契約論』においてです。

『人間不平等起源論』における悪徳の系譜学の核心は、私たちが生まれつきもつ善性の観念を退ける必要はない、ということを示すことにあります。その理由は、生まれつきの善性の観念が正しいものならば、(『社会契約論』のなかに見出せる)社会的協働の理想は私たちの本性と矛盾しないことになるからです。『社会契約論』は、『人間不平等起源論』の悲観論をいくらかは修正していますが、前期の仕事は後期ルソーが扱う問題の背景を提示するものなのです。

　結論しましょう。人間が生まれつき善良であるという意味は、正義に適う安定した政治的・社会的取り決めが少なくとも可能であるということです。私たちの抱える難題に対処する方法は、私たちの真の本性と利己心の自然な状態に合致するよう適切に組織された社会的世界のなかにあるのです。だから『社会契約論』の第一編の最初の段落は次のようにはじまるのです。「私は、人間をあるがままの姿でとらえ、法律をありうる姿でとらえた場合、社会秩序のなかに、正統で確実な統治上の何らかの規則があるのかどうかを研究したいと思う。私は、正義と効用とがけっして分離しないように、この研究のなかで権利が許すことと利益が命ずることとをつねに結びつけるように努めよう」。

4　ところで、次のような問いが生じます。ルソーは、人間本性が本当にどれほど善良であると考えているのでしょうか。私はこう問うにあたって(この問いに答えるために)、人間本性というのは、人間心理学の（習得されるあらゆる種類の原理を含む）最も根本的な諸原理と表現されうるものだと仮定します。私たちは、常識的な政治社会学の諸原理を参考にしつつ、さまざまな社会的・歴史的諸条件のもとで身につけられる美徳と悪徳、目標と野心、最終目的と欲望など――要するに特性のようなもの――を少なくともほどほどに説明できるとき、そうした根本的な諸原理を正しく理解したことになります。人間本性の諸原理は、関数のようなものです。つまり、何らかの社会的・歴史的諸条件を所与としながら、社会のなかで発展し身につけられる種々の特性を付与するものです。

この定義を受けいれるならば、人間が生まれつき善良であるかどうかは、次の二つのことにかかっているように思われます。

(a)『社会契約論』の社会が実現されうる歴史的諸条件の幅と多様性。

(b) それらの諸条件は、ほとんどのあるいは多くの他の異なる諸条件から到達しうるものかどうか。

正義に適う幸福な安定した社会のための諸条件は、私たちがいまおかれている現状からは手の届かないものだと想定しましょう。つまり、私たちは悪徳と腐敗の道にあまりに深く分けいり、問題を解決するために協力し合えないとしましょう。私たちにとって最悪な事態です。しかも、私たちの長い歴史のなかで生まれそうな諸条件のほとんどの場合、私たちはそのように協力し合うことができないとしたらどうなるでしょうか。そうなれば、『人間不平等起源論』の悲観論はほとんど緩和されません。

マスターズは新版『人間不平等起源論』の序文で、次のように述べています。「彼の世紀でほとんどただ一人ルソーだけが、人間は、幸福で善良な生活様式を特徴とする本性をもつ動物種であるとみなしていたように思われるが、進化することで、自然で幸福な生活に(少なくとも文明社会に暮らすほとんどの人々にとっては)到達できなくなってしまった」。

私はこの判断に同意します。また、私がいままで述べてきたことはそれといっさい対立しません。そのうえ、それは私が指摘した『人間不平等起源論』と『社会契約論』の関係とも合致します。すなわち、後者が説明している社会的世界の諸制度を整備する方法は、前者が説明している諸々の悪徳と悲惨、現に私たちがほとんどすべての時代、また私たちの文化と文明のなかに見る悪徳と悲惨が生じないようにすることをめざしたものです。

ルソーの答えは、こうです。社会契約によって表現された協働の諸条項に従って政治的・社会的諸制度を整備しなければならない、ということです(SC, 1.6)。この協働の諸条項が有効に実現されるとき、それに従って諸制度が整備され、道徳的自由と政治的・社会的平等また独立の保障を確保します。それらの諸制度は政治的自由(civic freedom)をも可能にし、それがなかったら私たちの間に蔓延するであろうような諸々の敵意と悪徳を妨げます。

講義Ⅰ（一九八一年）補遺A
ルソー――人間本性の自然な善性の教義

第一節　原罪に反対して

ルソーの見解を原罪のオーソドキシーの教義と対照することからはじめることにしましょう。その教義の内容は、次のようないくつかの部分に分けられます。(a) 原初の自然な完全性をもった最初のカップルはアダムとイヴです。(b) 彼らの罪は生来の欠陥ではなく、彼ら自身の過失であり、自由意志にもとづく行為でした。(c) その動機は、高慢と我意にありました。(d) 彼らの罪の罰と腐敗は邪欲として現れ、性行為において蔓延していきます。(e) いま私たちは全員がその責任を共同で負っており、彼らの罪に関与しています。その結果いまや、(f) 私たちの本性は穢れ、死と悲惨にさらされており、(g) 神の恩寵のなかにだけ、そこから抜けだす道があります。

以上の点を念頭において、ルソーがそれらを一つずつ退けていることに注意しましょう。(a) 人間が生まれた状態（自然状態）は、自然な完全性の状態ではなく、人間の完全性への潜在能力や理性と道徳的感性が未発達な原始的状態です。それらは長期的な多くの変化を経た社会のなかでのみ発達するものです。(b) 人間の悲惨や現在の諸々の悪徳と虚偽の価値観は、自由な選択にもとづくものではなく、不幸な歴史的偶然と社会的傾向の結果として生じるものです。(c) ルソーは、人間の最初のカップルが高慢と我意にもとづいて行動できたことを否定します。なぜなら、こういった動機は社会にのみ見られるものだからです。(d) 悪徳と虚偽の価値観は、各世代がそれらに影響されるなかで社会制度によって蔓延していきます。(e) そこから抜けだす道は、私たち自身の手のなかにあるのです。

ルソーの歴史的・社会的発展の説明は世俗的、自然ー本性主義的（ナチュラリスト）なものです。その点で、ディドロ、コンドルセ、ダランベールなど、他の啓蒙思想家の説明と同様です（ルソーの説明をヒュームのものと比較してみてください）。

第二節　ホッブズに反対するルソー
——自然な善性が社会理論の前提としてさらにもつ意味

ルソーは（ヒュームや他の多くの思想家たちが多少厳しく退けたように）原罪を退けますが、彼は同時にホッブズの見解の諸々の要素も退けます。なかでも、ルソーの考えによれば（正しいかどうかは別として）、ホッブズは高慢と虚栄、支配する意志を人間本性の基本的で原初的な衝動であり心理学的原理であると考えました。それは、なぜ自然状態が戦争状態になるのかを部分的に説明するものです。ルソーはこれを否定し、これらの傾向を社会の属性としました。原始的な自然状態では、人々は自己愛（アムール・ド・ソワ）に導かれ自然な同情（コンパッション）によって抑えられるような、自然な必要（ニーズ）だけに動かされます。

ルソーは、表向きの同情や他の思いやりのような感情は利己心に還元することが可能であるというホッブズの見解も退けました。ルソーは、同情と利己心は別個のものであると主張します。そのかわり、理性によって導かれ同情によって和らげられる利己心は、適当な社会的諸条件と教育方法があれば、人間的で道徳的な行為の心理学的基礎を提供するものです。

第三節　秩序だった社会の可能性

ところで、原初的人間本性とその諸傾向に関するこういった論争は、まったくもって何を問題にしているのかと問うてみましょう。人間のいまあるままの姿を所与とすれば、多くの人々は少なくともときどきは高慢と虚栄また支配する意志によって駆り立てられ、その数は一つの主要な政治的要因であるには十分に多いということに、すべての人が同意するとしましょう。それでは、これらの傾向が原初のものか派生したものかはどれほど重要でしょうか。また、私たちはこの区別の意味するところがわかるでしょうか。実際の行動のなかで、どれがどちらだと区別できるでしょうか。

まさに問題となっていることは、こんなふうに考えられるかもしれません。人間とその諸目的は(適切に理解された)責任に加えて、熟議と行為の基本単位であると(ルソーや啓蒙思想家たちがしたように)想定し、それゆえ私たちの行動は集合的に見れば歴史的・社会的変化の主要な原因の一つになるとしましょう。そうだとすれば社会理論をもつということは何よりこのような熟議と行為の基本単位の理論をもつということを意味します。そして、そのようないかなる理論も、それらの基本単位がさまざまな社会的諸条件を所与としながらいかにはたらくかを特定する一定の原初的諸原理をそれらに付与するものでなければなりません。

このように原初的人間本性をめぐってなされる論争において実際に重要なのは、私たちが現在おかれた一定の歴史的・社会的状況を所与として社会が根本的にどう変化するかという見通しと、それに対してどういった手段を選択するかという知恵です。私たちは無知なままに行動すべきではないとすれば、秩序だった自由で人間的な社会がいかに動くか、それはどんな姿になりうるか、さらに適当な基礎的条件が整っていて一定の教育システムがあれば、なぜそれは安定し実現可能になるかを説明できなければなりません。同様に、いまある社会からそのような社会に到達することは、それ自体がそのような社会を不可能にするような心理学的特徴を私たちの間で優勢にさせるような手段を用いずに可能でしょうか。

ルソーは『エミール』のなかで、秩序だった社会を可能にし安定させると彼が考える心理学的理論について論じています。その理論が要求するところによれば、どんな強制力をもつ権威も、公的なものであろうとなかろうと、人が自分自身に自由で道徳的な人格として与えることができ、そして人格的依存を排除するような諸原則に基礎づけられなければなりません。

補遺B

図5の注記

1 第一編第一章と第四編第九章(『社会契約論』の序論と結論の章)を除けば、各部は同数の章をもち均等に分かれています。

2 (第二部(2)の)第三編第一〇章から一八章にかけて初めて、主権者は人民の集会でなければならず、それは定期的に開催されなければならないことが明らかになります(第三編第一三章第一段落を参照)。

ルソーの著作一覧

一七五〇年　『学問芸術論』(『第一論文』)(一七四九年執筆)

第1部　序論 第1編 第1章	第2部
(1) 第1編第2-5章 力を含む数種類の[不平等]にもとづいた政治的権威に関する誤った説明への反駁	(1) 第3編第1-9章 主権者の法を行使する者として，すなわち代理人として主権者に従属する政府についての議論
(2) 第1編第6-9章 正統な政治的権威の正しい説明の提示 　第2編第1-6章 主権者と法の源泉についての議論	(2) 第3編第10-18章 政府が主権者の権威を簒奪することを防ぐためになしうることについての議論 ── 人民の集会としての主権者 　第4編第1-4章 人民の集会が一般意志を最もよく表現し自由と平等を確保するように，一般意志を人民の集会の行為として命じる方法についての議論
(3) 第2編第7-12章 立法者と安定性の問題	(3) 第4編第5-8章 安定性の諸制度 ── 独裁制，監察制度，市民宗教 　結論　第4編第9章

図5　『社会契約論』の骨子(Hilail Gildin, *Rousseau's Social Contract: The Design of the Argument*(Chicago: University of Chicago Press, 1983), pp. 12-17 での議論を参照)

一七五二年　『村の占い師』(オペラ)

一七五五年　『人間不平等起源論』(『第二論文』)
「政治経済論」(ディドロ『百科全書』所収の論考)

一七五六年　「摂理に関する手紙」(ヴォルテールの「リスボンの災害に関する詩」への返事)

一七五八年　『演劇に関するダランベール氏への手紙』

一七六一年　『ヌーヴェル・エロイーズ』

一七六二年　マルゼルブへの四通の伝記的な手紙の執筆。
『エミール』
『社会契約論』
「クリストフ・ド・ボーモンへの手紙」(『エミール』に関するパリ大司教への返事)
一七六四年　『山からの手紙』(J・R・トロンシャンの『田舎からの手紙』への返事)
一七六五年　『コルシカ憲法草案』
一七六六年　『告白』(第一部、フランスへの帰途に完成)一七八一年に出版。
一七七二年　『ポーランド統治考』
一七七二—七六年　『対話——ルソー、ジャン＝ジャックを裁く』
一七七六—七八年　『孤独な散歩者の夢想』

参考文献

Cassirer, Ernst, *The Question of Jean-Jacques Rousseau*, trans. Peter Gay (New York: Columbia University Press, 1954). 〔E・カッシーラー、生松敬三訳『ジャン＝ジャック・ルソー問題』みすず書房、一九七四年〕

Cohen, Joshua, "Reflections on Rousseau: Autonomy and Democracy," *Philosophy and*

Public Affairs, Summer 1986.

Cranston, Maurice, *Introduction to His Translation of the Social Contract* (Penguin, 1986), pp. 9-25(批評部分), pp. 25-43(伝記部分); *The Early Life and Works of Jean-Jacques Rousseau, 1712-1754* (New York: Penguin, 1983).

Dent, N. J. H., *Rousseau* (Oxford: Blackwell, 1988); *A Rousseau Dictionary* (Oxford: Blackwell, 1992).

Gay, Peter, *The Enlightenment: An Interpretation*, 2 vols. (New York: Knopf, 1969)〔ピーター・ゲイ、中川久定他訳『自由の科学――ヨーロッパ啓蒙思想の社会史1・2』ミネルヴァ書房、一九八二、八六年〕。ルソーに関しては、pp. 529-552(『ヌーヴェル・エロイーズ』に関しては、pp. 240f)。

Gildin, Hilail, *Rousseau's Social Contract: The Design of the Argument* (Chicago: University of Chicago Press, 1983).

Green, F. C., *Jean-Jacques Rousseau: A Critical Study of His Life and Writings* (Cambridge: Cambridge University Press, 1955).

Grimsley, Ronald, *The Philosophy of Rousseau* (Oxford, 1973).

Lovejoy, Arthur O., "The Supposed Primitivism of Rousseau's Discourse on Inequality," in *Essays in the History of Ideas* (Johns Hopkins, 1948).〔アーサー・O・ラヴジョイ、鈴

木信雄他訳『観念の歴史』名古屋大学出版会、二〇〇三年）
Masters, Roger, *Rousseau* (Princeton, 1968).
Miller, James, *Rousseau: Dreamer of Democracy* (New Haven: Yale University Press, 1984).
Neuhouser, Frederick, "Freedom, Dependence, and the General Will," *Philosophical Review*, July 1993.
Shklar, J. N., *Men and Citizens* (Cambridge: Cambridge University Press, 1969).

注

（1）以下のルソー講義では、ルソー『人間不平等起源論』Jean-Jacques Rousseau, *The First and Second Discourses*, ed. Roger D. Masters, trans. Roger D. and Judith R. Masters (New York: St. Martin's Press, 1964)、および同『社会契約論』Rousseau, *On the Social Contract, with Geneva Manuscript and Political Economy*, ed. Roger D. Masters, trans. Judith R. Masters (New York: St. Martin's Press, 1978)を参照する。テクストを引用する際には、『人間不平等起源論』をSD、『社会契約論』をSCと略記し、前者には頁数、後者には編、章、段落を用いる。

（2）翻訳にともなう危険については(私は一九八七年と記憶しているが)、モスクワ・テレビのあるソヴィエト人のアナウンサーが、ジョン・デンバーの「ロッキー・マウンテン・ハイ」を「山脈の酔っぱらい」と翻訳したことを思い出すこと。また、露英翻訳コンピュータのプログラムを書き込む試みがなされていた初期の頃に、「心は燃えても肉体は弱い(The spirit is willing but the flesh is weak)」〔『マタイ書』二六章四一節〕という一節が、次のように再変換されたことがある。「ワインは旨いが肉は酷い(The wine is good but the meat stinks)」。

（3） ルソーの驚くべき文体（スタイル）は、茶化されやすいものでもある。たとえば、『社会契約論』第一編第一章の冒頭の有名な文章、「人間は自由なものとして生まれたが、いたるところで鉄鎖につながれている」という一節を聞いて、ド・メストルは次のようにやり返した。「あなたは、「羊は肉食として生まれたが、いたるところで雑草を食べている」と言っているようなものだ」。あるいは、『ニューヨーク・タイムズ』の最近の書評には、こうあった。「猿は自由なものとして生まれたが、いたるところで動物園のなかにつながれている」。

（4） 伝記的資料の大部分は、Roger Masters, ed., *On the Social Contract* の序文を用いた。Maurice Cranston, *Jean-Jacques: The Early Life and Work of Jean-Jacques Rousseau, 1712–1754* (London: Penguin Books, 1983) も参照。

（5） この保守的な傾向は、ルソーのオペラ『村の占い師』をペルゴレージ〔Giovanni Battista Pergolesi, 1710–1736. 一八世紀イタリアの作曲家・劇作家・音楽家〕のオペラ『奥様女中』(*La Serva Padrona*)〔一七三三年八月二八日初演の幕間劇。貴族の主人ウベルトに小さい頃から召し抱えられた女中のセルビーナが主人を騙して奥様になってしまうという喜劇〕と比べれば明らかである。Cranston, *Jean-Jacques Rousseau, 1712–1754*, p. 279 を参照。

(6) マルゼルブ〔Chrétien-Guillaume de Lamoignon de Malesherbes, 1721–1794. フランス法服貴族出身の法律家・政治家。ルイ一五世と一六世治世に租税法院院長や宮内大臣など要職の地位にあってアンシアン・レジームの急進的な改革を主張。ルソーをはじめ啓蒙思想家との交流は有名である。また革命期にはルイ一六世の弁護人を引き受けて断頭台の露と消えた人物〕は、国王に出版統制局長〔一七五〇―六三年〕に任ぜられ、フランスの出版販売を監視する役職にあった。彼は啓蒙思想家たち(*philosophes*)の友であり、彼らが王国の入り組んだ法制度をかいくぐるのをよく援けた。ルソーは彼と良好な関係にあり、『社会契約論』出版前に四通の自伝的手紙を彼に書き送った。James Miller, *Rousseau: Dreamer of Democracy* (New Haven: Yale University Press, 1984), pp. 76f を参照。

(7) Cranston, *Jean-Jacques Rousseau, 1712–1754*, p. 228 を参照〔「マルゼルブ租税法院院長への四通の手紙」(『ルソー選集4』佐々木康之訳、白水社、一九八六年)〕。

(8) James Miller, *Rousseau: Dreamer of Democracy*, p. 5 を参照。

(9) 利己心(アムール・プロプル)に関する私の説明は、N. J. H. Dent, *Rousseau* (Oxford: Blackwell, 1988) と Frederick Neuhouser, "Freedom, Dependence, and the General Will," *Philosophical Review*, July 1993, pp. 376f の説明に従っている。N・J・H・デントのものは、彼の *A Rousseau Dictionary* (Oxford: Blackwell, 1992), pp. 33–36 のなかで論じられている主張である。利己心がいかに互恵性の原理に結びつくかという私の説明はノイハウザーに負っている。

(10) N. J. H. Dent, *Rousseau; A Rousseau Dictionary*.

(11) Ernst Cassirer, *The Question of Jean-Jacques Rousseau*, trans. Peter Gay (New York:

Columbia University Press, 1954)〔前掲『ジャン＝ジャック・ルソー問題』〕を参照。

(12) 政府の起源の他の形態――征服、絶対的な主人への従属(ロックが絶対王政として言及したもの)、父権的権威、圧制への従属――を、ルソーはまったくありえないものとして退けている(SD, 161-168)。

(13) カントがかつて、プロイセンの同胞がもつ肩書きを軽蔑して次のように冷淡に言ったのと同じようなことである。「彼らは非常によく、支配したいのか追従したいのか決められないでいる」。

(14) ルソーがこのことを述べるその仕方に細心の注意を払っていることは、『人間不平等起源論』(SD, 103, 105, 180)の方法論に関するいくつかの説明から窺えることに注意すること。

(15) 〔キリスト教の原罪の教義をさらに詳細に検討したものとしては、本講義の最後にあるロールズの一九八一年講義ノートの補遺Aを参照。――編者〕

講義Ⅱ　社会契約――諸仮定と一般意志（一）

第一節　序　論

1　私たちは前回の講義で、『社会契約論』を書くようにルソーを駆り立てた疑問と問題を理解するように努めました。彼の関心は、ホッブズとロックのものより広範に及ぶものであると私は述べました。つまりホッブズは、分裂をきたす内戦の問題を克服することに関心をもち、ロックは、混合政体の枠組みのなかで国王に抵抗することを正当化することに関心がありました。ルソーは、文化や文明の批判者です。つまり『人間不平等起源論』のなかで、彼が社会の根深い諸悪とみなすものを診断し、それによって社会の構成員のうちに生じる諸々の悪徳と悲惨を描いています。ルソーはこれらの諸悪と諸々の悪徳がなぜ生じるのかを説明し、しかも『社会契約論』では、それらが生じないような政治的・社会的世界の基本的な枠組みを描こうとします。

『社会契約論』は、正義に適い実現可能で安定した相当程度に幸福な社会を私たちがもつことができれば、諸制度を通じて実現されるはずの政治的権利の諸原理を描いています。私がすでに指摘したように、人間は生まれつき善良であるが社会制度のおかげで悪人になる、とルソーが述べていることは、次の二つの命題に行き着きます。

第一に、社会制度と社会生活の諸条件は、どういった人間の傾向が時間をかけて発達し現れてくるかに多大な影響を及ぼします。その傾向のなかには、良いものもあれば悪いものもあります。どちらが刺戟され現れるかは、社会的諸条件にかかっています。

第二に、政治制度に関して少なくとも一つは相当程度に実行可能な計画が存在し、それは政治的権利の諸原理をみたし、安定性と人間的幸福の要件を両方ともみたします。したがって、人間本性はそのような社会的世界を可能にするという点で善良なのです。

2　ここでもう一度、『社会契約論』第一編の序論の書き出しを見てみましょう。「私は、人間をあるがままの姿でとらえ、法律をありうる姿でとらえた場合、社会秩序のなかに、正統で確実な統治上の何らかの規則があるのかどうかを研究したいと思う。私は、正義と効用とがけっして分離しないように、この研究のなかで権利が許すことと利益が命ずることとをつねに結びつけるように努めよう」。ルソーが、自分の議論を現実的で可能なことをめざしたものだと考えていることは、人間をあるがままの姿でとらえ、法律をありうる姿でとらえよう、と言っていることから明らかです。安定と幸福の両方を保障するためには、権利が許すことと利益が命ずることとを何とかして結びつけなければなりません。そうしなければ、正しいことと役立つこととが衝突し、安定した正統な体制を築くことは不可能です。

人間をあるがままの姿でとらえよう、という彼の言葉には曖昧さがあることに注意しましょう。もちろん、彼の意味するあるがままの姿とは、人々が(『人間不平等起源論』で描かれたような)腐敗した文明のあらゆる悪徳と習慣をもったいまあるままの姿ではありません。むしろ、彼が意味しているのは、人間本性の基本的な諸原理と諸傾向に従った人間のあるがままの姿です。私たちは、この人間本性の諸原理と諸傾向を参考にすることで、人々がさまざまな社会的条件のもとで身につける美徳や悪徳、目標や野心、最終目的や欲望など――要するに特性の種類――を説明することができます。この諸原理と諸傾向には、(妥当な理由を確証しこれを基準にして行動する)自由意志と完成可能性(文化を通じて私たちの能力を歴史的に発展させることで自己改良を行う潜在性)の能力といったものが含まれます。私たちの本性の基本的な心理学的諸側面には、自己愛（アムール・ド・ソワ）と、カントに従ってより広い見方で理解された利己心（アムール・プロプル）も含まれます。

3　権利(正)と正義の構想をもつどんな政治的構想を議論する場合にも、区別しなければいけない四つの問いがあります。すなわち、

(1) その構想によれば、政治的権利と正義の理に適った真の諸原理とは何か。そして、これらの諸原理が正しいものであることは、どのようにして確かめられるか。
(2) どんな運用可能で実現可能な政治的・社会的諸制度が、最も効果的にこれらの諸原理を実現し、社会を長期的に安定させるか。
(3) どのようにしたら人々が権利の諸原理を学び、これらにもとづいて行動し、それらの諸原理をもつ政治的構想を肯定するような動機を身につけるか。
(4) これらの権利と正義の諸原理を実現する社会はどのように生じうるのか。そして、いくつかの実例がもしあるとすれば、それはかつてどのように生じたのか。

さて、私は社会契約の観念をその最初の二つの問いに答えるものと解釈したいと思います。その観念を論じるにあたって、持続する安定した国家をはじめに仮定します。その国家においては、社会契約からなる社会が完全に実現され、均衡のある状態にあります。社会制度や法がときどき変容することはあるかもしれませんが、その基本構造が正しい正義に適ったものであることには変わりありません。そこで最初の問いが生じます。この社会における権利の諸原理とは何か、という問いです。答えは一言で言えば、権利の諸原理とは、社会契約の諸条項を表現するものでなければならない、となります。この答えについては後ほど検討しようと思います。

そこから次に二番目の問い、どのような政治的・社会的諸制度が最も効果的にこれらの諸原理を実現し、社会を長期的に安定させられるかという問いが生じます。この答えは、こうです。社会契約の諸条項をみたすために必要な政治社会の基本構造がもつ特定の一般的諸側面です。すなわち、その基本構造が平等の三つの基本的側面を達成する仕方です。一例を挙げれば、その基本構造が全市民の対等な立場と尊厳を維持する仕方、法の支配を万人に適用され万人に由来するものとして実現する仕方、そして対等な物質的平等を十分に確保する仕方です(1)。これらが意味することについて、これから論じなければなりません。

他の二つの問い——道徳心理学に関する三番目の問いと、歴史的起源に関する四番目の問い——は、次回の講義に譲ることにします。

第二節　社会契約

1　社会契約の観念に目を向けることにしましょう。ルソーによれば、それは人々が一つの人民になる行為のことです(SC, 1: 5.2)。私はあとでそれを、一般意志の観念(と共通善や共通の利益のような、そのさまざまな類概念)および主権や根本的な国家法の観念と結びつけます。ただそうする前に、次の点に注意しましょう。ルソーは、『社会契約論』第一編第二章から第五章にかけて、ロックとほとんど同じように、政治的権威は社会契約にもとづいて設立されなければならないという問題から議論を行っています。そして、政治的権利は約束（コンヴェンション）にもとづかねばならないと論じ、同様に父権的権威、最有力者の権利、戦争の勝者の権利は、どれも政治的権威を主張するには十分ではありえないと論じます。第五章の見出しで言うように、「最初の約束[一つの社会契約]につねにさかのぼらなければならない」のです。

これらの議論それぞれには、次のような考えが暗示されています。それは、ロックが述べたように、すべての人は対等な国王のようなもので(『統治二論』第二篇第一二三段落)、私たちが政治的権威に拘束されるのは、それが自由で平等な、理に適った合理的な同意から生じたか、適切に生じうる場合だけだ、という考えです。それとは別の権威の基礎をそれぞれ検討すれば、拘束力のある同意に不可欠となる次の三つの条件のうちの一つかそれ以上を欠いていることがわかります。すなわち、拘束力のある同意の必要条件となる能力か機会か当人の意志か、どれかを欠いているのです。たとえばルソーは、『社会契約論』のなかで次のように説明しています。

(a) 理性をもつ年齢に達する前の未成年者は、まだ完全には理性的で合理的な存在ではなく、その年齢に達するまでは両親や後見人が彼らになり代わって行動しなければなりません(SC, 1: 2.1f)。

(b) 戦争の勝者に従う敗者たちは、自らの自由な同意を与える機会を欠いています。

かりに同意する機会が与えられたとしても、そのような状況でなされる同意は強制的であり、拘束力をもちえません。自己保存は、彼らを服従するように促し、そして勝者が力を失うとき、彼らは再び好きなように行動できます。権利は力と同時に始まり終わると考えることはばかげたことです(SC, 1: 3)。

(c) 奴隷たちは、「鎖のなかですべてを、そこから脱出したいという欲望までも、失ってしまう」(SC, 1: 2.8)。だから彼らは、自ら自由な同意を与える能力も意志も欠いています。しかし人々は、生まれつき奴隷ではありません。すなわち、人間を奴隷にするのは力への従属であり、奴隷を拘束しつづけるのは奴隷制から生じる意志の喪失(臆病)です(SC, 1: 4)。

2 さて、本題に移ります。ルソーが、『社会契約論』第一編第六章で論じる社会契約についてです。この契約は、政治的・社会的諸制度のなかに反映されるべき社会的協働の諸条項を明確化するものです。私は、ルソーの社会契約の説明が四つの仮定を行っていると提起します。(2) この諸仮定は、社会契約の一般的特徴と、契約の依拠する諸条件とを彼が構想する方法のなかに暗示されています。

第一仮定。協働する人々は、自らの根本的利害関心――彼らの理解する、理に適った合理的な善――を増進させることをめざす、ということです。この根本的利害関心のうち二つは、自己への愛(love of self)それ本来の自然な二つの形式である自己愛(アムール・ド・ソワ)と利己心(アムール・プロプル)に関連します。

自己愛(アムール・ド・ソワ)としての自己への愛(ラブ・オブ・セルフ)には、さまざまな種類の安楽の手段への利害関心だけでなく、私たち人間が自然状態でもつ、他の動物にはない二つの潜在能力を発展させ行使することへの利害関心も含まれます。一つは、自由意志をもつ能力で、したがって妥当な理由に照らして行動する能力です(SD, 113f)。もう一つは、完成可能性と自己改善の能力で、私たちが諸々の能力を発達させ、またその長期的な発達のなかで文化に関与するようになることで発展する能力です(SD, 114f)。

これらの能力には、次のような能力もつけ加えることができます。知的な思考をする(ただ想像をめぐらすわけではない)能力(SD, 119–126)、道徳的な態度と情緒の能力(SD, 134–137)、他人に同一化する能力(状況に適した憐れみの情と同情)(SD, 131f)です。

前回の講義で私が申し上げたことを思い出していただきたいのですが、自己への愛には自然な形式の利己心(アムール・プロプル)というものがあります。これは、私たちが安定した立場や地位をもち、社会集団の対等な構成員として認められたいという欲求です。この立場が意味するのは、私たちは自分たちの必要(ニーズ)と欲求にもとづき、他の人々の行動を制限することを彼らも認めるように要求する権利があるとみなされるということです。もちろんそれは、私たちの主張が互恵性の一定の条件をみたしていることが前提です。私たちは、この自然な形式の利己心にもとづいて行動することで、同じ立場を逆に他人にも認め、したがって、彼らの必要と主張が私たちに課す制限を尊重することを進んで認めます。

3　第二仮定。協働する人々は、他人との社会的な相互依存の諸条件のもとで自らの利益を増進させなければならない、ということです。ここでルソーが前提にしているのは、政治的・社会的諸制度を通じた社会的協働は必要であると同時に相互に有益であるという歴史的段階に人々が達しているということです。社会的相互依存は、いまや私たちの状態（コンディション）をなしています(SC. 1: 6.1)。

しかしこの依存状態は、他人の意志への人格的依存と取り違えてはなりません。私たちは『人間不平等起源論』からわかるように、この種の〔人格的〕依存はたいてい、他人を支配し威張り散らす意志と、文明の他の諸々の悪徳のなかに現れるような不自然で邪悪な利己心とを発展させる原因になる、とルソーは考えています。

この第二仮定は、注目に値します。ルソーは、私たちが他の人々から独立していられるとはけっして考えていないのです。何らかの形でつねに社会に結びつけられ、それなしには生きていけないことを当然と考えています。同様に、私たちにとって社会のなかにいないのはよくないことだろうと、『人間不平等起源論』と『社会契約論』の両方で明らかにしています。すなわち、人間本性が完全に表に現れ実を結びうるのは、それがある適切な社会的形態をとるときだけなのです(SC, 1: 8.1)。社会契約は、私たちを社会から独立させるものではありません。逆に、全体の、共同体としての社会に対しては完全に依存させるでしょう。私たちは、他のどの個々の市民からも完全に独立していますが、ルソーが言っているように(SC, 2: 12.3)、都市(ポリス)には完全に依存しているのです。

社会の外の生活は私たちには実現不可能であるとか、社会が生じる以前の原始的人間――怠惰で無気力な害のない獣――の段階には帰れないとか、ただ言っているのではありません。むしろその生活は、私たちが自由意志をもち完成可能な存在であることや、その他多くの私たちの本性には相応しくないと言っているのです(SD, 102)。ヴォルテールは、『人間不平等起源論』を読んだとき、思わず四つ足で歩きたくなったと言いました。愉快な洒落ですが、彼はもっと注意深く本を読むべきだったでしょう。

4 第三仮定。誰もが自らの自由のための能力と自由への利害関心を等しくもつ、ということです。すなわち、自由意志と、妥当な理由に照らして行動する能力をもち、それに加えて、自らを最も駆り立てる特殊な目的と利害関心に照らして、最もよいと考えることを自分自身で判断し行動することへの利害関心を等しくもつ、ということです。要するに、私たちは、自ら善とみなすものを最も増進させるものは何かを判断する能力を等しくもち、この判断にもとづいて行動する欲求を等しくもつということです。この仮定は、自己愛について上述したことを明らかにしています。

第四仮定。誰もが政治的な正義感覚の能力を等しくもち、それに従って行動することに利害関心をもつ、ということです。この正義感覚は、社会契約の諸原理を理解、適用し、これにもとづいて行動する能力とみなされます。自然状態から社会状態への移行について、ルソーが『社会契約論』第一編第八章(SC, 1: 8.1)で述べていることを前提にすれば、この第四仮定は、先ほどの第三仮定から必然的に生じます。そこでルソーは次のように述べています。「〔その社会状態への移行は、〕人間のうちにきわめて注目すべき変化をもたらす。というのは、人間の行為において、本能を正義によっておきかえ、これまで欠けていた道徳性を人間の行為に与えるからである」。

社会的相互依存に関して第二仮定のところで述べたことからわかるように、明らかにルソーは、社会契約が自然状態あるいは初期の社会状態においてさえ成立するとは考えていません。私たちが社会契約を、先に第一節3で分類した問いのうち最初の二つだけを取り扱うものと考えるのは、部分的にはこの理由によるのです。

5　これら四つの仮定を前提にすると、根本的な問題は、ルソーによれば(SC, 1: 6.4)、次のようなものです。

(i)「各構成員の身体と財産とを、共同の力のすべてを挙げて防衛し保護する結社形態を発見する」方法。

しかし同時に、この結社形態においては、

(ii)「……各人は、すべての人と結びつきながら、それでも自分自身にしか服従せず、以前と同じように自由なままでいられる」こと。

この根本的な問題は、社会契約がその解決策になるはずの問題です。

そこで問題になっているのは、私たちが私たちの自由を犠牲にすることなく自らの根本的利害関心の達成を保証し、私たちの能力の発展と行使の諸条件を保証するために、他人と結びつく方法です(SC. 1: 8.1)。ルソーはその問題について、大雑把に次のように答えます。社会的相互依存が事実として存在し、お互いに利益になる社会的協働が必要かつ可能であることを所与とすれば、その結社形態は、両方の形式の自己への愛に駆り立てられた平等な人々にとって、それに合意することが理に適い合理的であると言えるようなものになるはずである、とルソーは答えます。

先ほどのすべての仮定が成り立つとすれば、社会契約の諸条項は、「その[社会契約の条件であり核心である]結社行為の本性そのものによって確定されるので、[それらの諸条項は]少しでも修正されれば、無意味で無効なものになってしまうだろう」とルソーは考えます(SC. 1: 6.5)。

ルソーがこう言うことで意味しているのは、私たちがいったん社会契約の問題を明らかにすれば、あるべき一般的な政治的・社会的結社の形態も明らかになるということだと思います。ルソーは、社会契約の諸条項はどこでも変わらず、どこでも暗黙のうちに受容され承認されると考える以上、社会契約の問題は私たち人間が共通にもつ理性によって理解されるとも考えていなければなりません。

さらにルソーは、結社の諸条項は正しく理解されれば、「各構成員が自分のもつすべての権利とともに自分を共同体全体に完全に譲渡すること」という唯一の条項に還元されると言います(SC, 1: 6.6)。

6　この主張について、ルソーは三つのコメントをしています。

第一に、彼は次のように言います(SC, 1: 6.6)。私たちは、自分自身のいっさいを(無条件に)全体としての社会に与えるから、私たちが自分自身を譲渡する条件はすべての人にとって同じです。このため、「誰も他人の[それらの条件の]負担を重くすることに関心を抱かない」。私たちは、合意した諸条項に完全に譲渡されることになるけれども、それらの諸条項の範囲がすべてに及ぶわけではありません。すなわち、それらは社会生活すべてを包含する規制を含んではいません。私たちの(両方の形式の)自己への愛は、この規制を妨げます。というのも、いかなる特定の人格にも依存していないという意味でつねに人格として独立した存在として、私たちが自ら最善と判断するように特殊な目的を前進させる自由に対してもつ利害関心はそれを妨げるからです。それゆえ、社会契約を明確化する一般的な諸々の法は、個人的自由の固有の領域を保護するために、共通善の増進に必要な政治的自由(civil freedom)に対する制限を命じなければなりません(SC, 1: 6.4)。

『社会契約論』第一編第八章でルソーは、自然的、政治的、道徳的の順で、三つの形態の自由に言及しています(SC, 1: 8.2)。自然的自由とは、私たちが望み、得られるものすべてへの権利のことで、これを制限するものは個人の力だけですが、社会契約を結ぶことで失われる自由です。見返りに、私たちは「政治的自由（リベルテ・シヴィル）と、彼[人間]がもっているすべてのものに関する所有権」を得ますが、それは一般意志によってのみ制限されます。そしてその見返りに道徳的自由も得ます。これだけが、私たちを私たち自身の主人にするのです。「なぜなら、欲望だけに駆り立てられるのは奴隷状態であり、自ら課した法に従うことが自由だからである」(SC, 1: 8.3)。

ここで言われている重要な点は、社会契約からなる社会の諸制度は、私たちの道徳的・政治的自由ができるかぎり完全に達成されるよう、私たちの全体としての社会に依存した関係と私たち相互の関係を定めるものでなければならない、ということです。

7　ルソーの第二のコメントは、結社の諸条項を洗練させる際になされるものです。私たち自身の社会全体への譲渡が無条件なものである以上、社会的結合は可能なかぎり完全です。ルソーの要点は、私たちは社会契約の当事者として、社会自体に反するいかなる権利をもはや妥当なものとしないということです。それには、その契約が適切に結ばれ、完全に尊重されることが前提です。私たち自身と社会契約からなる政治社会との間で、私たちが訴えを起こせるほど上位の権威は存在しません。かりに訴えられると主張すれば、契約によって確立される正統な政治社会の外に私たち自身がなおいるものとみなし、自然状態のなかになおいるとみなすのと同じことになるでしょう。その適切に結ばれ完全に尊重される契約の諸条項が、最終的な法廷をなすのです(SC, 1: 6.7)。

ここで社会契約とは、先ほど指摘した最初の問い、すなわち政治的権利の正しい諸原理とは何かという問いに対する答えであるのを思い起こすことが不可欠です。社会契約自体の諸条項以上に、私たちが訴えを起こせるような上位の権威は存在しない、とルソーが述べていると私は解釈しますが、こう言うことに何の矛盾も存在しません。ただ、いつものように、その契約が適切に結ばれ、完全に尊重されることが前提です。

ルソーの第三(そして最後)のコメントは、次のようなものです。「各人はすべての人に自分を与えるから、誰にも自分を与えないことになる。そして、各構成員は自分に対する権利を他人に譲り渡すが、それと同じ権利を他人から受け取らないような構成員は誰もいないのだから、人は失うすべてのものと等価のものを手にいれる」。それどころか、私たちはより多くを手にいれることにさえなります。さしあたり、全共同体の結合した力によって私たちの生命と生活手段は保護されます(SC, 1: 6.8)。

さて、こうして私たちの人格的独立は確立します。なぜでしょうか。なるほど、それは他人が私たちに対してもつのと同じ権利を、私たちは彼らに対して得るからです。これは、私たちが自由への利害関心を含む自らの根本的利害関心にもとづいた理由で、権利の交換に合意することで得たものです。私たちはもはや、他の特定の人格の特殊な恣意的意志に依存することはありません。ルソーがこの種の〔人格的〕依存は避けなければならないと考えていることを、私たちは『人間不平等起源論』から知っています。それは、私たちの完成可能性を堕落させ、不自然な形式の利己心――不当な不平等によって特徴づけられた社会に見られる支配する意志や卑屈な追従――を生じさせるからです。

私たち一人ひとりは、もちろん全体としての政治社会に依存しています。しかし、社会契約からなる社会のなかで、各人は平等な市民であり、何びとの恣意的な意志にも権威にも服従することはありません。さらに、私たちがこれから見ていくように、市民間の諸条件の平等を確立する公共的なコミットメントというものが存在し、それが人格的独立を保障します。私たちが人格的に独立しており、またその独立を保障する諸条件の平等への公共的なコミットメントが存在することを、私たちの自然なそれ本来の利己心が要求するのは、ルソーの道徳心理学の一部をなしています。

8　最終的にルソーは、社会契約をその必須事項に還元して定義しなおしています。「私たちの各々は、身体とすべての能力を共同のものとして、一般意志の最高の指揮のもとにおく。それに応じて、私たちは、団体のなかでの各構成員を、分割不可能な全体の部分として受けいれる」(SC, 1: 6.9)。

『社会契約論』のなかで「一般意志」(la volonté générale)という言葉が最初に現れるのは、ここにおいてです。その意味を理解し、それがルソーの他の基本的な諸観念といかに結びついているかを理解することは不可欠です。ですから私は、次にこの観念を検討します。

とはいえ、まずは、『社会契約論』第一編第六章にあるその言葉の定義をいくつか見ておくことにしましょう(SC, 1: 6.10)。社会契約によって公的人格が形成されますが、それは古代では都市(ポリス)、いまでは共和国や政治体と呼ばれるものです。この政治体は、〔これを設立する〕集会の投票者と同数の構成員をもつ人為的な集合体です。集会は、全人民、全市民から構成されます。[3]

その能動的な役割において(たとえば基本法の制定の役割など)、政治体は主権者と呼ばれ、その受動的な役割において、国家と呼ばれます。他の同様の政治体と比べるときは強国と呼ばれ、私たちはヨーロッパの指導的な国家を指して「ヨーロッパの列強国」と言います。

社会契約によって結びつけられた人々は、集合的には人民と呼ばれます。主権を(平等に)共有するものとして、個人的には市民と呼ばれますが、国家の法に従うかぎりで臣民と呼ばれます。私はいま、市民は平等に主権を共有すると述べました。ルソーは、『社会契約論』第一編第六章(SC, 1: 6.10)でこう言ってはいませんが、それが彼の見解であることは明らかで、その点でロックの見解とは区別されるので強調しておく価値があります。

第三節　一般意志

1　私たちが社会契約についていままで述べてきたことは、ごく一般的でやや不明確です。より明確な見方を示すために、ルソーがその契約の諸条項さえあれば結ばれるだろうと考える結社の本質について見ていきましょう。そのための一つの方法は、彼が一般意志をどう理解しているかを解くことです(4)。

この用語は、『社会契約論』のなかで(代名詞での言及も含めて)七〇回ほど登場します。初出は先ほど指摘したものです。それを繰り返します。「私たちの各々は、身体とすべての能力を共同のものとして、一般意志の最高の指揮のもとにおく。それに応じて、私たちは、団体のなかでの各構成員を、分割不可能な全体の部分として受けいれる」(SC, 1: 6.9)。

したがって、政治的正義に関して社会の政治的権威――人民の集会の投票を通じて行使される権威――の正当性を与えるのは、一般意志の真正の表現です。この意志は、憲法の必須事項と基本的正義に関する根本的な国家法(fundamental political laws)、あるいはそれに適合した関連諸法のなかで適切に表明されます。根本法(fundamental laws)は、それが一般意志の真正の表現であるために正統なものです。この一般意志の観念をどう理解すればよいでしょうか。

2　まず最初に、政治社会に組みいれられた各個人は特殊な利害関心をもつということから理解しましょう(SC, 1: 7.7)。(社会契約によって確立される)政治的自由の制限内であれば、これら特殊な利害関心が行為の妥当な理由の根拠になります。それゆえ私たち一人ひとりは、私的な、あるいは特殊な意志をもちます。ここで、意志という言葉でルソーは、熟議的理性〔熟議による理由づけ〕の能力を意味していると私は考えます。これは、『人間不平等起源論』で言うところの自由意志の能力です。この能力が現れる一つの局面は、私たちが特殊な利害関心に結びつく理由に照らして決定を下すときです。これらの決定は、特殊な意志の表現です。

特殊な利益の存在が当然視されていることに注意してください。社会契約からなる社会は、人々が政治社会から離れた利害関心をいっさいもたず、一般意志や共通善とは異なる、あるいはしばしばこれに反する利害関心をいっさいもたない社会ではありません。

3 ルソーにとって、社会契約からなる社会は、人々のたんなる集合ではありません。それどころか、その社会の不可欠の条件は、その構成員が、一般意志とルソーが呼ぶものをもっていることにあります。私はいま、これについて五つの問いを提出しようと思います。

(1) 一般意志とは何の意志か。
(2) 一般意志とは何を意志するか。
(3) 共通善を可能にするものは何か。
(4) 共通の利益を可能にするものは何か。
(5) 私たちの根本的利害関心を決定するものは何か。

一番目の問い、一般意志とは何の意志か、という問いに対する答えはこうです。それは、全市民が社会契約からなる政治社会の構成員としてもつ意志です。それは、各人が特殊な人格としてもつ私的な意志とは異なる意志です(SC, 1: 7.7)。

二番目の問い、一般意志とは何を意志するか、という問いに対する答えはこうです。市民は政治社会の構成員として共通善の一つの構想を共有する、と言えます(SC, 4: 1.1)。そのような構想を共有することはそれ自体、彼らの間で公共の知になります。次のように言ってもよいでしょう。全市民が社会契約の要求に適うように理性的、合理的に考え行動するとき、各市民の一般意志は共通善――彼らがその構想を共有することで明確化されるという意味で――を意志することになります。

たしかに一般意志は、社会の構成員を何らかの仕方で超越するような全体の意志ではない、ということに注意しましょう。それはたとえば、全体としての社会それ自体の意志ではありません(SC, 1: 7.5; 2: 4.1)。一般意志をもつのは個々の市民です。すなわち各人は、熟議的理性の能力をもっており、それによって共同の保護と一般の福祉、すなわち共通善に必要という点で共通の利益を最も増進すると彼らがそれぞれ考えるものにもとづいてなすべきこと――たとえば投票の仕方――を適切な機会に決定するように導かれます(SC, 1: 7.7)。言い換えれば、一般意志とは、市民が共通善の構想を共有することで他のすべての市民とともに共有する熟議的理性の一形式です。

この共通善を最も増進させると市民が考えるものが、彼らが政治的決定をする際に十分な理由(good reasons)とみなすものを確定します。どんな形式の熟議的な理性や意志も、妥当な理由を確定する固有の方法をもっていなければなりません。したがって、議会の構成員として、市民として、私たちは好きなように特殊な私的利益になるものに投票すべきではなく、選択肢として提示された一般的施策のどれが共通善を最も増進させるかについて自分の意見を表明すべきなのです(SC, 4: 1.6; 4: 2.8)。

これは私たちを第三の問い、共通善を可能にするものは何かという問いに導きます。すでに述べたように、一般意志は共通善を意志するのですが、その共通善は共通の利益によって明確化されます。この場合に共通善とは、市民が共通の利益を達成することを可能にし支える社会的諸条件のことです。したがって、共通の利益がなければ、共通善も存在せず、よって一般意志も存在しないでしょう。『社会契約論』第二編第一章を見てみましょう。「これまでに明らかにされた諸原理から出てくる最初の、そして最も重要な結果は、一般意志のみが、共通善という国家設立の目的に従って、国家の諸々の力を指導できるということである。なぜなら、個々人の特殊な利益の対立が社会の設立を必要としたとしても、その設立を可能にしたのは、この同じ特殊な利益の一致だからである。これらの異なった利益のなかにある共通なものこそ、社会の絆を形成する。そこで、かりにすべての利益が一致するような何らかの点が存在しないとすれば、どんな社会も存立することはできないだろう。社会はもっぱら、この共通の利益にもとづいて統治されねばならない」(SC, 2: 1.1)。

社会の絆を生み、一般意志を可能にするのは私たちの共通の利益である、ということに注意してください。これは、私たちが先ほど述べたことを確認するものです。すなわち、一般意志は個人としての市民を超越する全体の意志ではない、ということです。というのも、市民の利害関心がもはや根本的利害関心を共有しないようなものに変質する場合には、一般意志は途絶え消滅するものだからです。一般意志は、そのような利益に依存するのです。

第四の問いは、共通善を明確化する共通の利益を可能にするものは何か、というものです。この問いの答えは、〔ルソー講義Ⅱの〕冒頭の諸仮定で指摘したような、根本的利害関心ということになります。たとえば第一の仮定では、それを自己愛と利己心に分類しました。共通の持続的な社会状態を所与とすれば、たとえば、私たちが実際に社会的相互依存の状態にあり、お互いにとって利益になる社会的協働が必要かつ可能であるということが事実であるとすれば、根本的利害関心も存在します。

これは私たちを第五の問いに導きます。私たちの(共通の)根本的利害関心を決定するものは何か、という問いです。これに対する答えは、人間本性に関するルソーの構想であり、それに不可欠で相応しい根本的な利害関心と能力の構想です。ところで、それは人間本性の最も本質的な側面のなかに見られるルソーの人格の構想のことであると言えます。私が思うに、この構想は規範的な構想で、私たちの根本的利害関心の一覧表がそこから導きだされるようなものです。すでに述べたようにルソーは、富者と貧者、強者と弱者の極端な不平等によって特徴づけられ、結果的に支配と服従という諸悪を生む社会にいる人々のいまある姿に目を向けているのではありません。ルソーは人間を、彼の構想に照らして理解される本来の姿において見ようとしているのです。その本性が私たちの根本的利害関心を決定することになります。

ここで、社会契約の諸説に共通に見られるもの、すなわち契約の当事者がもつとされる利害関心の標準化に注目してみましょう。ホッブズにおいてそれは自己保存、夫婦愛、「富と余裕のある生活手段」に対する根本的な利害関心です。ロックにおいては生命、自由、財産です。ルソーにおいては、先ほど検討した諸々の根本的利害関心です。すべての人は、この諸々の根本的利害関心をだいたい同じ形式でもち、理性的で合理的な存在として、それらを同じ方法で要求すると想定されます。

4 おそらくルソー思想のこうした解釈は、彼が『社会契約論』第二編第三章で一般意志について述べていることによって実証されます。

一般意志は、つねに正しく、つねに公共善に向かう(SC, 2: 3.1)。

全体意志と一般意志との間には、しばしばかなりの相違がある(2: 3.2)。

一般意志は、共通の利益だけを考慮する。一方で、全体意志は私的利益を考慮するものであり、私的意志の総和にすぎない(2: 3.2)。

一般意志は、私的意志から過不足分を相殺させて引き去り、その私的意志の差の総計として残ったものである(2: 3.2)。

人民が十分な情報をもち、市民相互であらかじめ打ち合わせもしていなければ、わずかな差が多く集まって、一般意志に収斂していき、つねに良い決定が下されるだろう(2: 3.3)。

一つの集団が社会のなかで他を圧倒するようになるとき、もはや一般意志は存在しない(2: 3.3)。

一般意志が十分に表明されるためには、国家のなかに部分的結社が存在することがなく、各市民が自分だけに従って決定を下すことが必要である(2: 3.4)。

部分的結社があるときには、一般意志を啓蒙して広めるためにその数を増やし、その間の不平等を防ぐ必要がある(2: 3.4)。

これらの主張は、さまざまな仕方で解釈できます。ルソーは、私たちの特殊な利益は投票行動を歪めると言っている、と私は解釈します。しかも、私たちが最善の意図をもち、特殊な利益に気をとられることなく、共通善を最も増進させるものは何かについて自分の意見に従って投票しようと努めるときでさえそうである、とルソーは言っています。これは、おそらくそれより私たちによく知られた投票行動の構想、すなわち、私たちはつねに特殊な利益にもとづいて投票してもよいという構想とは非常に異なる構想です。しかしルソーの見解を受けいれるとすれば、特殊な利益は良心的な投票行動の障害になり、共通善の理に適った見解をもつのを妨げます。というのも、この共通善は、全市民が共有する根本的利害関心をみたすものとして明確化されるものだからです。

したがって、なぜルソーが、一般意志とは共通の利益だけを考慮するものである、というようなことを言うのかがわかります。一般意志は、私的意志から過不足分を相殺させて引き去った後に残ったものです。私はこれらの過不足分をさまざまな私的で特殊な利益と理解しますが、それは私たちに偏向をもたらすバイアスを生じさせます。私たちが良心に従い、共通善を最も増進させるものは何かについて自分の意見に従って投票しようと意図するときでさえ、道標を見失い、知らぬ間に特殊な利益に左右されることがあります。

ルソーは、多数のわずかな差、要するに多数のわずかなバイアスは、たいてい一般意志に収斂することになるだろうと述べています。それゆえ人民が十分な情報をもち、自らの意見にもとづいて投票するとすれば、全体の投票結果はたいてい正しいものになるでしょう。ここで彼が念頭においている可能性があるのは、各人が情報をもったうえで行う良心的な投票は、正しいものになる確率が五〇パーセントを大きく上回るような真理のサンプルとみなしうるというものです。したがって、そういったサンプルの数が増える(十分な情報をもったより多くの市民が良心的に投票を行えば行う)ほど、投票結果は共通善を実際に増進させるものに収斂していく可能性が高くなります(5)。

5　簡単に、五つの問いに対する回答を要約してみましょう。

(1)　一般意志とは、社会契約によって形成される共同体、あるいは公的人格(政治体)の一構成員として、各市民が共有し行使する熟議的理性の一形式である(SC, 1: 6.10)。

(2)　一般意志とは、市民が共通の利益を実現することを可能にする社会的諸条件として理解される共通善を意志するものである。

(3)　共通善を可能にするのは、共通の利益である。

(4)　私たちの共通の利益を可能にするのは、私たちが共有する根本的利害関心である。

(5)　私たちの根本的利害関心を決定するのは、私たちに共通する(ルソーが認識するような)人間本性であり、それに相応しい根本的な利害関心と能力である。あるいはその代わりになるべきものとして、ルソーの規範的な観念としての人格の構想がある。

こうして五番目の問いにいったん答えを出してしまえば、私たちは一般意志とそれをできるだけ可能にするものに関する形式的な説明を提出したことになります。形式的な説明という意味は、その説明が、たとえば共通善、共通の利益、根本的利害関心、一つ

の人間本性の構想などのような、形式的な観念と一般意志との関連に関する説明であるという意味です。(6)

次回は、一般意志に関する別の五つの問いを検討することにします。これに答えることができるかどうかは、私たちが一般意志の観念を理解しているかどうかを調べる良いテストになります。『社会契約論』で一般意志に言及したもののなかには不明確なものもありますが、その観念自体は明確にしうるものだと私は信じています。それについてルソーが述べている主なことは一貫したもので、十分よく理解できるものです。

注

(1) フレデリック・ノイハウザーは、"Freedom, Dependence, and the General Will"〔ルソー講義I、注(9)〕で、これら平等の三つの側面を引き合いに出している。pp. 386–391 を参照。

(2) これらの諸仮定は、Joshua Cohen, "Reflections on Rousseau: Autonomy and Democracy," *Philosophy and Public Affairs*, Summer 1986, pp 276–279 に依拠したものである。

(3) とはいえ、ここでルソーにとって集会は女性を含んだものではなかったことに留意すること。女性は、政治参加する市民とはみなされていない。ルソーにとって、彼女たちのいるべき場所は家庭のなかにある。

(4) 一般意志の概念史は長いものである。Judith Shklar, *Men and Citizens* (Cambridge:

Cambridge University Press, 1969), pp. 168–169と184–197を参照。*Dictionary of the History of Ideas*, ed. P. Weiner (New York: Scribner's, 1973), Vol. 2, pp. 275–281〔フィリップ・P・ウィーナー編、荒川幾男ほか日本語版編集『西洋思想大事典』平凡社、一九九〇年に所収〕でシュクラーが執筆した一般意志の項目とPatrick Riley, *The General Will Before Rousseau* (Princeton: Princeton University Press, 1986)も参照。

(5)　むろんこの解釈が成り立つには、サンプルがお互いに独立していることが前提でなければならない。そうでなければ、ベルヌーイの大数の法則〔より多くのサンプルから得られる確率の方が真の確率に近づくという法則〕は、適用できないだろう。おそらくだからこそルソーは、市民間に会話があってはならないと述べている。しかしいずれにしても、そのアナロジーはかなりこじつけのように見える。それは、K. J. Arrow, *Social Choice and Individual Values*, 2nd ed. (New Haven: Yale University Press, 1986), pp. 85fによって論じられている。

(6)　私はコメントを通じて、私たちが人間本性に相応しい根本的利害関心をもつことを「人間本性の本質」と呼ぶことに異論はない。これに異論がありうるのは、そう言うことで、私たちがすでに述べたことに何かさらに基礎づけ、すなわちより深い(ないしは形而上学的な)正当性を与えていると考えられるときだけである。その代わり、よく検討すれば、私たちが理に適った判断を行い、主張ができると考えられることすべてをルソーの見解がカバーしていれば、それだけで十分だろう。それ以上のことは期待できない。彼の見解が実際にそうだということではもちろんない。

講義Ⅲ　一般意志(二)と安定性の問題

第一節　一般意志の観点

1 これまで検討してきた一般意志に関する五つの問いは、すでに指摘したように、抽象的で形式的な性格をもつものです。以上の議論で欠落しているのは、一般意志の内容です。つまり、一般意志が基本構造のなかで実現されるように意志し要求する特有の政治的諸原理や諸価値と社会的諸条件です。

次の五つの問いにさらに答えることは、これらの事柄の解明に多少とも役立つでしょう。

(6) 一般意志の観点とは何か。

(7) なぜ一般意志は、それが本当に一般意志であるためには、すべての人から発し、すべての人に適用されなければならないのか。

(8) 一般意志と正義との関係はどういったものか。
(9) なぜ一般意志は平等への傾向をもつか。
(10) いかにして一般意志が社会的・道徳的自由に結びつくのか。

これらの問いに対する答えは、一般意志の内容について多くのことを私たちに教えてくれます。なかでも最後の問いは、これから見ていくように、とりわけ重要です。それを適切に理解することが、ルソー思想の底力を理解する鍵を握っています。

2 第六の問い、一般意志の観点とは何かという問いからはじめましょう。ルソーにとって、(私たちが共通の利益の達成に必要とする社会的諸条件によって明確化される)共通善は、功利主義の用語で説明されるべきものではありません。すなわち、共通善を意志するにあたって一般意志は、社会の全構成員の幸福を総和した最大幸福(諸個人のさまざまな利益すべてを最大にみたすこと)を達成するのに必要な社会的諸条件を意志するわけではありません。『政治経済論』において、ルソーは次のように言います。政府は「多数の救済のために一人の無実の者を犠牲にすることが許される」という格言は、「圧制(ティラニ)がかつて考えだした最も忌まわしいものの一つであり、主張しうることのうちで最も誤ったものであり、許容しうることのうちで最も危険なものであり、社会の根本法（ロワ・フォンダマンタル）に対して最も直接的に対立するものだ」。つづけて彼はこう言います。「一人が全員のために死ななければならないどころか、すべての人は、個人の弱さがつねに公共の力によって保護され、各構成員が国家全体によって保護されるために、その財産と生命を自分たち一人ひとりの防衛の担保にいれたのである」(1)。

ここでルソーは、社会契約からなる社会の根本法は、集団原理を基礎とすべきではないと強調しているのです。一般意志は、個人がもつあらゆる種類の利益すべての総和を最大限にみたすことを意志するわけではありません。それどころか、社会の根本法は、共通の利益だけにもとづくべきなのです(第二編第一章(SC, 2: 1.1)を思い出してください)。

私たちがすでに見たように、共通の利益とは、特定の根本的利害関心によって定まるものです。これには、二つの自然な自己への愛（ラブ・オブ・セルフ）(自己愛（アムール・ド・ソワ）と利己心（アムール・プロプル）)によって表明される利害関心、ならびに身体と所有権を保護することへの利害関心が含まれます。たんに所有物というのではなく所有権が保障されることは、政治社会の利点の一つです(SC, 1: 8.2)。また、私たちには潜在能力(自由意志と完成可能性)と、自分たちの目標を政治的自由の制限内であれば思うように前進させる自由とを発展させるための一般的な社会的諸条件への利害関心もあります。

3　私たちの善を一般意志の観点から明確化するのは、――根本的なものも特殊的なものもあらゆる種類の多様な利害関心の最大充足ではなく――各市民に保証されたこれらの根本的利害関心です。これらの根本的利害関心は誰もが共有するものです。基本法が本当に基本法である根拠は、それが社会的協働を通じて、また万人が合意するような条件で、根本的利害関心を実現するために必要な社会的諸条件を保証することにあります。

こうした考えを一般意志の観点から表現してみると、私たちが憲法の諸規範や基本法を制定するにあたって集会の構成員として行動しようとするとき、私たちが市民として共有する根本的利害関心にもとづいた理由だけが理由とされるべきだということになります。その観点から見れば、根本的利害関心は、そこで相応しい理由に関して、特殊な利益に対する絶対的な優先権をもちます。私たちは、根本法に関して投票するとき、すべての人が平等に自分の根本的利害関心を増進させることを可能にするような政治的・社会的諸条件はどの法によれば最もうまく確立されるかに関して自分の意見を述べるべきです。

以上の指摘で用いられたような一つの観点という考えは、熟議的理性の一つの考え方（アイディア）であり、それ自体としてある程度の大まかな体系をもっていることに注意してください。つまりそれは、特定の種類の問い――どういった憲法の諸規範や基本法が共通善を最も増進させるかという問い――を検討するために考案されるもので、特定の種類の理由だけが何らかの重要性をもつことを認めるものです。したがって、このことから明らかになるのは、ルソーの見解は、私が公共的理性と呼んだものの一つの考え方(アイディア)を含んでいるということです。(2) 管見によれば、この理念は彼にはじまるものです。もっとも、その見解が後に確実な形で見出されるのは、この系譜において同じく重要なカントにおいてです。

第二節　一般意志——法の支配、正義、平等

1 〔前節で挙げた〕次の三つの問いを一緒に考えることで、議論をよりスムーズに前に進められます。

(7) なぜ一般意志は、それが本当に一般意志であるためには、すべての人から発し、すべての人に適用されなければならないのか。
(8) 一般意志と正義との関係はどういったものか。
(9) なぜ一般意志は平等への傾向をもつか。

一般意志の観点は、これら三つの問いを結びつけ、それらがどう関係しているかを明らかにします。(3) ルソーが『社会契約論』第二編第一章(SC, 2: 1.3)で述べているように、

なぜ一般意志は、それが本当に一般意志であるためには、すべての人から発し、すべての人に適用されなければならないのかをその観点は明らかにし、さらに一般意志が正義とどう関係するか、そしてなぜ平等への傾向をもつのか、を明らかにします。その答えの中心的部分は、『社会契約論』第二編第四章(SC, 2: 4.5)のなかに読みとれます。

私たちを社会全体に結びつけている約束が拘束力をもつのは、その約束が相互的であるからにほかならない。そこで、この約束は、人がそれを果たそうとして他人のためにはたらけば、それが同時に自分のためにはたらくことにもなる、といった性質のものである。なぜ、一般意志はつねに正しく、しかも、なぜ、すべての人はたえず各人の幸福を願うのであろうか。それは、「各人」という語を自分のことと考えない者はなく、またすべての人のために投票するにあたって、自分自身のことを考慮しない者はいないからではないか。このことから、次の点が明らかとなる。すなわち、権利の平等およびこれから生じる正義の観念は、各人がまず自分自身を優先させるということから、したがって人間本性から出てくるということ。一般意志は、それが本当に一般意志であるためには、その本質においてと同様、その対象においても一般的でなければならないこと。一般意志はすべての人から発し、すべての人に適用されなければならないこと。一般意志が、何らかの個別的な限定された対象に向かうときは、私た

ちに無縁のものについて判断しており、私たちを導く真の公平の原理をもっていない
わけだから、その場合には一般意志は本来の公平さを失うこと。以上である。

2　これは、驚くべき段落です。ぜひとも注意深く読んでいただきたいと思います。簡潔に要約することは不可能です。私たちは、社会の根本法の投票で一般意志を行使するとき、基本的な政治的・社会的諸制度を考慮すべきだとルソーは主張しています。実際これらの根本法が、社会的協働の諸条項を明確化——確定的なものに——し、社会契約に明確な内容を与えることになるでしょう。

そうだとしたら、私たちは実際に社会の全構成員のために投票することになり、その際に私たち自身と私たちの根本的利害関心とについて考えます。私たちは根本法について投票を行っているわけですから、一般意志はその対象において一般的です。つまり、根本法はいかなる個人や結社を名指しすることなく、すべての人に適用されなければなりません。これが七番目の問いの後半部に対する答えです。

さらに、私たち一人ひとりは、全員が同様にもつ根本的利害関心に導かれることになります。それゆえ一般意志はつねに正しく、そして市民は一般意志によって各人の幸福を欲することになります。というのも、投票を行う市民は、すべての人のために投票するにあたって、「各人」というのを自分のことと考えるからです。すべての人が一般意

志の観点を用いることで、他のすべての人と同じ根本的利害関心に導かれる場合には、一般意志はすべての人から発することになります。これが七番目の問いの前半部に対する答えです。

なぜ、一般意志は正義を意志するのかもわかります。先ほどの引用箇所で、ルソー(あるいは私の解釈するルソー)は、一般意志が生みだす正義の理念は、私たち一人ひとりが私たち自身を優先すること、したがって人間本性それ自体から生じてくる、と言っています。ここでは、次の点に留意することが不可欠です。この自己優先が正義の理念を生みだすのは、それが一般意志の観点から表明されるときだけだということです。その観点——以前〔ルソー講義Ⅱ、第三節〕に素描した構造をもつ熟議的理性の観点——に従わないならば、当然私たちが自分自身を優先することは、不正義と権利の侵害を引き起こすことになりうるでしょう。

3　同様に、なぜ一般意志が平等を意志するのかもわかります。その第一の理由は、一般意志に特有の観点の諸特徴のためであり、第二の理由は、人格的依存の社会的諸条件を避けることへの利害関心を含む私たちの根本的利害関心の本質のためです。私たちの利己心（アムール・プロプル）と完成可能性を堕落させるべきではないとすれば、また、私たちが特定の他人の恣意的な意志と権威に服従すべきでないとすれば、人格的依存の社会的諸条件は避けなければなりません。これらの根本的利害関心の本質がわかっている市民は、共通善を最も増進するものに関して自分の意見に従って投票する際に、望ましい諸条件の平等を保障するような根本法に投票します。

ルソーは、『社会契約論』第二編第一一章(SC, 2: 11.1-3)のなかで、こういった平等に関する考慮すべき点を検討しています。ここで彼は次のように述べています(SC, 2: 11.1)。自由と平等とは、「あらゆる体系的立法の目的であるべき、すべての人々の最大の善」である。「なぜ自由なのか。特殊なものへの依存(dépendance particulière)はどのようなものであれ、すべて国家という〔政治〕体から、それだけ力を奪うことになるから。なぜ平等なのか。それがなければ自由は存続しえないから」。

ルソーにとって社会契約からなる社会では、自由と平等は、十分に理解され適切に関連づけられる場合には衝突することはありません。この理由は、平等は自由にとって必要だからです。人格的独立の欠如は自由の欠如を意味しますが、人格的独立には平等が必要です。ルソーは、自由には平等が不可欠と見ており、また平等はたいてい自由を不可欠とします。とは言っても、平等とは厳密な平等のことではありません。「平等について言えば、この語を、権力と富の程度が〔すべての人にとって〕絶対的に同一であるという意味に解してはならないのであって、次のように理解しなければならない。すなわち、権力に関しては、それがどんなに強くても、暴力にまではいたらず、地位〔権威〕と法律によるのでなければ決して行使されてはならないということ。次に、富に関しては、いかなる市民も他の市民を買えるほど富裕ではなく、また、いかなる市民も身売りを余儀なくされるほど貧困であってはならないということ」(SC, 2: 11.2)。

この適度な不平等、すなわち人格的依存を招来するほど大きくないが政治的自由の利点を損なうほど制限されない不平等は、実際には存在しえないような空想である、ということをルソーは否定します。なるほど、〔権力と富の〕何らかの濫用や誤用は避けられませんん。しかし、と彼は言います。「それ〔不平等〕を規制することまで不必要だということになるだろうか。事物の力はつねに平等を破壊する傾向があるからこそ、立法の力はつねに平等を維持する方向に向かわなければならないのである」(SC, 2: 11.3)。しかも「特殊意志は、その本性上、自己優先の方へ、一般意志は平等の方へ傾くのだ」(SC, 2: 1.3)。

ルソーのこの指摘は、公正としての正義において、なぜ基本構造が正義の第一主題とみなされるのか、その第一の理由を先駆的に述べたものです(4)。

4　これらの一般意志に関する指摘を整理すると、次のようになります。一般意志の観点とは、社会の絆を生みだす共通の利益をどの根本法が最も増進させるかに関して、私たちが自分の意見に従って投票するときにとるべき観点です。この根本法は一般的で、すべての市民に適用されるものである以上、私たちは他人と共有する根本的利害関心に照らしてその法について論理的に考えなければなりません。根本的利害関心が共通の利益を明確化し、共通の利益を達成するための社会的諸条件が共通善を明確化します。

共通善を最も増進するものについて一般に認められた事実や理に適った信念は、一般意志の観点から私たちの熟議のなかで重要性を十分にもつ諸々の理由の根拠を提供します。一般意志は、この適切な観点に立つ私たちの能力から生じます。それは政治社会の問題では、私たちの共有する熟議的理性の能力を要求します。そもそも一般意志とは、『人間不平等起源論』で言われる自由意志の潜在能力の一形式です。すなわち、社会の市民が自由意志の命じるように共通善を追求するなかで現れるものです。このことから自然に一つ明らかになるのは、私たちの自由が達成——私たちの自由意志の能力が完全に行使されるという意味で——されるのは、ある特定の社会、すなわちその基本構造において特定の諸条件をみたす社会においてだけ可能だということです。これはとても重要なポイントですので、あとで戻ってくることにしましょう。

いまや私たちは、正しい問いについて自問する場合に、私たちの意志が一般意志と一致し、一般意志になる傾向をもつ、とルソーがなぜ考えているのかがわかります。もちろん、これは一つの傾向性にすぎず、確実性ではありません。なぜなら、私たちの知識は不完全で、適切な手段に関して私たちがもつ信念にも相当程度に多様性がありうるからです。さらに、――たとえば人々が身売りして人格的独立を失うほど貧しいという貧困の水準をめぐる――解釈に関しては、相当程度に見解の相違がありえます。

第三節　一般意志と道徳的・政治的自由

1　こうして私たちは一〇番目の問いに導かれます。一般意志がいかにして政治的・道徳的自由に結びつくのかという問いです。社会契約からなる社会は、その基本的な政治的・社会的諸制度において政治的自由と道徳的自由の両方を達成できるとルソーは信じています。社会契約は、政治的自由に不可欠な社会の背景的諸条件を用意します。根本法は共通善に必要なものに十分もとづいていると想定する市民は、一般意志が定める制限内で自分たちの目標を自由に追求します(SC, 1: 8.2)。以上のことは、まったく明解です。

それより難しい問題は、道徳的自由に関するものです。ルソーは、私たちが社会契約からなる社会から何を得るかを説明するとき、次のように言います。「人間を真に自らの主人たらしめる唯一のもの、すなわち道徳的自由(リベルテ・モラル)を、社会状態において獲得するもののなかにつけ加えることができよう。なぜなら、欲望だけに駆り立てられるのは奴隷状態であり、自ら課した法に従うことが自由だからである」(SC, 1: 8.3)。

同様に、道徳的自由は自ら課した法に従うことです。そして私たちは、その法が社会契約からなる社会の根本法だと知っています。つまり、一般意志の観点から制定された法で、市民の共有する根本的利害関心に十分もとづいた法です。ここまではこれでいいのですが、道徳的自由にはこれ以上の意味があるように思われます。

2 おそらく私たちは、前に述べたことをまとめさえすればいいでしょう。私は、あるべき社会契約からなる社会には必要なすべての諸条件がみたされていると想定します。明らかにルソーは、そうではない場合について述べていません。このことを前提にしたうえで、その社会のなかで市民は次の〔二つの〕点で道徳的自由を達成します。

一つは、私たちは法に従い、一般意志の定めた制限内で政治的自由を行使する場合、一般意志に従って行動しているというだけでなく、私たち自身の意志にもとづいて行動しているという点です。その理由は、私たちはその制限を定める際に、かつて他の人々と一緒になって自由に投票を行ったからであり、私たちが(再び必要な諸条件を定める)多数者の側にいようといまいと、その制限は有効だからです(この点については、『社会契約論』第四編第二章(SC, 4: 2.8-9)を参照してください)。

もう一つは、私たちが私たち自身に与える法は、社会契約の諸条件をみたし、そしてこの契約の諸条項は、私たちのいまあるままの本性から生まれるという点です。つまり、それらの諸条項は私たちの根本的利害関心に依拠しており、これらはつねにルソーの意味する人間本性から生まれる根本的利害関心です。堕落した社会の一見醜く歪んだ構成員を見ていると、そうはならないように見えるとしてもそうなのです。もっとも、そういった事例はここでは妥当ではありません。そのような堕落した社会では、人々は自分たちの悪徳と悲惨から何かがひどく誤っていることを確かに知ってはいますが、根本的利害関心が本当は何であるかについて見誤っているのでしょう。

3　私たちは再び、私たちの社会的相互依存のために、社会契約の諸条項に関して思い悩むことになるかもしれません。この相互依存は、社会契約状態を設立するための基本的な諸仮定の一つであったことを思い出してください。この依存は、私たちの自由を抑圧したり制限したりしないでしょうか。それでもルソーにとっては、この相互依存も私たちの本性の一部をなしています。このことは、彼曰く「一つの人民に制度を与えようとあえて企てるほどの」(SC. 2: 7.3)人物である、立法者に必要と彼の言う特徴のいくつかに示されています。彼の見解で一貫しているのは、私たちの根本的利害関心と自由や完成可能性の能力は社会のなかで、より限定すれば社会契約からなる社会のなかでのみ完全に達成されうるということです。それは『人間不平等起源論』でさえ十分に明らかなことです。

もう一つ悩まされるかもしれない問題は、社会契約は過去のある時点で起こった一回の出来事だという考えです。しかしながらルソーの場合は、そう考えているとは思えませんし、おそらくより適切に言えば、私たちが彼を解釈する際にそうみなす必要はありません。むしろ私は、現在ずっと続いているものだと解釈します。つまり、社会契約の諸条項は、ルソーが意味する秩序だった社会であればつねに存在する諸条件から生じてくるものです。この場合、市民はそのような社会でつねに社会的に相互依存的です。彼らはつねに同じ根本的利害関心をもちます。彼らはつねに自由意志の能力を等しくもち、適当な諸条件のもとで道徳的・政治的自由を達成する能力を等しくもちます。彼らはつねに自己愛（アムール・ド・ソワ）と利己心（アムール・プロプル）などに駆り立てられます。これは、ルソーの言うように社会契約状態がいったん設立されてしまえば、この現在の解釈に従って生じるものです。

それゆえ社会契約の諸条項は、それらの諸条項を実現している社会ではいつでも基本的に市民がいまあるあり方からおのずと生じてくるものです。つまり、それらの諸条項をみたす法に従って行動する市民は、自分自身に与える法に従って行動していることになります。彼らは道徳的自由を達成します。

結論を述べましょう。道徳的自由はそれゆえいったん適切に理解されるなら、社会の外ではけっして可能なものではありません。この理由は、自由とは、社会契約状態に相応しい形式の熟議的理性を十分に行使し、これに導かれる能力のことだからです。それがルソーにとって、道徳的自由が何であるかを示しています。だから道徳的自由は、社会のコンテクストのなかでしか得られない技術を獲得しなければ実現されません。つまり、考えを表現するための言語に必要な技術すべてと、それを越えて正確に討論を行うために求められる諸々の理念や構想など、他に多くのものが必要です。しかも、それに必須となる力を社会のなかで最大限に発揮できるような十分な機会がなければなりません。

第四節　一般意志と安定性

1　私たちがまだ論じていない一般意志に関する問いはありますが、実際それらすべてを扱えるわけではありません。この理由は、『社会契約論』のほとんどすべての議論は何らかの形で一般意志の観念に関係しているからです。残っている二つの問いについては検討する必要があるので、ここで簡単に振り返っておくことにしましょう。

前回の講義で、ルソーのものを含む権利と正義のどんな政治的な構想を検討する場合にも、区別されなければならない四つの問いを私が挙げたことを思い出してください。以下のようなものです〔講義Ⅱ、第一節3を参照〕。

(1)　その構想によれば、政治的な権利と正義の理に適った真の諸原理とは何か。そして、これらの諸原理が正しいものであることは、どのようにして確かめられるか。

(2) どんな運用可能で実現可能な政治的・社会的諸制度が、最も効果的にこれらの諸原理を実現するか。

(3) どのようにしたら、人々が長期的に〔社会の〕安定性を保つために権利の諸原理を学び、これらにもとづいて行動するような動機を身につけるか。

(4) 正義と権利の諸原理を実現する社会はどのように生じうるのか。そして、いくつかの実例がもしあるとすれば、それはかつてどのように生じたのか。

私たちは、最初の二つの問いに答えるものとして社会契約の観念を解釈しました。ルソーにとって政治的権利の諸原理とは、社会契約の諸条項をみたすものであり、そしてこれらの諸条項は、その社会の基本構造のなかで特定の諸原理と諸価値が実現されることを要求します。第三の問いは、安定性の維持を助ける心理学的諸力に関するもので、それらはどう身につけ学ばれるかという問いです。第四の問いは、起源に関するもので、社会契約からなる社会がどういった過程を経て生じるかという問いです。

『社会契約論』第二編第七章から第一二章にかけて、興味深い立法者(あるいは法律制定者)像、すなわち人民に根本法を与える国家の創設者像が見出せます。立法者は政府でもなければ主権者でもありません。なぜなら、国制＝憲法を樹立することが彼の役割であって、彼はその国制のなかで何か役割を果たすわけでは何らないからです。支配者としての役割ももちません。「なぜなら、……法を支配するものは、やはり人々を支配してはならないからである」(SC, 2: 7.4)。彼は、自分の意志を人民に課す権利はまったくもちません。彼は並外れた知恵や知識をもつとみなされますが、立法者として自分の作品に対してはいかなる権威ももちません。しかしそれでも彼は、何とかして彼の法を受けいれるように人民を説得する必要があります。歴史においてしばしば行われたのは、彼を通じて法は神によって授けられたものだと人民を説得することでした。宗教と説得は、正義に適った国家の創設には必要とされたようです。

2　ルソーの社会契約論において、立法者の役割とはどういったものでしょうか。この立法者像が、ちょうど先ほど挙げた問いの最後の二つの問いに対するルソー流の答え方だと私は考えます。『社会契約論』第二編第六章(SC, 2: 6.10)に目をやれば、それらの問いそれぞれに関わる箇所が見出せます。そこでルソーは次のように述べています。

> 法律とは、本来政治的結合（アソシアシオン・シヴィル）の諸条件以外の何物でもない。法律に従う人民が法律の作成者でなければならない。社会の諸条件を規定する権限は、結合している人々だけに属する。しかし、彼らはどのようにして規定をつくるのだろうか。突然の霊感により全員一致でそうするのだろうか。……法令をつくり、それを公布するために必要な

先見の明を、誰が政治体にまえもって与えるのだろうか。……先が見えない大衆は、何が自分たちのためになるかをめったに知らないから、何を望んでよいのかがわからないことがよくあるのに、彼らはいったいどうやって体系的な立法というような、あのように巨大で困難な大事業を自力で遂行しうるのだろうか。……一般意志はつねに正しいが、それを導く判断はつねに啓蒙されているわけではない。……個々人は幸福がわかっていても、これを退け、公衆は、幸福を欲していても、それがわからない。両者とも等しく導き手が必要なのである。個々人については、彼らの意志を理性に一致させるよう強制しなければならないし、公衆については、彼らが欲しているものを教えてやらなければならない。……こういうわけで、立法者が必要となってくるのである。

ここでルソーには四番目の問い、〔歴史的〕起源と推移の問いが念頭にあります。すなわち、自由で平等な、正義に適った社会のない世界には大きな障害が以前あったに違いなく、しかしそうであれば、社会契約からなる社会がかつていかにして生じえたのか、彼はこのことを問題にしているのです。たしかにそのためには、立法者にたる人物が現れるというある種稀な幸運が必要である、とルソーは示唆しています。この役割を担った歴史的人物として、祖国に法を与えるにあたって王位を捨てた古代ギリシアのリュクルゴスが一例として挙げられています(SC, 2: 7.5)。そのような立法者だけが、歴史的諸条件を所与として人民の行動が法制度の命ずるところに一致するよう、人民の特性と利害関心を変えるために法と諸制度をどう整備する必要があるかを知るのに十分なほど、人間本性について知識をもっていることでしょう。そしてさしあたりはそのような立法者だけが、人民をその法に従うように説得できるでしょう。

3　ルソーが安定性の問題にも関心をもっていることは、彼が別のことを述べたなかにあらわれています。『社会契約論』第二編第七章(SC, 2: 7.2)で、彼は次のように述べます。「偉大な君主[ルソーが一つの集合体としての政府にあてる用語]でさえ、世に稀な人間であるというのが本当だとしたら、偉大な立法者とは、いったいどんな人間であろうか。前者は後者が提供する規範に従いさえすればよいのである。立法者は機械を発明する技師であるが、君主はこれを組み立て、運転する職工にすぎない」。さらにこうつけ加えています。「モンテスキューは言っている、「社会の発生に際しては、制度をつくるのは国家の首長だが、後には、国家の首長をつくるのは制度である」と」。

そのあとで、ルソーは次のように述べます。「生まれたばかりの人民に政治の健全な格率を好んで受けいれさせ、国家理性(レゾン・デタ)の根本的な規則に従わせることができるためには、結果が原因になることが必要であろう。すなわち、本来は制度の所産である社会的精神が、その制度の設立そのものをつかさどること、そして、人々が、法の生まれる前に、彼らが法によってそうなるはずのものになっていることが必要であろう」(SC, 2: 7.9)。だからこそ、「建国者たちはつねに、やむなく天の助けに訴え、彼ら自身の英知を神々のものとしてほめたたえたのである」(SC, 2: 7.10)。

安定性に関する問いである三番目の問いについてルソーが述べていることは、私たちが引用箇所に示されているようにそれを考えれば明解です。すなわち、政治的諸制度が建国時にそれ自体を設立させる法の制定に必要となるような社会的精神を生みだすことがどうして起こるのかを述べていると考えれば、ルソーが言っていることは明解です。というのも、制度がそのような法を制定することになる精神を生みだすとすれば、その制度は持続的で安定するだろうからです。

立法者の作品によってもたらされる自然状態(『人間不平等起源論』での歴史の初期の段階)からの変化がいかに遠大な計画であるかは、ルソーがその『社会契約論』第二編第七章の前の段落(SC, 2: 7.3)で述べていることから明らかです。

一つの人民に制度を与えようとあえて企てるほどの人は、いわば人間性を変えることができるという確信をもっていなければならない。それだけで一つの完全で独立した全体をなしている各個人を、この個人にある意味で生命と存在を与えるいっそう大きな全体の一部に変え、人間の本質を強化するためにこれを変質させ、私たちがすべて自然から受け取った身体的、独立的な存在を、部分的、精神的な存在におきかえる、そういうことができるという確信をもっていなければならない。一言で言えば、立法者は人間からその固有の力を取り上げ、それに代えて、これまで無縁であった力、他人の援助がなければ使用できない力を与えなければならないのである。……それゆえ、各市民が、他の市民すべての援助がなければ、単独では何ものでもなく、また何事もできず、そして、全体によって獲得された力がすべての個人の自然的な力の総和に等しいか、あるいはそれより大きい場合、立法はそれが達成しうる最高の完成度にあると言える。

これは異常な段落です。それはいかにルソーが、私たちはたとえ人格的に独立している(すなわち他のいかなる特定の人格にも依存していない)としても、社会契約からなる社会に対しては社会的に依存した存在であると見ているかを明らかにしています。私たちが社会のなかで獲得する力は、社会のなかでしか使えない力ですから、賛同する他の人々の力と協調せずには使えない力です。鍛錬された力のある音楽家は、室内音楽やオーケストラのなかで他の音楽家と一緒に演奏するときにだけ、その力をどれほどいかんなく発揮するかを考えてみてください。

4　ルソーが立法者について言っていることは、正直なところ普通のやり方ではありませんが、彼が先の二つの問いに答えているのだと理解すれば、十分に明確なものです。そのような人物がいかに稀であっても、立法者の役割に関しては何ら不可解な点はありません。

まず歴史的起源の問いの方を取り上げましょう。そうすると、社会契約からなる社会が多くの仕方で生じうるだろうということは明白です。たとえば、ゆっくりと何世紀にもわたって続いた激しい宗教戦争を通して、人々はついにそのような闘争に暴力を用いることはもはや有効ではないと考え、自由と平等の諸原理を暫定協定として渋々受けいれるようになりました。宗教的寛容は、かつてそんなふうにして生じたのだと思います。すべての人が、キリスト教世界の分裂は恐ろしい災厄だと考えましたが、にもかかわらず、終わりなき内戦と社会の破壊よりは寛容の方がましであると思われたのです。

だから後の世代の人々は、それらのメリットにもとづいて特定の諸原理を認めるようになるのでしょうが、宗教的自由の諸原理が憲法の基本的諸自由として徐々に受けいれられるようになるのは、宗教戦争が終わってからずいぶん後のことでした。その前の世代が諸原理と諸制度を受けいれうる理由は、彼らのもとで育った後の世代がそれらを受けいれる理由とは異なるのは通常よくあることです。そうでなければ、社会は発展しえたでしょうか。

人々が何らかの形で合意すれば、前政治的な段階から社会契約の必須条項に適合した基本的諸制度をもつ社会への移行は可能である、とルソーがけっして想定していないのは、彼が立法者を導入するやり方から明らかです。そのやり方によれば、『人間不平等起源論』の歴史の初期の段階にある人々、自由で平等な、正義に適った自然状態の社会の人々が、一つの一般意志をもつ市民に変貌できるということはありえません。一般意志を形成する諸制度は、立法者によって設計されるのです。彼は自分の権威が抜きんでて高いことについて人々を説得することで、彼の提案する諸法を受けいれさせます。そのうち後の世代が一般意志をもち、永続させます。社会が一度設立され持続するようになれば、安定した均衡状態に入ります。つまり、その諸制度が、現在そのもとに暮らしている人々のなかに、その後につづく世代のなかで社会を維持するために必要とされる一般意志を生みだすのです。ルソーの(上で引用した)モンテスキューの参照箇所は、まったくこの点を主張したものです。

したがって、ルソーの立法者/法律制定者は、実際は〔四つの問いの〕後半の対になった問いである道徳の習得や安定性の問いと歴史的起源の問いに取り組むために導入された虚構の人物（フィクショナル・フィギュア）——*急場を救う神*——とみなされるべきです。この装置は、ときどき論じられるようなルソーの見解の統一性や一貫性の問題を何ら引き起こすものではありません。私たちは四つの問いを区別し、社会契約からなる社会の生じ方にはさまざまな可能性があることを認識するやいなや、このことがわかるでしょう。

第五節　自由と社会契約

1　私たちは、社会契約の〔根本的な〕問題の後半部分についてまだ議論する必要があります〔講義Ⅱ、第二節5を参照〕。その問題についてルソーが主張していたことを思い出してください。それは、私たちが他人と結びつきながら自分自身にだけ従い、以前と同じくらい自由のままでいられるような結社形態を見つけるという問題です(SC, 1: 6.4)。いかにしたら以前と同じくらい自由のままでいられるかというのは、ルソーが次のようなことを強調するとき、非常に難しい問題のように思われます。すなわち、私たちは一般意志の最高の指揮のもと、自分自身のいっさいの能力を共同のものとし、それに対して留保されるいかなる権利も主張しない、ということです。これまでにも、彼の社会契約論に全体主義を暗示するものを見出し、私たちは自由であることを強制されているという彼の見解を殊に不気味に感じた人たちもなかにはいました。

この見解を検討し、私たちが自分自身にだけ従って社会契約以前と同じくらいいまも自由である、ということと矛盾しないようにそれを解釈できる方法があるか確かめてみましょう。関連する一節は、以下のとおりです。「社会契約を空虚な公式としないために、一般意志への服従を拒むものは誰でも、団体全体によって服従を強制される、という約束を暗黙のうちに含んでいるのであり、そして、この約束だけが、他のもの[他の約束]に効力を与えうるのである。このことはただ、彼が自由であるよう強制される、ということを意味しているにすぎない」(SC, 1: 7.8)。

私たちは、ルソーがここで意味していることを、その次にある政治社会に関する章を見てみることでまずは検討しましょう。この章は、彼の見解と論調が『人間不平等起源論』から変わっていることを明らかにしています。ここでは、政治的権威の濫用によってあまりに大きな苦痛をともなわないことに関して重要な条件がついてはいますが、自然状態からの移行が好意的に描かれています。彼は次のように述べています。「自然状態から社会状態へのこの移行は、人間のうちにきわめて注目すべき変化をもたらす。というのは、人間の行為において、本能を正義によっておきかえ、これまで欠けていた道徳性を人間の行為に与えるからである。……この状態において、彼は自然から受けていた多くの利益を失うとしても、そのかわりきわめて大きな利益を手にいれる。彼の能力は訓練されて発達し、彼の考えは広がり、彼の感情は気高くなり、彼の魂全体が高められる。このような高所に達するので、もしこの新しい状態の悪用のために、彼が脱出してきたもとの状態以下に堕落するようなことがなければ、彼をもとの状態から永久に引き離し、愚かで視野の狭い動物を知性的存在でありかつ人間たらしめたあの幸福な瞬間を、彼はたえず祝福しなければならないだろう」(SC, 1: 8.1)。

ここから、次のことが明らかです。人格的独立という条件のもとで二つの潜在能力を発達させ行使することに根本的利害関心をもつ私たちの人間本性は、政治社会でのみ、いやむしろ社会契約からなる政治社会でのみ実現されるということです。次の段落でルソーは、私たちが政治社会に参加することで失う自然的自由と勝ち取る政治的自由や法的に規定された所有権とを区別しています。そしてつづけて、人間がまた政治社会とともに獲得するものについて述べます。それは、「人間を真に自らの主人たらしめる唯一のもの、すなわち道徳的自由である。なぜなら、欲望だけに駆り立てられるのは奴隷状態であり、自ら課した法に従うことが自由だからである」(SC, 1: 8.3)。

ところで、まさかここでルソーが考えているのは、私たちが私たち自身に課す法なら何でも従うことは自由だということではありません。私は発作を起こし放心状態のまま自らに気がおかしくなったような法を課すこともありえます。そうではなく、ルソーが明らかに念頭においているのは、私たちが次のようなときに被治者としての私たち自身に命じる法です。根本法について市民として一般意志の観点から投票するときや、共通善を増進させるのに最もよい構成をもつ法はどれかという問題について全市民が(自分なりの信念や情報があっても)認めうると考える意見を述べるときです。

しかしいままで見てきたように、この場合に私たちは、私たちの自由と人格的独立を維持することなどへの根本的利害関心に動かされています。これらの根本的利害関心は、私たちの他の利害関心に対して優先権をもちます。それが根本的であるのは、それらが人格的に依存せずに自由意志と完成可能性の能力の諸条件を実現する、私たちの自由と平等の本質的な諸条件に向けられた利害関心だからです。一般意志――熟議的理性の一形式――に従って適切に制定された根本法に従うとき、私たちは道徳的自由を実現します。私たちは、この完全に発展させられた理性の能力とともに、自由意志をもちます。すなわち、最も適切な理由を理解し、これに導かれることが可能なのです。

2　以上を基本的前提としたうえで、自由であることを強制されているというあの記述に立ち戻ることにしましょう。その言葉はたしかに挑発的ですが、私たちはその背後にある考えを探りましょう。すぐ前の段落で(SC, 1: 7.7)、ルソーは私たちが単独の個人(「生まれつき独立した存在」)としてもつ私的意志と、市民としてもつ一般意志とを対照させています。「彼[市民]の私的意志は、共通の利益とはまったく違ったふうに彼に話しかけることがある。人間は誰でも絶対的な存在であり、本来は独立した存在であるから、共通の利益のために課せられている義務の遂行を無償の寄付であるとみなし、自分にとって高くつく支払いに比べれば、他人の受ける損失の方が少ないと考えることもありうる。……彼は、臣民の義務を果たそうともしないで、市民の権利を享受するかもしれない」(SC, 1: 7.7)。

ルソーは、集団の利益になる協働の仕組みをめぐって、今日タダ乗りと呼ばれるケースを念頭においていることは明らかです(ルソーは「権利と義務を結びつける約束と法が必要である」という『社会契約論』第二編第六章で(SC, 2: 6.2)、この問題に言及しています)。

同種の実例として、車への汚染規制装置の取り付けについて考えてみましょう。各装置から、すべての人は七ドル相当(各人に七ドルの利益)を空気清浄によって得ますが、装置一つにつき一〇ドルのコストがかかるとしましょう。一〇〇〇人の市民からなる社会では、各自が装置を一つもっていると七〇〇〇ドル相当の利益が得られることになります。つまり、全員がその装置を取り付けるとすれば、各市民の純益は$7n-10$ドル(n＝市民の数)で、$n>1$であればプラスになります。それにもかかわらず、他人の行動を自明のものと考える各市民は離脱することでもうけが得られます(5)。

問題の個人は、その装置が必要で、その取り付けが点検によって(点検のコストを税金や料金から支出することで)確実に実施されるよう集会で投票を行ったとルソーは想定していると思います。最善の理由で投票して自分自身に課した法を遵守することを罰金によって強制されるとき、私たちは一般意志の観点から自分自身で認める諸規則に従っていることになります。ところで、その観点は道徳的自由の観点であり、そのように制定された法にもとづいて行動できるということは、私たちを本能のレベルから引き上げ、真の意味で自分自身の主人にします。しかも私たちは、罰金を払うことを要求されるとき、それでもなお理に適った不平を言うことができるなどとは誰も想定しません。ルソーの見解では、私たちの根本的利害関心は私たちの規制的利害関心です。つまり、私たちは社会契約において、他人と共有する根本的利害関心に導かれた一つの意志である一般意志によって認められた根本的な国家法の制限内で私的利益を増進することに同意するのです。

しかしたしかにルソーは、私たちは以前と同じくらい自由のままであると言うことで口を滑らせました。現実には、私たちはもはや生まれたときのようには少しも自由ではありません。道徳的には自由ですが、以前と同じように自由ではありません。私たちはそれよりよい、でも非常に異なる仕方で自由なのです。

第六節　ルソーの平等に関する諸観念
――どの点に特色があるか

1　本講義の第二節3のなかで、私たちはルソーが次のように述べていることを確認しました。自由と平等とは、「あらゆる体系的立法の目的であるべき、すべての人々の最大の善」であり、そしてその自由は平等がなければ長続きしえない、とルソーは述べました。初回のルソー講義では、不平等の種類や源泉とその破滅的な帰結について彼が言わんとした事柄について論じました。いまや私たちは、ルソーの平等に関する諸観念に特徴的なのは何かを検討すべきときです。そこで私たちは、不平等が過度にならないよう規制しようとするために用いうるいくつかの理由を再検討してみましょう〔以下の「いくつかの理由」については、ロールズ『公正としての正義 再説』第三九節を参照〕。

(a) 一つの理由は、苦難を軽減することです。特別な事情がないとして、社会の何人かあるいは大部分は何不自由のない生活をしているのに、その一方で、社会の少数あるいは多数の人々までもが、治療可能な病気や飢餓は言うまでもなく、窮乏生活に苦しんでいるのは間違っているということです。より一般的には、そのような状況は、資源の誤った配分のケースとみなすことができます。たとえば、(ピグーがその著書『厚生経済学』(*Economics of Welfare*〔1920〕)のなかで主張しているような)功利主義的立場から見れば、所得の分配が不平等であるとき、社会の生産物は非効率に利用されつづけます。すなわち、より差し迫った必要(ニーズ)や欲求がみたされないのに、それほど差し迫っていない富者の必要や欲求、そして時間を持て余した快楽や気まぐれさえもが思いのままにみたされているということになります。この見解によれば、未来の生産への影響は度外視して、みたされていない最も差し迫った欲求や必要がすべての人々の間で平等に差し迫ったものとなるように、所得は分配されるべきです(これは人々が同じような効用関数をもち、個人間の比較を行う何らかの方法があることを前提にしています)。

このケースにおいては、私たちを悩ませているのは不平等ではないということに注意してください。不平等のもたらす効果によって悩むのでさえありません。それが苦難や窮乏をもたらすか、財の非効率で浪費的な配分とみなされるものをともなわないかぎり、不平等のもたらす効果によって悩まされるわけではありません。

(b) 政治的・経済的不平等を制御する二番目の理由は、社会のある部分がそれ以外の部分を支配するのを防ぐことにあります。その二種類の不平等が大きいと、それらは結びつく傾向があります。ミルが述べたように、政治権力の基礎は(教養のある)知性、財産および団結力ですが、彼によれば、団結力とは自分の政治的利益を追求するために協力する能力のことです。この力は、少数の者が政治過程を統制することで、政治だけでなく経済全体を通じて彼らの支配的な立場を確保するような法と所有のシステムの確立を許してしまいます。こうして彼らは生産されるものを決定し、労働条件と提示される雇用条項を統制し、さらには実質的な貯蓄(投資)をどこにどのくらい行うかということとともに、革新の速度を定めることができ、多くの点で長期的に社会がどうなるかを決定するものすべてを計画することが可能になります。

私たちは、他人によって支配されることが悪しきものであり、私たちの暮らしがそうありえたほどには豊かで幸福ではないものにしてしまうものだとみなすならば、政治的・経済的不平等のもたらす効果に関心をもたなければなりません。雇用機会がそれほど十分なものではないとすれば、私たちは、職場や経済全体の方向性をもっと制御することを望むでしょう。とはいえ、以上からは、不平等はそれ自体として、正義に反するもの、ないし悪のどちらなのかは明らかではありません。

(c) 三番目の理由は、不平等そのものがともなうような悪といっそう近い関係をもっているように思われます。重大な政治的・経済的不平等は、低い地位にある人々が自他双方によって劣った者とみなされるのを促すような社会的地位の不平等としばしば結びついているという事実を私は言っているのです。これは、一方の側に服従と追従の態度の蔓延を促し、他方の側に横柄と軽蔑の態度を助長してしまうかもしれません。というのも、人々の自分自身に対する見方は、彼らが他人によってどう見られているかに依存しているからです。すなわち、彼らの自尊心、自己評価、自信といったものは他の人々の判断や評価に依存しています。

このような政治的・経済的不平等のもたらす効果や地位のともないうる悪徳に目を向けるとき、私たちはルソーの関心にずいぶん近づくことになります。たしかに、これらの悪徳は深刻で、地位の格差がもたらす態度は大きな悪徳でありえます。しかし不平等は、これに苦しむ人々に及ぼす悪い効果ないしは正義に反する効果をもつということよりは、それ自体として悪ないしは正義に反するものである、という結論にすでに達したことになるでしょうか。

不平等がそれ自体として悪ないしは正義に反するものであることに近づくのは、地位体系のなかでは誰もが最高位に就くことができるわけではないという意味においてです。それは、ときに言われるように、地位に依存する善です。なぜなら高い地位は、その下方にある他の諸々の立場を前提にしているからです。だから、もし私たちが高い地位をそれ自体として評価するとすれば、私たちは、他人がより低い地位におかれることを必然的にともなう何かを評価していることにもなります。これが悪ないしは正義に反するものでありうるのは、地位のもたらす立場が大きな社会的重要性をもつときです。さらに確実なのは、地位が生まれやジェンダーや人種のような生まれつきの特徴によって付与され、その地位が適切な仕方で勝ち取ったり達成されたりしないときです。だから、地位体系が正義に反するのは、その地位が、社会全般の善に役立つような社会的役割を果たすということによって正当化されうる以上に重要性を付与されているときです。

(d)　これは、次のようなルソーの解決法を示唆しています。すなわち、政治社会においては誰もが平等な市民であるべきだというものです。しかし、この解決法を詳しく説明する前に簡単に触れておくことがあります。社会の基本構造が、公正な手続きを十分に活用する場合はつねに、不平等はそれ自体で悪であったり正義に反するものであったりしうるということです。

公正な手続きの二つの例としては、経済における公正な市場、すなわち開かれた競争のできる市場と、政治における公正な選挙が挙げられます。これらの場合には、一定の平等ないしはほどよく抑えられた不平等が、政治的正義の本質的な条件です。ここでは、独占とそれに類似したものは避けられるべきですが、それはたんに、それらのもつ悪しき効果、とくに非効率のためばかりではなく、それらは何か特別な正当化理由がないかぎり市場を不公正にしてしまうからです。同じ類のことは、政治において裕福な少数の者による支配から生じる不公正な選挙にもあてはまります。(6)

2　ルソーにとって平等の観念は、最も高いレベルで最も重要性をもちます。そのレベルとは、政治社会がそれ自体としていかに理解されるべきかというレベルのことです。そして社会契約、その諸条項と諸条件は、このことを私たちに示しています。そのことからわかるのは、誰もが一人の平等な市民という同じ基本的地位をもつべきだということです。そして一般意志は、(各人が他の人々から人格的に独立しながら、政治的自由の制限内で自らの根本的利害関心を増進しうることを保証する諸条件としての)共通善を意志すべきだということです。さらに、経済的・社会的不平等は、この独立の諸条件を保証するために軽減されるべきです。『社会契約論』第二編第一一章の注で(SC, 2: 11.2)、ルソーはこう述べています。「したがって、国家に安定性を与えようと望むならば、両極端をできるだけ接近させるのがよい。百万長者と物乞いのどちらをも容認してはならない」。そしてつづけて、私たちが以前確認したように、次のように述べます。「平等は……、権力と富の程度の絶対的な同一性の意味に解してはならないのであって、次のように理解しなければならない。すなわち、権力に関しては、それがどんなに強くても、暴力にまではいたらず、地位と法律によるのでなければけっして行使されてはならない、ということ。次に、富に関しては、いかなる市民も他の市民を買えるほど富裕ではなく、また、いかなる市民も身売りを余儀なくされるほど貧困であってはならない、ということ」(SC, 2: 11.2)。

私たちはこれらのことすべてから、社会契約からなる社会において市民は――人格として――、最も高いレベルで、また最も根本的な点で平等なのだと言うことができます。だから彼らは全員が、彼らの自由に対して、また政治的自由の制限内で彼らの目的を追求することに対して、同じ根本的利害関心をもつことになります。彼らは全員が同じような道徳的自由の能力――すなわち、彼らが共通善をめざして自分自身と他人とに課す一般的な諸々の法に即して行動する能力――をもっています。各人は、これらの法は政治社会にとって適切な形式の熟議的理性にもとづいたものであるとみなします。というのは、この熟議的理性は各市民がその社会の一構成員としてもつ一般意志だからです。

しかしより正確には、どのようにして平等自体が最も高いレベルで存在するのでしょうか。それはおそらく、このようにしてです。つまり、社会契約が対等者としての市民間の政治的関係を明示し、実際にそれを達成することによってです。市民は、すべての根本的な問題において、お互いを対等な構成員とする能力と利害関心をもちます。彼らはお互いを平等な市民として関係づけられた存在と認め、理解します。そして彼らがそうであるもの――市民――であることは、彼らが平等な存在として関係づけられていることを含んでいます。だから、彼らが対等者として関係づけられているということは、彼らがそうであるものの一部であるとともに、他の人々によってそうだと承認されているものの一部でもあるということです。そして、この人格間の平等な関係が求める諸条件を保証するのは、公共的な政治的コミットメントです。

ところで、私たちは『人間不平等起源論』からわかるように、ルソーは自尊心や自負心といった感情の重要性を鋭く認識しています。そして利己心による諸々の悪徳と悲惨は、人格的独立に必要とされる制限を越えてしまった政治的・経済的不平等によって引き起こされたものです。私たち全員が幸福であるためには、私たちが自分自身を尊重し強い自負心を保持しなければならないとルソーは信じていると思います。だから、私たちが他の人々の感情と両立しうる感情をもつためには、私たち自身と他の人々とを対等者として最も高いレベルで尊重しあわなければなりません。これには、社会がいかに構想されるかというレベルと、どんな根本的な国家法が制定されるかというレベルが含まれます。こうして私たちは、全員が平等な市民として、私たちの自尊心の欲求を他者からの尊敬を通じてみたすことができます。私たちは人格としての必要をもち、他人の恣意的な権力(彼らが望むことを私たちにさせたり、お互いが対等者として意志しえないようにしたりする権力)に服従することには自然に憤りを覚える存在であるとすれば、不平等の問題に対する明確な解決策は、社会契約において定式化されるような最も高いレベルの平等ということになります。

この平等の観点から市民は、人格的独立の諸条件を保証するために、より低いレベルの不平等を一般的な諸々の法によって軽減することができます。その結果、恣意的な力に服するものは誰一人としてなく、利己心を刺戟する危害と軽蔑を被るものは誰一人としていなくなります。

3　この平等の見方はルソーに特有なものでしょうか。彼が最初にそれを考えたのでしょうか。私はこの質問には確信をもって答えられません。平等の観念は、政治哲学のほとんどはじまりから存在してきたものです。しかし、ルソーの平等の観念を生むために結びつく一群の観念――社会がいかに構想されるかという最も高いレベルの平等の観念、根本的利害関心と道徳的・政治的自由の能力のおかげで最も高いレベルで対等者とみなされる市民の観念、利己心とそれが恣意的な力をともなう不平等と結びつくという観念——は、一群として見れば独自なものではないかと私は思います。つまり、この一群の観念を独自な力強いやり方で結びつけるところにルソーの平等の観念の独創性があるのでしょう。

注

（1） SC, p. 220 を参照。

（2） *Restatement*, pp. 91f〔『再説』一八二—一八三頁〕. 公共的理性は、共同体の一員として平等な市民が、国家権力の拘束力によって裏づけられた諸規則をお互いに課すのに相応しい理由づけを行う形式である。理由づけの探求の基準や方法が共有されていると、その理性〔理由づけ〕は公共的なものになり、一方で、ある立憲政体で言論と思想の自由が保障されていると、その理性〔理由づけ〕は自由なものになる。

（3） 以下のコメントにおいて、次のことに留意すること。一般意志が最も特徴的に表明される公共的行為は、基本的な国家法ないし根本法の制定である(SC, 2: 12.2)。その制定にあたって、市民は、どういった法を制定することで共通善が最もよく保証されるかに関して、自分の意見に従って投票したことになる。

（4） 『再説』第三、四、一五節。社会の基本構造とは、社会の主要な政治的・社会的諸制度を一つの社会的協働のシステムに適合させる方法であり、またそれらの諸制度が諸々の基本的な権利と義務を割り当て、長期にわたる社会的協働から生じる利益の分配を規制する方法である。正義に適った基本構造は、背景的正義と呼んでもよいものを保証する。(自由で公正な合意のための)公正な背景的諸条件が長期にわたって維持されることを保証するためには、その基本構造が正義の第一主題であることが不可欠である。

(5) Peter C. Ordeshook, *Game Theory and Political Theory* (Cambridge: Cambridge University Press, 1986), pp. 201f の例を用いた。

(6) この前の段落の(a)から(d)では、スキャンロンの一九八八年一一月付けの「平等に関する覚書」に部分的に依拠した[T. M. Scanlon, "The Diversity of Objections to Inequality," in Scanlon, *The Difficulty of Tolerance* (Cambridge: Cambridge University Press, 2003) も参照。——編者]。

本書は二〇一一年九月、岩波書店より刊行された。

文庫版刊行にあたり、訳語・訳文を改訂し、第Ⅱ巻に「岩波現代文庫版訳者あとがき」を付した。

ロールズ 政治哲学史講義 I　　ジョン・ロールズ

2020年 4月16日　第1刷発行
2022年11月25日　第2刷発行

訳 者　齋藤純一（さいとうじゅんいち）　佐藤正志（さとうせいし）　山岡龍一（やまおかりゅういち）
谷澤正嗣（やざわまさし）　髙山裕二（たかやまゆうじ）　小田川大典（おだがわだいすけ）

発行者　坂本政謙

発行所　株式会社 岩波書店
〒101-8002 東京都千代田区一ツ橋 2-5-5

案内 03-5210-4000　営業部 03-5210-4111
https://www.iwanami.co.jp/

印刷・精興社　製本・中永製本

ISBN 978-4-00-600420-0　　Printed in Japan

岩波現代文庫創刊二〇年に際して

二一世紀が始まってからすでに二〇年が経とうとしています。この間のグローバル化の急激な進行は世界のあり方を大きく変えました。世界規模で経済や情報の結びつきが強まるとともに、国境を越えた人の移動は日常の光景となり、今やどこに住んでいても、私たちの暮らしは世界中の様々な出来事と無関係ではいられません。しかし、グローバル化の中で否応なくもたらされる「他者」との出会いや交流は、新たな文化や価値観だけではなく、摩擦や衝突、そしてしばしば憎悪までをも生み出しています。グローバル化にともなう副作用は、その恩恵を遥かにこえていると言わざるを得ません。

今私たちに求められているのは、国内、国外にかかわらず、異なる歴史や経験、文化を持つ「他者」と向き合い、よりよい関係を結び直してゆくための想像力、構想力ではないでしょうか。

新世紀の到来を目前にした二〇〇〇年一月に創刊された岩波現代文庫は、この二〇年を通して、哲学や歴史、経済、自然科学から、小説やエッセイ、ルポルタージュにいたるまで幅広いジャンルの書目を刊行してきました。一〇〇〇点を超える書目には、人類が直面してきた様々な課題と、試行錯誤の営みが刻まれています。読書を通した過去の「他者」との出会いから得られる知識や経験は、私たちがよりよい社会を作り上げてゆくために大きな示唆を与えてくれるはずです。

一冊の本が世界を変える大きな力を持つことを信じ、岩波現代文庫はこれからもさらなるラインナップの充実をめざしてゆきます。

（二〇二〇年一月）